SNULT 독일어 vol. 2

SNULT 독일어 vol. 2

초판 1쇄 인쇄 2019년 10월 15일
초판 1쇄 발행 2019년 10월 20일

편저자 서울대학교 언어교육원
펴낸이 오세정
펴낸곳 서울대학교출판문화원

출판등록 제15-3호

주소 08826 서울 관악구 관악로 1
대표전화 02-880-5252 | 팩스 02-888-4148
도서 주문 02-889-4424, 02-880-7995
이메일 snubook@snu.ac.kr
홈페이지 www.snupress.com

ISBN 978-89-521-2043-4 94750
978-89-521-1167-8 (세트)

Seoul National University Language Test

SNULT 독일어 vol. 2

서울대학교 언어교육원 편

서울대학교출판문화원

책머리에

서울대학교 언어교육원은 1967년 '국가공인 언어능력 검증기관'으로 선정된 이래, 그동안 국내 최고의 공신력으로 정부기관, 공공기관, 금융기관 및 일반기업에서 직원의 해외파견, 승진, 임사, 각종 교육훈련, 또는 인사고과를 위한 외국어 능력 시험을 시행해 왔습니다. 규모가 작았던 초기에는 해당 언어권의 전문가들에게 개별적으로 출제를 의뢰했지만, 응시 인원이 증가하고 평가 언어가 많아지면서 각종 언어 간 유형과 난이도가 표준화된 시험이 필요하게 되었습니다. 이에 서울대학교 언어교육원은 오랜 연구 끝에 SNULT(Seoul National University Language Test)라는 독자적인 외국어 능력 시험을 개발하게 되었습니다. 이후 언어교육원에서는 국내 외국어 교육환경과 수요자의 요구를 반영하여 SNULT 시험의 공정성과 신뢰성을 높이기 위해 꾸준한 연구와 노력을 거듭해 왔습니다.

그러나 SNULT 시험을 준비하는 수험자들이 참고할 만한 안내서나 문제집이 없어서 불편을 겪었고, 많은 사람들이 SNULT 문제집의 필요성을 제기해 왔습니다. 이번에 서울대학교출판문화원에서 출간되는 SNULT 기출문제집은 시험을 채택하고 있는 여러 기관과 전국 각지에서 SNULT 시험을 준비하고 있는 수험자들의 요청에 부응하여 만들어지게 되었습니다. 그런 의미에서 서울대학교 언어교육원과 서울대학교출판문화원의 공신력을 바탕으로 출간되는 이번 SNULT 기출문제집은 수험자들에게 외국어 능력 시험 대비를 위한 믿음직스러운 길잡이가 되어 줄 것이라 믿습니다.

오늘날 외국어 실력은 개인의 경쟁력 및 국가의 발전과 미래를 결정짓는 중요한 요소가 되었습니다. 세계가 일일생활권이 된 지구촌 국제 무대에서 활동해야 하는 우리 모두에게 외국어 능력은 세계 시민으로서 갖춰야 할 필수적 자질이며, 국가 경쟁력의 척도가 되었습니다. SNULT는 다양한 전문 분야에서 일하고 있는 한국인들의 외국어 능력을 측정하는 국내 최고의 신뢰도와 효율성을 갖춘 시험입니다. 아무쪼록 이 책이 SNULT 시험을 준비하는 모든 사람들에게 큰 도움이 되기를 바랍니다.

2018년 12월

서울대학교 언어교육원장

차례

SNULT란 무엇인가

SNULT(Seoul National University Language Test)는 서울대학교 언어교육원이 출제하고 TEPS관리위원회가 주관하는 국내 최고 권위의 외국어 능력 평가입니다.

SNULT(Seoul National University Language Test)는 서울대학교 언어교육원이 출제하고 TEPS관리위원회가 주관하는 국내 최고 권위의 외국어 능력 평가로 6개 언어(일본어, 중국어, 프랑스어, 독일어, 스페인어, 러시아어)를 평가하고 있습니다.

SNULT는 정부기관·공공기관·금융기관 및 일반기업의 의뢰를 받아 해외파견 요원이나 유학생을 선발할 평가 도구의 필요에 의해 개발되어 1967년부터 기관 대상으로만 시행되다가, 2008년 8월 제1회 SNULT 정기시험부터는 일반인도 응시할 수 있게 되었습니다.

현재 SNULT는 신입사원 선발, 각급 기관·단체의 직원 인사고과 등의 용도로 사용되고 있으며, 최근 공신력 있는 외국어 능력 평가에 대한 요구가 증가하여 시험의 중요성이 강조되고 있습니다.

완벽한 보안 속에서 해당 언어의 박사학위를 소지한 연구원, 원어민, 교수 등 최고의 전문가들이 출제·검토한 후 녹음과 인쇄를 거쳐 시행하고 있으며, 지난 50여 년간의 시험 데이터와 성과를 바탕으로 높은 신뢰도와 타당도를 지니고 있습니다.

SNULT는 6개 외국어 능력을 언어 간의 객관적인 난이도 및 형평성을 고려하여 언어에 따른 성적 편차를 최대한 줄이도록 고안되었습니다. 외국에서 개발된 언어능력 평가와 비교해도 충분한 경쟁력을 갖추고 있으므로, 수험자들은 SNULT를 통해 자신의 학습 투여 시간에 따른 공정한 평가를 받을 수 있습니다. 또한 응시 절차가 간편하고 경제적인 효율성이 우수합니다.

SNULT 독일어 시험이란

SNULT 독일어 시험은 외국어 부문에서 공신력 있는 어학능력 평가 요구가 증가함에 따라 서울대학교 언어교육원에서 자체 개발한 시험 모델입니다. 문제의 난이도 조정 작업은 언어교육원이 주관해 온 각종 독일어 시험 측정 결과를 토대로 독일어를 전공한 교수와 연구원 및 독일어 원어민 교수의 협의를 통해 이루어졌습니다.

SNULT 독일어 시험은 청해(50문항)와 독해(50문항) 두 영역으로 이루어져 있고 총 100문항으로 구성되어 있습니다. 청해 영역은 실생활의 다양한 상황에서 접할 수 있는 대화문과 담화문을 통해 필수적인 사항에 대한 이해 능력을 측정하고 있습니다. 독해 영역은 다양한 영역을 포괄하는 지문을 통해 중요한 문법과 어휘 관련 사항 및 독해력을 확인하고 있습니다. 모든 문항은 난이도 조절이 되어 있고, 유형별로는 주제 및 대의 파악, 세부 내용 파악, 논리적 추론으로 구성되어 있습니다.

SNULT 독일어 시험에 대한 수요가 점차 증가하여 시험 준비에 도움을 줄 교재의 필요성이 커짐에 따라 서울대학교 언어교육원에서는 본 문제집을 발간하게 되었습니다. 문제집은 모의시험 두 세트와 풀이를 통해 최신 출제 경향을 한눈에 파악하고 실전 감각을 기를 수 있도록 구성되어 있습니다. 특히 풀이 부분에서는 영역별 특징에 맞춰 자세한 해설과 번역, 학습을 돕는 참고 사항을 수록하였습니다.

서울대학교 언어교육원이 출제하는 SNULT 독일어 시험과 동일한 형식의 문제 유형으로 구성된 본 문제집은 SNULT 독일어 시험 준비를 위한 효과적인 길잡이가 되어 줄 것입니다.

SNULT 구성(독일어)

영역	영역별 설명		문항수	시간	배점
청해	Part I	한 문장을 듣고 이어질 대화로 가장 적절한 답 고르기	15	50분	100점
	Part II	짧은 대화를 듣고 이어질 대화로 가장 적절한 답 고르기	15		
	Part III	긴 대화를 듣고 질문에 가장 적절한 답 고르기	10		
	Part IV	담화를 듣고 질문에 가장 적절한 답 고르기	10		
독해	Part I	문법적으로 가장 적절한 답 고르기	10	50분	100점
	Part II	빈칸에 가장 적절한 어휘 고르기	10		
	Part III	지문을 읽고 빈칸에 가장 적절한 답 고르기	15		
	Part IV	지문을 읽고 질문에 가장 적절한 답 고르기	15		
			100	100분	100점

☑ SNULT 독일어 시험은 청해와 독해의 두 영역으로 이루어져 있으며, 각각 50문항으로 시험시간은 50분씩 총 100분입니다.

☑ 청해 영역은 정확한 청해력 측정을 위해 듣기로만 진행되며 문제지에 내용이 인쇄되지 않습니다. 청해 영역의 지문과 문제는 2회, 선택지는 1회 들려 드립니다.

SET 1

청해

독해

Part I

| 문제 1~15 | 다음 문장을 듣고 자연스러운 대화를 이룰 수 있는 가장 적절한 응답을 고르시오.

01

M: Wie spät ist es?

F: ________________

(a) Punkt elf.

(b) Nicht spät.

(c) Der zwölfte.

(d) Übermorgen.

| 해설 | Punkt는 '점'이라는 뜻으로 주로 쓰이지만, 시간과 같이 쓰면 '정각'이라는 뜻이 된다. spät는 '늦다'는 뜻을 가지고 있는데, wie와 함께 쓰이면 시간을 물어보는 뜻이 된다. 그러나 Es ist spät 또는 Es ist nicht spät라고 쓰면 '(시간이) 늦었어요', 또는 '(시간이) 늦지 않았어요'라는 단어의 원래 의미로 쓰인다. (c)가 12일을 뜻한다는 것을 알 수 있는 이유는 그것이 서수로 쓰였기 때문이다. (d)는 시간이 아닌 '날'을 말하고 있다. 따라서 정답은 (a)이다.

번역

남: 몇 시입니까?

여: ________________

(a) 정각 열한 시입니다.

(b) 늦지 않아요.

(c) 12일입니다.

(d) 내일모레입니다.

어휘/구문

● Wie + 형용사 ...?

Wie groß bist du? 너는 키가 얼마니?
Wie alt bist du? 너는 몇 살이니?
Wie hoch ist der Berg? 산은 얼마나 높습니까?
Wie spät ist es? 몇 시입니까?(시간을 묻는 또 다른 표현으로는 'Wie viel Uhr ist es?'가 있다.)

● 시간부사

übermorgen 내일모레	gestern 어제
morgen 내일	vorgestern 그저께
heute 오늘	

● 시간의 표현

Es ist elf (Uhr). 11시	Es ist fünf nach halb zwölf. 11시 35분
Es ist zehn nach elf. 11시 10분	Es ist Viertel vor zwölf. 11시 45분
Es ist Viertel nach elf. 11시 15분	Es ist zehn vor zwölf. 11시 50분
Es ist fünf vor halb elf. 11시 25분	Es ist zwölf. 12시
Es ist halb zwölf. 11시 30분	

02 F: Wo machst du im Sommer Urlaub?
M: ____________________

(a) Ich bin Lehrerin.
(b) Ich fahre ans Meer.
(c) Ich komme aus Korea.
(d) Ich kaufe einen Schrank.

| 해설 | 여기서는 의문사가 '어디'(wo)로 되어 있으므로 장소를 말하는 선택지를 골라야 한다. (a)는 직업을 말하고 있고, (c)는 출신지, (d)는 물건을 구입한다는 내용을 담고 있으므로 질문의 의도와 맞지 않는 대답들이다. 정답은 (b)이다.

번역 여: 너는 여름에 어디에서 휴가를 보낼 거니?
남: ____________________

(a) 나는 교사야.
(b) 나는 바다로 갈 거야.
(c) 나는 한국 출신이야.
(d) 나는 옷장을 살 거야.

어휘/구문
der Urlaub 휴가
Urlaub machen 휴가를 보내다
in Urlaub gehen [fahren] 휴가를 가다
in Urlaub sein 휴가 중이다

● 계절

der Frühling 봄	der Herbst 가을
der Sommer 여름	der Winter 겨울

03 M: Kennst du den Mann da drüben?

F: ____________________

(a) Ja, das weiß ich.

(b) Ja, das kann ich.

(c) Ja, ich heiße Peter.

(d) Ja, das ist Herr Müller.

| 해설 | (a)도 맞을 것 같으나, 여기서 쓰인 동사 wissen은 어떤 사실을 안다는 뜻이다. 그 사람을 안다고 말하고 싶으면 Ich kenne ihn이라고 해야 한다. (c)는 그 남자의 이름을 물었는데, 본인의 이름을 말함으로써 인칭이 틀린 경우이다. 따라서 정답은 (d)이다.

번역 남: 너는 저기 저쪽에 있는 남자를 아니?

여: ____________________

(a) 응, 나는 그것을 알고 있어.

(b) 응, 나는 그것을 할 수 있어.

(c) 응, 내 이름은 페터야.

(d) 응, 그 사람은 뮐러 씨야.

어휘/구문

kennen (구체적인 것을, 즉 사람이나 책 등을) 알다(꼭 목적어를 필요로 한다.)

Ich kenne das Buch. 나는 그 책을 안다.

Ich kenne ihren Mann gut. 나는 그녀의 남편을 잘 안다.

wissen (어떤 사실이나, 추상적인 것을) 알다(목적어를 꼭 필요로 하지는 않으나 목적절이 나오는 경우는 많다.)

Ich weiß. 나는 안다. ↔ Ich weiß nicht. 나는 모른다.

Ich weiß, dass der Mann noch heute in Berlin ankommt. 나는 그 남자가 오늘 안에 베를린에 도착하리라는 것을 안다.

Ich weiß nicht, ob der Mann kommt. 나는 그 남자가 올지 안 올지 모른다.

04 F: Ich bin erkältet.

M: ____________________

(a) Gute Besserung!

(b) Aber nur im Winter.

(c) Herzlichen Glückwunsch!

(d) Ich finde es gar nicht kalt.

| 해설 | (b)는 감기 걸린 당사자가 말할 수 있어도 상대방이 말할 수 없는 표현이고, (c)는 좋은 일이 있을 때 하는 표현이다. (d)는 '감기 걸렸다'는 표현을 '춥다'라는 표현으로 잘못 이해하고 대답한 경우이다. '감기에 걸렸다'는 말에 가장 잘 어울리는 반응은 (a)의 '차도가 있길 바란다'이다.

번역

여: 나 감기 걸렸어.

남: ____________________

(a) 차도가 있기를 바라!

(b) 그런데 겨울에만 그래.

(c) 진심으로 축하해!

(d) 난 전혀 춥지 않은데.

어휘/구문

sich erkälten/erkältet sein 감기 걸리다

Ich habe mich erkältet./Ich bin erkältet. 나는 감기에 걸렸다.

Gute Besserung! 차도가 있기를 바랍니다!

Herzlichen Glückwunsch! 진심으로 축하합니다!

● 질병과 증상

herzkrank 심장병이 있는	Bauchweh [schmerzen] haben 복통이 있다
krank/gesund 아픈/건강한	Fußschmerzen haben 발의 통증이 있다
seekrank 뱃멀미를 하는	Halsschmerzen haben 인후통이 있다
die Entzündung 염증	Kopfschmerzen haben 두통이 있다
das Fieber 열	Rückenschmerzen haben 등의 통증이 있다
die Grippe 독감, 몸살	
der Husten 기침	
die Infektion 감염	
der Schnupfen 코감기	

05 M: Was isst du am liebsten?

F: ___________

(a) Studentin.

(b) Bratwurst.

(c) Obstgarten.

(d) Schokomilch.

| 해설 | 어휘를 묻는 질문이다. 선택지에 열거된 단어의 뜻을 알면 쉽게 풀리는 문제다. 혹시 (d)를 답이라고 생각하는 경우도 있을지 모르나, 초콜릿 우유는 음료이므로 독일어에서는 '먹는다'(essen)고 표현하지 않고 항상 '마신다'(trinken)고 말한다. 따라서 정답은 (b)이다.

번역 남: 넌 무엇을 먹는 것을 가장 좋아하니?

여: ___________

(a) 여대생.

(b) 구운 소시지.

(c) 과수원.

(d) 초콜릿 우유.

어휘/구문

~am liebsten ~(하는 것)을 가장 좋아하다

Ich esse am liebsten Nudeln. 나는 국수 먹는 것을 가장 좋아한다.

Ich trinke am liebsten Kaffee. 나는 커피 마시는 것을 가장 좋아한다.

Ich lese am liebsten Romane. 나는 소설 읽는 것을 가장 좋아한다.

Ich singe am liebsten K-Pops. 나는 K-팝을 노래하는 것을 가장 좋아한다.

Ich treffe mich am liebsten mit meinen Freunden. 나는 내 친구들과 만나는 것을 가장

좋아한다.

die Bratwurst (braten + die Wurst) 구운 소시지

der Obstgarten (das Obst + der Garten) 과일 정원, 과수원

● essen의 인칭변화

ich esse/du isst/er isst/wir essen/ihr esst/sie essen

● 2, 3인칭 단수에서 어간이 변하는 기본 동사

essen 먹다	ich esse	du isst	er isst
fahren 타고 가다	ich fahre	du fährst	er fährt
fangen 잡다	ich fange	du fängst	er fängt
geben 주다	ich gebe	du gibst	er gibt
gefallen 마음에 들다	ich gefalle	du gefällst	er gefällt
haben 가지고 있다	ich habe	du hast	er hat
helfen 돕다	ich helfe	du hilfst	er hilft
laufen 달리다	ich laufe	du läufst	er läuft
lesen 읽다	ich lese	du liest	er liest
nehmen 가져가다	ich nehme	du nimmst	er nimmt
schlafen 자다	ich schlafe	du schläfst	er schläft
sehen 보다	ich sehe	du siehst	er sieht
sprechen 말하다	ich spreche	du sprichst	er spricht
tragen 들다/입고 있다	ich trage	du trägst	er trägt
treffen 만나다	ich treffe	du triffst	er trifft
werden ~가 되다	ich werde	du wirst	er wird

● 독일어에서는 남녀 구분이 문법적으로 정확하여 남성형 직업 명사에 대부분 -in을 붙여서 여성형 직업 명사를 만든다.

직업명	남성	여성
변호사	der Anwalt	der Anwältin
의사	der Arzt	der Ärztin
축구선수	der Fußballspieler	der Fußballspielerin
요리사	der Koch	der Köchin
선생님	der Lehrer	der Lehrerin
정치가	der Politiker	der Politikerin
교수	der Professor	der Professorin
영화감독	der Regisseur	der Regisseurin
가수	der Sänger	der Sängerin
배우	der Schauspieler	der Schauspielerin
작가	der Schriftsteller	der Schriftstellerin
학생	der Schüler	der Schülerin
대학생	der Student	der Studentin

● 그렇지 않은 경우도 있다.

직업명	남성	여성
국회의원	der Abgeordnete	die Abgeordnete
회사원	der Angestellte	die Angestellte
사업가	der Geschäftsmann	die Geschäftsfrau
주부	der Hausmann	die Hausfrau
간호사	der Krankenpfleger	die Krankenschwester

● 음식

der Apfel 사과	das Fleisch 고기	das Obst 과일
die Banane 바나나	das Gemüse 채소	die Orange 오렌지
das Brot 빵	der Honig 꿀	der Salat 양상추, 샐러드
die Butter 버터	die Kartoffel 감자	die Suppe 수프
das Ei 계란	der Käse 치즈	die Tomate 토마토
der Fisch 생선	der Kuchen 케이크	die Wurst 소시지

06 F: Vielen Dank für Ihre Hilfe!

M: ____________________

(a) Gern geschehen!

(b) Das macht nichts!

(c) Nichtsdestoweniger!

(d) Das tut mir echt leid!

| 해설 | 독일에서는 상대방이 어떤 도움을 주거나 배려를 해 주면 그것이 아무리 사소한 일이라도 '고맙다'고 하는 것도 당연하지만, 이 인사에 대해서 다시 '뭘요', '아무것도 아닌데요'와 같은 표현으로 반응하는 것도 일반화되어 있다. (b)도 번역상으로는 답이 될 수 있을 것 같지만, 이것은 상대방이 실수를 하거나 잘못했을 때 '괜찮다'고 하는 표현이므로 답이 될 수 없다. 정답은 (a)이다.

번역 여: 도와줘서 고맙습니다!

남: ________________

(a) 뭘요!

(b) 괜찮습니다!

(c) 그럼에도 불구하고!

(d) 정말 죄송합니다!

어휘/구문 Vielen Dank für~ ~에 대해 고마워하다

Vielen Dank für die Blumen. 꽃을 주셔서 고맙습니다.

Vielen Dank für Ihre Mühe. 수고해 주셔서 고맙습니다.

Vielen Dank für Ihre Einladung. 초대해 주셔서 고맙습니다.

Vielen Dank für Ihre Aufmerksamkeit. 관심을 가져 주셔서 고맙습니다.

Vielen Dank für alles. 모든 것에 대해 감사드립니다.

●고맙다는 말에 답할 수 있는 표현(천만에요, 뭘요)

Aber gerne!	Nicht der Rede wert!
Bitte (schön)!	Nichts zu danken!
Gern geschehen!	Passt schon!
Kein Problem!	Schon gut [okay]!
Keine Ursache!	Schon recht!

07

M: Darf ich kurz unterbrechen?

F: ____________________

(a) Ja, bitte?

(b) Ja, brechen Sie es.

(c) Nein, gibt es so was?

(d) Das macht dir nichts.

| 해설 | 진행되고 있는 말이나 일을 중단시키는 상황이다. 그렇기 때문에 정중한 표현을 해서 상대방에게 양해를 구하고 있다. brechen은 '깨다', '부수다', '꺾다'라는 뜻을 가지고 있으므로 unterbrechen과 혼동해서는 안 된다. 정답은 (a)이다.

번역

남: 잠깐 말을 끊어도 되겠습니까?

녀: ____________________

(a) 네, 무슨 일인지요?

(b) 네, 부러뜨리세요.

(c) 아니, 이럴 수가?

(d) 너는 아무렇지도 않아.

어휘/구문

Darf ich~ ~을 공손하게 부탁하거나 물을 때 쓰는 표현이다.

Darf ich eine Frage stellen? 질문해도 되겠습니까?

Darf ich auf die Toilette gehen? 화장실에 가도 될까요?

Darf ich dich bitten, die Zeitung zu holen? 신문 좀 갖다 줄래?

Das macht nichts. 괜찮습니다.

08 F: Schaffen wir es noch pünktlich zum Zug?

M: ______________________________

(a) Ich mag pünktliche Züge.

(b) Du machst mir zu schaffen.

(c) Wir müssen uns sehr beeilen.

(d) Ich habe einen Schaffner gesehen.

| 해설 | 시간에 쫓기면서 기차를 타러 가는 상황이다. 그렇기 때문에 서둘러 가야 한다는 선택지가 가장 자연스러운 답이 된다. 따라서 정답은 (c)이다.

번역 여: 우리 시간에 맞춰 기차를 탈 수 있겠어?

남: ______________________________

(a) 나는 정시에 출발[도착]하는 기차를 좋아해.

(b) 네가 나를 힘들게 하는구나.

(c) 우리 정말로 서둘러야 해.

(d) 난 검표원을 봤는걸.

어휘/구문

schaffen 해내다, 행하다

zu schaffen machen 힘들게 하다, 문제가 생기다

pünktlich 정시에, 시간에 맞춰

der Zug 기차

sich beeilen 서두르다

09 M: Warst du auf dem Jahrmarkt?

F: ______________________________

(a) Ja, ich bin Karussell gefahren.

(b) Ja, wir treffen uns einmal im Jahr.

(c) Ja, ich bin auf den Gipfel gestiegen.

(d) Ja, ich habe mir einen Sessel gekauft.

| 해설 | 연시(Jahrmarkt)가 1년에 한 번 열리는 큰 장으로 그곳에는 먹거리뿐만 아니라 작은 가게, 오락 및 놀이시설도 있다는 것을 알아야 풀 수 있는 문제이다. (c)는 산에 오르는 상황이고 (d)는 물건을 구입하는 상황이다. 연시에서 할 수 있는 것은 (a)이다.

번역 남: 연시에 다녀왔니?

여: ______________________

(a) 응, 나는 회전목마를 탔어.

(b) 응, 우리는 일 년에 한 번씩 만나.

(c) 응, 나는 정상까지 올라갔어.

(d) 응, 안락의자를 구입했어.

어휘/구문

der Jahrmarkt (das Jahr + der Markt) 1년에 한 번 열리는 큰 장, 연시. die Kirchweih, Kirmes라고도 함.

der Gipfel 꼭대기, 정상

der Sessel 안락의자

● 연시에서 보거나 탈 수 있는 것

die Achterbahn 롤러코스터	das Karussell 회전목마
das Bierzelt 천막 맥줏집	der Luftballon 풍선
der Bratwurststand 구운 소시지 판매대	das Riesenrad 대회전차

10 F: Bernd war gestern einfach unmöglich, oder?

M: ________________________

(a) Nein, es war ihm möglich.

(b) Ja, ich mochte ihn besonders.

(c) Ja, ich war sehr wütend auf ihn.

(d) Nein, er hat alles Mögliche angestellt.

| 해설 | 질문이 매우 구어체적으로 unmöglich sein을 잘 이해해야 풀 수 있는 문제이다. 여기서는 베른트의 행동이나 말이 수용 가능한 수준을 넘어섰다는 뜻으로 그의 행동이나 말이 매우 무례한 것을 의미한다. 이것을 알면 답은 쉽게 나온다. 정답은 (c)이다.

번역 여: 베른트는 어제 행동이 너무했지?

남: ________________

(a) 아니, 그것은 그에게 가능했어.

(b) 그래, 난 그를 특히 좋아했어.

(c) 그래, 난 그한테 매우 화가 났어.

(d) 아니, 그는 온갖 짓을 다 저질렀어.

어휘/구문

mochte mögen(좋아하나)의 과거형태

wütend 분노한, 화가 난. 동사 wüten에 현재분사형 어미 -d가 붙어 만들어진 형용사이다.

anstellen 세우다, 갖다놓다, 놓다

alles Mögliche anstellen 온갖 일을 저지르다

● 현재분사(동사원형 + d)가 일반 형용사처럼 쓰이는 예

anstrengend 힘든, 몹시 피곤하게 만드는	erschütternd 충격적인
an[ab]wesend 출석[결석]한	faszinierend 훌륭한, 매혹적인
aufmunternd 활기를 주는	herausfordernd 도전적인
aufregend 긴장감 있는, 흥분된	herausragend 뛰어난
ausschlaggebend 결정적인	spannend 흥미로운
empörend 화나는	überraschend 놀라운
entgegenkommend 친절한, 호의적인	wütend 화난, 분노한
entscheidend 결정적인	zutreffend 적절한

● 접두사 un-이 붙어 반의어가 만들어지는 주요 형용사

(un)angenehm 쾌적한(쾌적하지 않은)	(un)höflich 예의바른(불손한)
(un)bequem 편한(불편한)	(un)interessiert 관심 있는(관심 없는)
(un)erfreulich 기쁜(불쾌한)	(un)möglich 가능한(불가능한)
(un)erklärlich 설명한 수 있는(설명할 수 없는)	unmöglich sein (행동이나 말이) 무례하다
(un)geduldig 참을성이 있는(없는)	(un)recht 옳은(옳지 않은)
(un)gerecht 공정한(불공정한)	(un)verständlich 이해가 되는(이해가 안 되는)
(un)gewöhnlich 평범한(평범하지 않은)	

11 M: Hallo Julia, ich möchte dich gern ins Kino einladen.

F: ______________________________

(a) Danke, das ist sehr lieb von dir.

(b) Danke, ich werde es gut behalten.

(c) Nein danke, ich habe schon genug gegessen.

(d) Nein danke, ich habe leider wenig Geld dabei.

| 해설 | 영화관으로 초대해 준다고 말하면 여기에 응할 수 있을 경우, 고맙다고 하는 게 가장 자연스럽다. einladen만 듣고 밥을 산다거나, 집으로 초대해서 식사대접을 한다고 상황을 파악하면 (c)를 고를 수도 있다. 문장 전체를 정확히 잘 들어야 한다. 정답은 (a)이다.

번역 남: 율리아 안녕, 네게 영화를 보여 주고 싶어.

여: ______________________________

(a) 네가 그래 준다니 고마워.

(b) 고마워, 잘 간직하고 있을게.

(c) 고맙지만 됐어, 벌써 충분히 먹었어.

(d) 고맙지만 됐어, 유감스럽게도 가진 돈이 거의 없어.

어휘/구문

Ich möchte gern~ ~하고 싶다. 자기가 바라는 것을 말할 때 사용하는 관용적 표현이다.

einladen 초대하다. 집으로 초대하는 것뿐만 아니라 식당에서 밥을 사거나, 영화를 보여 주는 경우에도 이 동사를 사용한다.

ins Kino einladen 영화를 보여 주다

ins Restaurant einladen 레스토랑으로 초대하다

zum Essen einladen 식사 초대를 하다

zum Trinken einladen 술자리 초대를 하다

lieb 사랑스러운

behalten 간직하다

leider 유감스럽게도

12 F: Die Suppe ist aber zu fad.

M: ______________________________

(a) Warte, ich salze nach.

(b) Dann bestelle ich mir die auch.

(c) Ganz deiner Meinung, sehr köstlich.

(d) Ich bringe dir sofort noch einen Teller voll.

| 해설 | fade는 싱겁고 맛없는 상태를 뜻한다. 그런데 (b)~(d)는 음식이 맛있을 때 보이는 반응들이다. 따라서 정답은 (a)이다.

번역 여: 수프가 너무 싱겁네.

남: ______________________

(a) 기다려, 소금을 칠게.

(b) 그러면 나도 그거 주문할게.

(c) 같은 의견이야, 아주 맛있어.

(d) 너한테 바로 접시 한가득 갖다줄게.

어휘/구문

die Suppe 수프

fad/fade 밍밍한, 싱거운, 김빠진

salzen 소금을 치다

bestellen 주문하다

js. Meinung sein ~의 의견과 같다

● 맛을 나타내는 형용사

bitter 쓴	sauer 신
frisch 싱싱한	scharf 매운
lecker/köstlich 맛있는	süß 단

● 식기

die Gabel 포크	die Stäbchen [복수형] 젓가락
das Glas 유리컵	die Tasse (커피)잔
der Löffel 수저	der Teller 접시
das Messer 나이프	

13

M: Ich hätte Lust auf eine Limonade.

F: ______________________________

(a) Das Wetter macht aber nicht mit!

(b) Du hast einfach immer zu viel Fantasie!

(c) Eine kleine Erfrischung tut uns allen gut!

(d) Amüsieren wir uns nach Lust und Laune!

| 해설 | 레모네이드가 청량음료이니까 Erfrischung만 알아들으면 쉽게 풀 수 있는 문제이다. 대화에 나온 Lust가 (d)에서도 나와 헷갈릴 수 있지만, 대화에 나온 Lust는 Ich hätte Lust auf라는 표현으로 쓰여 '~하고 싶다'는 뜻이고, 선택지에 나온 Lust는 Laune와 결합하여 '마음 내키는 대로'라는 뜻으로 이해된다. 따라서 질문의 의도와 맞지 않는 대답이 된다. 정답은 (c)이다.

번역

남: 레모네이드 한잔 마시고 싶은데.

여: ______________________________

(a) 그런데 날씨가 따라 주지 않네!

(b) 넌 언제나 상상력이 지나치게 풍부하단 말야!

(c) 가벼운 청량음료는 우리 모두에게 유익할 거야!

(d) 기분 내키는 대로 즐기자고!

어휘/구문

mitmachen 함께하다, 호응하다

ich hätte Lust auf~ '~하고 싶다'는 뜻을 가진 관용적 표현이다.

Ich hätte Lust auf eine Tasse Kaffee. 나는 커피 한 잔을 마시고 싶다.

Ich hätte Lust auf ein Bier. 나는 맥주를 마시고 싶다.

Ich hätte Lust auf ein Eis. 나는 아이스크림을 먹고 싶다.

die Erfrischung 청량음료, 가벼운 음식

jm. gut tun ~에게 유익하다

sich amüsieren 즐기다

nach Lust und Laune 기분에 따라, 기분이 내키는 대로

14 F: Wollen wir jetzt die Nachrichten sehen?
M: ______________________________

(a) Ist gut, ich schalte um.
(b) Ja, ich mache den Fernseher aus.
(c) Natürlich, ich benachrichtige dich.
(d) Vielleicht kommen sie mal wieder vorbei.

| 해설 | 텔레비전으로 어떤 프로그램을 보다가 뉴스를 보고 싶어 채널을 돌려야 하는 상황이다. 텔레비전을 시청할 때 자주 사용하는 동사의 뜻을 정확히 알고 있는지 묻는 문제이다. 정답은 (a)이다.

번역 여: 우리 지금 뉴스 볼까요?
남: ______________________________

(a) 좋아요, 내가 채널을 돌릴게요.
(b) 그래요, 내가 텔레비전을 끌게요.
(c) 물론이죠, 내가 소식을 전할게요.
(d) 어쩌면 그들이 다시 들를지도 몰라요.

이휘/구문
die Nachrichten 소식, 뉴스
umschalten (채널을) 돌리다
anschalten/anmachen (TV를) 켜다 ↔ ausschalten/ausmachen (TV를) 끄다
benachrichtigen 소식을 전하다
vielleicht 어쩌면
vorbeikommen 들르다

●TV 관련 어휘

die Sendung 방송, 프로그램	die Quizsendung 퀴즈프로
die Bildungssendung 교양프로	der Spielfilm 장편극영화
der Dokumentarfilm 다큐멘터리 영화	die Sportsendung 스포츠 방송
die Fernsehserie 티비시리즈	die Talkshow 토크쇼
die Kindersendung 어린이 방송	die Unterhaltung 오락프로
die Komödie 코미디	die Werbung 광고
der Kriminalfilm 범죄영화	der Wetterbericht 일기예보
der Liebesfilm 애정영화, 멜로영화	der Zeichentrickfilm 만화영화
die Live-Sendung 생방송	der Zuschauer/die Zuschauerin 시청자
der Moderator/die Moderatorin 사회자	ansehen 시청하다
die Musiksendung 음악 방송	moderieren 사회를 보다
die Nachrichten[복수형] 뉴스	übertragen 중계하다

15 M: Woher wusstest du, worauf er hinauswollte?
F: ______________________________

(a) Das habe ich gar nicht gewollt.
(b) Das ergab sich aus dem Zusammenhang.
(c) Darauf habe ich recht großen Wert gelegt.
(d) Das habe ich keineswegs in Erwägung gezogen.

| 해설 | 난이도가 꽤 높은 관용어구가 많이 들어 있는 문제이다. 이 어구들의 뜻을 정확히 알아야 질문과 선택지를 이해할 수 있다. (a)에는 질문에 나왔던 wollen이 나오지만 뜻은 완전히 다르니 유의해야 한다. 궁극적으로 의도한 바를 어떻게 알게 되었냐는 질문에는 (b)가 가장 자연스러운 대답이 된다.

번역 남: 너는 그가 궁극적으로 의도한 바를 어떻게 알았지?
여: ______________________________

(a) 나는 그것을 전혀 원하지 않았어.
(b) 그것은 연관관계로부터 추리해 낼 수 있었어.
(c) 나는 거기에 꽤 큰 가치를 뒀어.
(d) 나는 이것을 전혀 고려하지 않았어.

어휘/구문
auf etw.[4] hinauswollen (관용어로서) ~을 목표로 삼다, ~을 궁극적으로 의도하다
sich aus etw.[3] ergeben ~으로부터 결과가 생기다
der Zusammenhang 연관성, 관련성
auf etw.[4] Wert legen ~에 가치를 두다
in Erwägung ziehen 고려하다, 숙고하다

Part II

| 문제 16~30 | 다음 대화를 듣고 자연스러운 대화를 이룰 수 있는 가장 적절한 응답을 고르시오.

16

F: Hast du mit Tante Lisa telefoniert?
M: Ja, sie kommt am Dienstag.
F: Soll ich sie am Bahnhof abholen?
M: ______________________

(a) Ja, sie holt dich ab.
(b) Ja, mach das am Montag.
(c) Nein, sie nimmt sich ein Taxi.
(d) Nein, sie kommt zum Bahnhof.

| 해설 | 이모[고모]가 남녀 화자를 방문하러 화요일에 기차를 타고 오는 상황이다. 도착한 후 이모를 픽업할까 하고 물어보자, 남자는 전화통화로 이모가 택시를 타고 오기로 했다고 말한다. 이러한 상황이 이해되면 (a)에서 이모가 여자를 픽업한다는 거꾸로 된 상황이나, (b)처럼 월요일에 픽업하라는 말이나, (d)처럼 이모가 역으로 간다는 말은 맞지 않다. 따라서 정답은 (c)이다.

번역

여: 리자 이모랑 전화했니?
남: 응, 화요일에 오셔.
여: 내가 역으로 가서 이모를 모셔 와야 할까?
남: ______________________

(a) 그래, 이모가 너를 데려올 거야.
(b) 그래, 월요일에 그렇게 하도록 해.
(c) 아니, 택시를 타시기로 했어.
(d) 아니, 이모가 역으로 가시기로 했어.

어휘/구문

abholen 데려오다, 픽업하다
das Taxi 택시

● 기차 관련 어휘

die Abfahrt 출발	der Fahrkartenschalter 매표소
die Ankunft 도착	der Gleis 승강장
die Auskunft 안내	der Schaffner 검표원
der Bahnhof 기차역	der EC-Zug 유럽 도시 간 특급열차
der Bahnsteig 플랫폼	der IC-Zug 독일 도시 간 특급열차
die Fahrkarte 차표	der ICE-Zug 독일 대도시 간 특급열차

17

M: Schönes Wetter heute, nicht wahr?

F: Ja, du hast recht. Es ist so klar.

M: Dabei sah es gestern ganz anders aus.

F: ______________________

(a) Ja, es regnete stark.

(b) Ja, es war noch schöner.

(c) Ja, so waren wir im Park.

(d) Ja, es konnte nicht besser sein.

| 해설 | 날씨에 관한 대화이다. 여기서는 좋은 날씨를 뜻하는 klar와 gestern sah es ganz anders aus라는 남자의 두 번째 문장이 결정적인 힌트를 준다. 지금은 날씨가 좋은데 어제는 완전히 딴판이었다면 날씨가 나빴다는 뜻이 된다. 따라서 정답은 (a)이다.

번역

남: 오늘 날씨 좋지, 그렇지 않아?

여: 그래, 네 말이 맞아. 청명하네.

남: 그런데 어제는 완전히 달랐잖아.

여: ______________________

(a) 맞아, 비가 많이 왔지.

(b) 맞아, 날씨가 더 좋았지.

(c) 맞아, 그래서 우리는 공원에 갔었지.

(d) 맞아, 더 좋을 수는 없었지.

어휘/구문

das Wetter 날씨

nicht wahr? 그렇지 않니?

recht haben 옳다, 맞다

klar 맑은, 청명한

aussehen ~해 보이다

anders 다르게

● 형용사 비교급 －er (als), 최상급 am －sten

원급	비교급	최상급
klein 작은	kleiner	am kleinsten
langsam 느린	langsamer	am langsamsten
schnell 빠른	schneller	am schnellsten
schön 아름다운	schöner	am schönsten

● 변모음화하는 경우

원급	비교급	최상급
alt 오래된, 낡은	älter	am ältesten
gesund 건강한	gesünder	am gesündesten
groß 큰	größer	am größten
kalt 추운, 찬	kälter	am kältesten
lang 긴	länger	am längsten
stark 강한	stärker	am stärksten

● 불규칙 변화하는 경우

원급	비교급	최상급
gern 기꺼이(부사)	lieber	am liebsten
gut 좋은	besser	am besten
hoch 높은	höher	am höchsten

18 F: Hat es dir geschmeckt?

M: Ja, das Essen war sehr lecker.

F: Möchtest du noch etwas Gemüse?

M: ______________________

(a) Nein danke, ich bin satt.

(b) Ja, ich gebe dir sofort welches.

(c) Nein, ich habe leider keins mehr.

(d) Ja, das Gemüse möchte das gerne.

| 해설 | 식사하면서 나누는 대화이다. 음식을 더 권할 때 배가 불러 사양하는 경우에는 관습적으로 'nein danke'라고 한다. 여자가 음식을 했는데, (b)에서처럼 남자가 거꾸로 여자한테 주는 것은 상황에 맞지 않고, (c)는 식사를 권하는 사람이 하는 말이며, (d)는 문장 자체가 넌센스다. 따라서 정답은 (a)이다.

번역

여: 맛있었니?

남: 응, 음식이 정말 맛있었어.

여: 채소 좀 더 줄까?

남: ______________________

(a) 고맙지만 됐어, 배가 부르네.

(b) 그래, 내가 너한테 당장 줄게.

(c) 아니, 유감스럽게도 더 없네.

(d) 그래, 채소는 이것을 좋아해.

어휘/구문

schmecken ~한 맛이 나다

gut schmecken 맛이 좋다 ↔ nicht gut schmecken 맛이 없다

das Gemüse 채소

satt 배부른 ↔ hungrig 배고픈

● 채소

die Bohne 콩	der Pilz 버섯
die Gurke 오이	der Salat 양상추, 샐러드
die Kartoffel 감자	die Tomate 토마토
die/der Paprika 파프리카	die Zwiebel 양파

19 M: Darf ich meine Kinder vorstellen? Max und Anna.

F: Sie sehen aber süß aus. Wer ist älter?

M: Es sind Zwillinge.

F: ______________________________

(a) Also ist Max der Ältere.

(b) Deshalb sind beide Jungs.

(c) Also ist Anna die Schönere.

(d) Deshalb sind sie fast gleich groß.

| 해설 | 남자의 자녀들이 쌍둥이라는 말을 제대로 들었다면 쉽게 풀 수 있는 문제이다. 자녀가 있으면 일반적으로 위아래가 있지만, 이 경우에는 자녀들이 쌍둥이라는 사실이 중요하다. 쌍둥이의 특성을 서술하는 문장은 (d)이다.

번역 남: 제 아이들을 소개시켜 드려도 될까요? 막스와 안나예요.

여: 아주 귀여워 보이는군요. 누가 나이가 더 많은가요?

남: 쌍둥이예요.

여: ______________________________

(a) 그러면 막스가 위군요.

(b) 그러니까 둘 다 사내아이군요.

(c) 그러니까 안나가 더 예쁜 아이군요.

(d) 그래서 둘이 키가 비슷하군요.

어휘/구문 das Kind 어린이, 자녀

süß 원래 '달다'라는 뜻이지만, 사람이 주어면 '귀엽다'라는 뜻이 된다.

der Zwilling, die Zwillinge [복수형] 쌍둥이

der Drilling, die Drillinge [복수형] 세쌍둥이

● 형용사의 명사화

형용사 앞에 관사를 붙여 주고 대문자로 쓰면 사람을 지칭하는 뜻이 된다.

원급	비교급	최상급
der/die Alte 노인	der/die Ältere	der/die Älteste
der/die Gute 선인	der/die Bessere	der/die Beste
der/die Reiche 부자	der/die Schönere	der/die Schönste
der/die Schöne 미인	der/die Reichere	der/die Reichste
der/die Deutsche 독일인		
der/die Kranke 환자		

20

F: Willst du am Samstag auch zu Ingas Party?

M: Ja natürlich, ich freue mich schon darauf.

F: Wir könnten ja zusammen hinfahren.

M: ______________________

(a) Ja, laden wir Inga ein.

(b) Nein, zu Inga gehe ich nicht.

(c) Gut, ich hole dich um acht Uhr ab.

(d) Das ist aber ein schönes Geschenk.

| 해설 | 남녀 화자가 잉가가 주최하는 파티에 같이 가자고 얘기하는 대화이다. 잉가가 두 사람을 파티에 초대한 상태이므로 (a)는 틀린 답이다. 초대한다는 단어가 들어 있지만 주어가 바뀌었다. 두 사람은 이미 잉가의 파티에 가기로 얘기가 된 상태이므로 (b)에서처럼 가지 않는다고 하는 말은 문맥에 맞지 않다. 생일 하면 바로 선물이 떠올라 (d)를 생각해 볼 수 있겠지만, 아직 파티 장소에 도착하기 전이므로 선물을 주는 상황이 아니다. 같이 가자고 약속했을 때 만날 시간이 나오는 문장이 가장 자연스럽다. 따라서 정답은 (c)다.

번역

여: 너도 토요일에 잉가의 파티에 갈 거니?

남: 물론이지. 벌써 고대하면서 기뻐하고 있는걸.

여: 우리 같이 가도 되겠다.

남: ______________________

(a) 그래, 잉가를 초대하자.

(b) 아니, 잉가한테 가지 않을 거야.

(c) 좋아, 내가 너를 8시에 픽업할게.

(d) 그런데 이거 좋은 선물이구나.

어휘/구문

wollen ~하고 싶다

sich auf etw.[4] freuen (앞으로 올 것) ~을 고대하며 기뻐하다

sich über etw.[4] freuen (이미 받은 것이나 일어난 것) ~에 대해 기뻐하다

hinfahren 차를 타고 ~로 가다

könnten können의 접속법 2식으로서 '~할 수 있겠다'라는 뜻으로 쓰인다.

zusammen 같이, 함께

● 독일의 주요 파티와 축제

die Abschiedsparty 송별파티	das Oktoberfest 10월 맥주 축제(옥토버페스트)
die Einweihungsparty 집들이 파티	die Silvesterparty 섣달 그믐날 파티
die Geburtstagsparty 생일파티	das Weihnachtsfest 크리스마스 파티
das Hochzeitsfest 결혼식 피로연	das Weinfest 와인 축제
der Karneval/Fasching 카니발 축제	
das Neujahrfest 새해 축제[파티]	

21

M: Warum hast du mich gestern nicht angerufen?

F: Tut mir leid, ich war krank und habe geschlafen.

M: Was fehlt dir denn?

F: ______________________________

(a) Ich hatte keine Zeit.

(b) Ich habe es vergessen.

(c) Ich habe nicht genug Geld.

(d) Ich habe Husten und Schnupfen.

| 해설 | 대화에서 여자가 아프다는 사실이 드러난다. 선택지에 나와 있는 문장들이 모두 문제가 있는 상황이다. 그러나 아픈 증세와 연관 있는 문장은 (d)다.

번역

남: 왜 어제 나한테 전화하지 않았어?

여: 미안해, 아파서 잤어.

남: 어디가 안 좋은데?

여: ________________

(a) 시간이 없었어.

(b) 그것을 잊어버렸어.

(c) 돈이 충분히 없어.

(d) 기침과 콧물이 나.

어휘/구문

warum 왜

wie 어떻게

wer/was 누가/무엇

wo 어디

anrufen 전화하다

(es) tut mir leid. 미안합니다.

krank 아픈

schlafen 자다

fehlen 부족하다, 없다

Was fehlt dir denn? 어디가 안 좋은데?

der Husten 기침

der Schnupfen 코감기

22

F: Kannst du mir mal helfen?

M: Ja klar, was ist denn?

F: Ich brauche die grüne Schachtel da oben auf dem Schrank.

M: ______________________

(a) Vielen Dank für deine Hilfe.

(b) Oh, da brauche ich eine Leiter.

(c) Dann gehe ich mal in den Schrank.

(d) Ja, das ist für dich gar kein Problem.

| 해설 | 여자가 남자에게 옷장 위에 있는 물건을 내려 달라고 부탁하는 대화이다. (a)는 남자가 아니라 여자가 할 말이고, (c)는 문맥과 어울리지 않는 문장이며, (d) 역시 어떤 의미로 문제가 되지 않는다고 말하는지 알 수 없다. (b)에서는 Leiter의 뜻을 알아야 한다. 남성명사로 쓰일 때는 지도자라는 뜻이고, 여성명사로 쓰일 때는 사다리라는 뜻이다. 성에 따라 뜻이 달라지는 단어이므로 유의해야 한다. 정답은 (b)이다.

번역

여: 나 좀 도와줄 수 있겠니?

남: 물론이지, 무슨 일인데?

여: 저기 옷장 위에 있는 초록상자가 필요한데.

남: ______________________

(a) 도와줘서 정말 고마워.

(b) 그래, 그럼 사다리가 필요하겠는데.

(c) 그러면 옷장 안으로 들어가 볼게.

(d) 그래, 이건 너한테 하나도 문제가 되지 않아.

어휘/구문

jm. helfen 도와주다

klar 맑은, 명확한

die Schachtel 상자

oben 위에 ↔ unten 아래에

auf 위에, 위로

der Schrank 옷장

die Leiter 사다리(※der Leiter 지도자, 단장)

● 색을 나타내는 형용사

blau 파란	grau 회색의	rot 붉은
braun 갈색의	grün 녹색의	schwarz 검은
bunt 알록달록한	orange 오렌지색의	violett/lila 보라색의
gelb 노란	rosa 분홍색의	weiß 하얀

23 M: Mama, ich hab ein Päckchen von Oma bekommen!

F: Das ist ja schön. Was ist es denn?

M: Ich packe es sofort aus!

F: ______________________________

(a) Ich packe es dann ein!

(b) Möchtest du Bonbons haben?

(c) Brauchst du vielleicht eine Schere?

(d) Ich muss auch sofort zur Oma gehen!

| 해설 | 포장을 풀 때 필요한 도구를 묻는 질문이다. 포장을 풀겠다는데 (a) 다시 포장해 싼다든가, (b) 사탕을 먹고 싶은지 묻는다든가, (d) 할머니한테 가 보겠다는 말은 어울리지 않는다. 포장 끈을 자를 수 있는 가위가 필요하냐고 묻는 질문이 가장 자연스럽다. 정답은 (c)이다.

번역 남: 엄마, 할머니한테 작은 소포를 받았어요!

여: 좋겠구나. 그게 뭔데?

남: 바로 풀어 볼게요!

여: ______________________________

(a) 그러면 내가 포장할게!

(b) 사탕을 먹고 싶니?

(c) 혹시 가위 필요하니?

(d) 나도 당장 할머니한테 가 봐야겠구나!

어휘/구문

das Päckchen 작은 소포. der Pack의 축소형

Oma 할머니. Großmutter의 애칭

Opa 할아버지. Großvater의 애칭

auspacken 포장을 풀다 ↔ einpacken 포장하다

die Schere 가위

24

F: Du kannst aber gut Klavier spielen.

M: Danke, es macht mir großen Spaß.

F: Ich würde es auch gerne lernen.

M: ________________________________

(a) Du kannst mich ja unterrichten.

(b) Ja, du spielst ganz hervorragend.

(c) Kein Problem, ich bringe es dir bei.

(d) Du musst mir das Klavier nicht schenken.

| 해설 | 남자가 피아노를 아주 잘 치는 것을 보고 여자가 부러워하며 배우고 싶어 하자 남자가 여기에 답하는 올바른 문장을 고르는 문제이다. (a)와 (b)는 들을 때는 헷갈리기 쉽다. 그러나 남자가 가르쳐 주는 입장이 되어야 하므로, 남자가 여자에게 '네가 가르쳐 주면 된다'는 문장은 거꾸로 된 상황이고, '너는 엄청 잘 치잖아'도 여자가 남자한테 할 수 있는 말은 되어도 역으로는 성립하지 않는다. 청해 문제에서는 이렇게 주어가 뒤바뀐 표현에 유의해야 한다. 정답은 (c)이다.

번역

여: 너 피아노 잘 치는구나.

남: 고마워. 피아노 치는 게 엄청 재미있어.

여: 나도 배워 보고 싶은걸.

남: ________________________________

(a) 네가 날 가르쳐 주면 되겠구나.

(b) 그래, 너는 엄청 잘 치잖아.

(c) 문제없어, 내가 가르쳐 줄게.

(d) 나한테 피아노를 선물할 필요는 없어.

어휘/구문

der Spaß 재미, 흥미

Es macht mir großen Spaß. 나는 그것이 재미있다.

Ich hatte viel Spaß. 나는 재미있었어.

Viel Spaß! 재미있게 보내기를!

● 악기 연주 표현은 대부분 spielen 동사를 사용한다.

Klavier spielen 피아노를 치다
Violine/Cello spielen 바이올린을/첼로를 켜다
Flöte spielen 플루트를 불다

● 악기

die Blockflöte 리코더	die Klarinette 클라리넷
das Cello 첼로	das Klavier 피아노
die Flöte 플루트	die Orgel 오르간
die Geige/die Violine 바이올린	das Saxophon 색소폰
die Gitarre 기타	das Schlagzeug 타악기
die Harfe 하프	der Trommel 드럼, 북
der Horn 호른	die Trompete 트럼펫

25 M: Gibt's was Interessantes oder Neues in der Zeitung?

F: Du, C&T übernimmt jetzt einen mittelständischen Maschinenhersteller.

M: In welchem Teil steht das?

F: ______________________

(a) Es steht im Feuilleton.

(b) Hier, im Wirtschaftsteil.

(c) Schau mal, hier in der Politik.

(d) Das ist in den Lesermeinungen.

| 해설 | 신문에 실린 뉴스 중 어느 중소기업을 다른 기업이 인수한다는 내용을 이해하고, 이러한 기사가 신문의 어느 면에 실리는지를 독일어로 알아야 풀 수 있는 문제이다. 정답은 (b)이다.

번역 남: 신문에 뭔가 재미있거나 새로운 거 있어?

여: C&T가 이제 어느 중소 기계업체를 인수한대.

남: 어느 면에 실렸는데?

여: ______________________

(a) 문예란에 써 있어.

(b) 여기, 경제면에.

(c) 여기 정치면 좀 봐.

(d) 이 기사는 독자란에 실렸어.

어휘/구문

(et)was Interessantes 뭔가 재미있는 것

(et)was Neues 뭔가 새로운 것

(et)was Leckeres 뭔가 맛있는 것

übernehmen 인수하다

mittelständisch 중산층의

der Mittelstand 중산층

der Maschinenhersteller 기계 생산 업체

der Teil 부분, (저작물 따위의) 부, 지역

● 신문 지면

die Politik 정치	der Sport 스포츠
die Wirtschaft 경제	die Reise 여행
das Feuilleton 문예	die Medien[복수형] 미디어
die Kultur 문화	die Lesermeinung 독자의견
die Gesellschaft 사회	die Kolumne 칼럼

26

F: Wann fahren wir los?

M: Etwa in einer Stunde. Der Film fängt um sieben an.

F: Gut, dann gehe ich vorher noch ein bisschen joggen.

M: ______________________

(a) Dann viel Glück!

(b) Geh zuerst ins Kino.

(c) Sei aber pünktlich zurück!

(d) Ich gebe dir eine Runde aus.

| 해설 | 두 사람이 같이 1시간 후에 영화를 보러 가기로 하자, 여자가 그 전에 운동을 갔다 온다고 하는 내용의 대화이다. 이런 상황에서 (a)의 경우처럼 행운을 비는 것은 문맥과 맞지 않다. 둘이 같이 영화관에 가기로 했기 때문에 (b)도 상황에 맞지 않다. (d)의 Runde는 '모임', '원', '한 바퀴' 등 여러 뜻이 있어 간혹 '한 바퀴 돌다'라는 뜻으로 착각할 수 있다. 여기서는 '(돈을) 내다', '지출하다' 등의 뜻을 가진 ausgeben 동사와 결합하여, '한잔 돌리다'라는 뜻이 된다는 것을 알면 이것도 정답이 될 수 없음을 알 수 있다. 가장 적합한 표현은 (c)이다.

번역

여: 우리 언제 출발하지?

남: 대략 한 시간 후에. 영화가 7시에 시작하거든.

여: 좋아, 그러면 그 전에 잠깐 조깅하러 갔다 올게.

남: ______________________

(a) 그럼 많은 행운이 있기를!

(b) 먼저 영화관에 가 있어.

(c) 그러면 시간 맞춰 돌아와!

(d) 내가 너한테 한잔 살게.

어휘/구문

losfahren 출발하다

etwa 대략

die Stunde 시간

die Uhr 시계

der Film 영화

anfangen 시작하다

sieben 일곱

vorher 이전에 ↔ nachher 이후에

eine Runde ausgeben 술 한잔 사다

● 시간과 시각

시간	시각
eine Stunde 한 시간 anderthalb (eineinhalb) Stunden 한 시간 반 zwei Stunden 두 시간 zweieinhalb Stunden 두 시간 반 *eine halbe Stunde 30분(반 시간) eine Viertelstunde 15분	ein Uhr 한 시 halb zwei Uhr 한 시 반 zwei Uhr 두 시 halb drei Uhr 두 시 반

시간을 나타낼 때는 한 시간을 초과하면 Stunde의 복수형을 쓰지만, 시각을 말할 때는 Uhr가 단위로 쓰이는 것이므로 항상 단수로 쓴다.

27

M: Wow, dein neues Handy sieht super aus!

F: Danke, es ist auch ein Spitzenmodell.

M: Was ist daran so besonders?

F: ______________________________

(a) Zum Aufladen braucht man länger.

(b) Gegen Wasser ist es nicht geschützt.

(c) Die Batterie wird schnell verbraucht.

(d) Die Kamera hat eine super Bildqualität.

| 해설 | 핸드폰과 연관된 어휘와 표현이 많이 나오는 대화이다. 핸드폰이 최신모델이면 기능도 더 좋아야 할 것이다. 그런데 (a), (b), (c)는 핸드폰의 부정적 기능을 설명하고 있다. 긍정적인 기능을 설명하는 선택지는 (d)밖에 없다.

번역

남: 와! 네 핸드폰 정말 멋져 보인다!

여: 고마워, 최신모델이라서 그래.

남: 여기에 뭐가 그렇게 특별한데?

여: ____________________

(a) 충전하는 데 더 오래 걸려.

(b) 방수가 되지 않아.

(c) 배터리가 빨리 소모돼.

(d) 카메라 화질이 끝내줘.

어휘/구문

das Handy 핸드폰

das Smartphone 스마트폰

das Spitzenmodell 최신모델

besonders 특별히

aufladen 충전하다

gegen etw.[4] schützen ~으로부터 보호하다

die Batterie 배터리

verbrauchen 소모하다

die Kamera 카메라

die Bildqualität 화질

● 스마트폰 관련 어휘

der Akku(mulator) 충전지
die Ein/Aus-Taste 전원 버튼
der Fingerabdrucksensor 지문 센서
das Gehäuse 본체외장
die Kamera 카메라
der Kopfhörer 이어폰
das Ladegerät 충전기
das Ladekabel 충전 케이블
der Lautsprecher 스피커
die Schutzhülle 보호 케이스
die SIM-Karte USIM 칩
die Tastatur 자판
der Touchscreen 터치스크린

28

F: Welche Tapete sollen wir denn jetzt nehmen?
M: Die Gestreifte gefällt mir am besten. Und dir?
F: Ich finde die mit dem Blumenmuster schön.
M: ______________________________

(a) Lass mal, die ist uns doch viel zu groß.
(b) Du hast echt einen skurrilen Geschmack.
(c) Also schön, pflücken wir ein paar Blumen.
(d) Ich will aber wirklich lieber die andere anziehen.

| 해설 | 남자와 여자가 벽지를 고르면서 나누는 대화이다. 여기서 gestreift와 Blumenmuster는 옷에 있는 무늬일 수 있으므로 Tapete가 무엇인지 잘 모르면 (d)를 답으로 잘못 생각할 수 있다. 그리고 Blume라는 단어가 들려서 (c)로 착각할 수도 있다. 여자가 말하는 'die mit dem Blumenmuster'에서 die는 Tapete를 지칭하는 지시대명사이다. 두 사람은 벽지의 무늬에 대해서 이야기하고 있으므로 사이즈에 대해 말하는 (a)도 문맥에 어울리지 않는다. 여자가 벽지의 꽃무늬가 좋다고 하자 남자가 여기에 대해 의견을 말하는 (b)가 정답이다.

번역

여: 어느 벽지로 할까?
남: 줄무늬가 제일 마음에 드는데. 너는 어때?
여: 나는 꽃무늬가 있는 벽지가 제일 마음에 들어.
남: ______________________________

(a) 그냥 둬, 그건 우리한테는 너무 커.
(b) 너 정말 별난 취향을 가졌구나.
(c) 좋아, 그럼 꽃 몇 송이를 꺾자.
(d) 그런데 나는 정말로 다른 것을 입고 싶어.

어휘/구문

welch- '어떤'을 뜻하는 의문사로서 정관사 어미변화한다.

die Tapete 벽지

gestreift 줄무늬가 있는

jm. gefallen ~의 마음에 들다

das Blumenmuster 꽃무늬

pflücken (꽃이나 열매를) 꺾다, 따다

● 의문사 welch-의 격변화

격 \ 성	남성	여성	중성	복수
1격	welcher	welche	welches	welche
2격	welches	welcher	welches	welcher
3격	welchem	welcher	welchem	welchen
4격	welchen	welche	welches	welche

Welche Leute sind gegen die regierende Partei? 어떤 사람들이 여당에 반대하지?

Es gibt zwei Autos, die mir gefallen. Welches (Auto) ziehst du vor? 내 마음에 드는 자동차는 두 대야. 너는 어느 것을 선호하니?–Das rote. 빨간 것.

Welchen Zug müssen wir nehmen? 우리 어느 기차를 타야 하지?–Den ICE, auf Gleis 9. 9번 승강장에서 출발하는 ICE를 타야 돼.

29

M: Ich habe gehört, du bist aus der WG ausgezogen.

F: Ja, meine Mitbewohnerin war so unordentlich.

M: Da konntest du nicht drüber wegsehen?

F: ______________________________

(a) Nein, das habe ich alles übersehen.

(b) Nein, ich bin sofort dort eingezogen.

(c) Nein, ich habe da eine niedrige Toleranzschwelle.

(d) Nein, ich konnte meine Mitbewohnerin nicht erreichen.

| 해설 | 룸메이트와 맞지 않아 주거공동체에서 나온 여자에게 남자가 그 이유를 묻는 대화이다. 이 대화에서는 drüber wegsehen, niedrige Toleranzschwelle가 키워드인데 난이도가 높은 어휘들이다. 선택지의 경우에도 (a) übersehen의 뜻을 명확하게 모르면 대화문의 wegsehen과 혼동할 수 있다. 정답은 (c)이다.

번역

남: 네가 주거공동체에서 나갔다고 들었는데.

여: 맞아, 내 룸메이트가 너무 어지르고 정리를 안 했어.

남: 그냥 넘어갈 수는 없었니?

여: ______________________________

(a) 아니, 나는 이 모든 것을 간과했어.

(b) 아니, 나는 거기로 즉시 이사해 들어갔어.

(c) 아니, 나는 참을성이 그렇게 많지 않거든.

(d) 아니, 나는 내 룸메이트와 연락이 닿지 않았어.

어휘/구문

ausziehen 이사 나가다 ↔ einziehen 이사 들어오다

umziehen 이사하다

die WG Wohngemeinschaft의 약자, 주거공동체

der Mitbewohner 룸메이트

die Mitbewohnerin 여자 룸메이트. -in은 여성형 어미.

unordentlich 너저분한, 어지럽히는, 정돈하지 않는 ↔ ordentlich 정돈된, 정리된

über etw.[4] wegsehen ~을 무시하다

übersehen 간과하다

niedrig 낮은 ↔ hoch 높은

die Toleranzschwelle 허용 한계, 참을성의 한계

erreichen 도달하다, 연락이 닿다

30

F: Martin hat endlich seine Masterarbeit abgegeben.

M: Was? Nachdem er so große Probleme mit dem Thema hatte?

F: Ja, aber er hat sich in den vergangenen Wochen richtig reingehängt.

M: ______________________

(a) Schade, dass es so kommen musste.

(b) Ich wusste, dass er das nicht schafft.

(c) Mich hat er jedenfalls nicht reingehängt.

(d) Dafür muss man ihm wirklich Respekt zollen.

| 해설 | 어려움을 겪으면서도 결국 필사적으로 노력해서 석사학위논문을 끝낸 마르틴에 대한 가장 어울리는 평가를 찾아내는 문제이다. (a)는 일이 잘 안 풀리거나 목표를 달성하지 못했을 때 하는 표현이고, (b)도 schaffen의 뜻만 알면 부정적인 표현이라는 것을 알 수 있다. 이와 반대되는 평가는 (d)이다.

번역

여: 마르틴이 드디어 석사학위논문을 제출했어.

남: 뭐라고? 주제 때문에 문제가 많았는데도?

여: 그래, 그래도 지난 몇 주 동안에는 제대로 매달렸어.

남: ______________________

(a) 이렇게 되어서 유감이네.

(b) 그가 해내지 못하리라는 것을 알고 있었어.

(c) 어쨌건 그는 나를 끌어들이지 않았어.

(d) 이것에 대해서 존경을 표해야 할 것 같아.

어휘/구문

die Masterarbeit 석사학위논문

abgeben 제출하다

das Thema 주제

sich in etw.[4] reinhängen ~에 매달리다

schade 유감이다

schaffen 해내다

Respekt zollen 존경을 표하다

Part III

| 문제 31~40 | **다음 대화를 잘 듣고 제시하는 질문에 대한 가장 적절한 응답을 고르시오.**

31

M: Ich suche nach einer Hose.

F: Anzugs- oder Freizeithose?

M: Eine für die Freizeit.

F: Die Hosen sind dort drüben.

M: Und die Umkleidekabinen?

F: Die sind direkt daneben.

[Frage] Wo findet dieses Gespräch statt?

(a) Im Kaufhaus.

(b) In der Schule.

(c) Im Restaurant.

(d) Im Fitness-Studio.

| 해설 | 두 사람이 나누는 대화에서 '바지'(Hose), '탈의실'(Umkleidekabine)이라는 단어가 정답에 힌트를 주는 핵심어들이다. 이 단어는 옷가게에 있는 물품임을 암시한다. 선택지 중 바지를 살 수 있는 곳은 백화점 내 남성복 매장이므로 정답은 (a)이다.

번역

남: 바지 한 벌을 찾고 있습니다.

여: 정장바지요, 아니면 캐주얼 바지요?

남: 캐주얼 바지요.

여: 바지는 저쪽에 있습니다.

남: 그리고 탈의실은요?

여: 그건 바로 그 옆에 있습니다.

[질문] 이 대화는 어디서 이루어지고 있는가?

(a) 백화점에서.

(b) 학교에서.

(c) 레스토랑에서.

(d) 헬스장에서.

어휘/구문

nach etw.[3] suchen ~을 찾다

die Hose 바지

die Anzugshose 정장바지

die Freizeithose 캐주얼 바지

dort drüben 저기 저쪽 ↔ hier vorne 이쪽 앞에

die Umkleidekabine 탈의실

das Kaufhaus 백화점

die Schule 학교

das Restaurant 식당

das Fitness-Studio 헬스장

32

F: Wir brauchen dann noch Gurken.

M: Gut, die hole ich.

F: Und schau mal, die Kirschen sind heute sehr preiswert.

M: Gut, nehmen wir welche mit.

F: Und denke daran, dass wir Nudeln brauchen.

M: Die gibt es da drüben, neben den Konserven.

[Frage] In welcher Kaufhausabteilung spielt der Dialog?

(a) Sportabteilung.
(b) Möbelabteilung.
(c) Elektroabteilung.
(d) Lebensmittelabteilung.

| 해설 | 식료품에 해당하는 '오이'(Gurke), '체리'(Kirsche), '국수'(Nudel)를 알아들으면 쉽게 풀 수 있는 문제이다. 선택지에서 '스포츠'(Sport)와 '전기제품'(Elektro)은 영어와 비슷하여 그렇게 낯설지 않지만, '가구'(Möbel)와 '식료품'(Lebensmittel)은 알고 있어야 한다. 정답은 (d)이다.

번역

여: 우리 오이도 필요하겠어.

남: 그래, 내가 가져올게.

여: 이것 봐, 체리가 오늘 저렴하네.

남: 좋아, 그럼 이것도 조금 가져가자.

여: 우리가 국수도 필요하다는 것 잊지 마.

남: 그건 저쪽 저장식품 코너 옆에 있어.

[질문] 어느 백화점 매장에서 이 대화가 이루어지고 있는가?

(a) 스포츠 매장.

(b) 가구 매장.

(c) 가전제품 매장.

(d) 식료품 매장.

어휘/구문

die Gurke 오이

die Kirsche 체리

preiswert 저렴한

die Nudel 국수

die Konserve 저장식품

die Abteilung 부서, 분과, 학과, (백화점의) 매장

● 백화점 매장

백화점 안에서는 매장들이 구역으로 나뉘어 있기 때문에 각 매장을 Abteilung이라고 표현한다.

die Bäckerei 빵집	die Lebensmittelabteilung 식료품 매장
die Damenabteilung 숙녀복 매장	die Metzgerei 정육점
die Elektroabteilung 가전제품 매장	die Möbelabteilung 가구 매장
die Haushaltswarenabteilung 가정용품 매장	die Schuhabteilung 신발 매장
die Herrenabteilung 신사복 매장	die Spielwarenabteilung 장난감 매장
die Kosmetikabteilung 화장품 매장	die Sportabteilung 스포츠 매장

33

M: Guten Tag, Johnson.

F: Guten Tag. Sind die Wohnungen noch frei?

M: Ja, zwei Wohnungen sind noch frei.

F: Kann ich mir die beiden ansehen?

M: Kommen Sie heute zwischen 2 oder 3 Uhr. Geht das?

F: Ja, ich komme dann um halb drei vorbei. Danke!

[Frage] Was ist richtig?

(a) Der Mann will eine Wohnung kaufen.

(b) Die Frau will sich zwei Wohnungen anschauen.

(c) Der Mann bittet die Frau am Abend zu kommen.

(d) Die Frau möchte sich um 3:30 Uhr die Wohnungen ansehen.

| 해설 | 여자가 집을 보고 싶어 부동산 중개업자에게 전화해서 방문 시간을 잡는 대화이다. 여기서 여자가 집을 두 채 보고 싶어 하고, 보러 오는 시점이 2시 반인 것을 정확히 들어야 선택지를 보고 헷갈리지 않는다. (a)에서와 달리 집에 관심이 있어 문의하는 사람은 여자이다. (c)와 달리 남자는 여자에게 2시와 3시 사이, 즉 오후에 오라고 부탁한다. (d)와 달리 여자는 집을 2시 반에 보러 오겠다고 한다. 여기서 halb는 문맥상 2시 반임을 유의해야 한다. 정답은 (b)이다.

번역

남: 안녕하세요, 욘존입니다.

여: 안녕하세요, 집들이 아직 있나요?

남: 네, 두 집이 아직 있습니다.

여: 두 개 다 한번 볼 수 있을까요?

남: 오늘 2시와 3시 사이에 오세요. 되시나요?

여: 네. 2시 반에 들르겠습니다. 감사합니다.

[질문] 무엇이 맞는가?

(a) 남자가 집을 사고 싶어 한다.
(b) 여자가 집 두 채를 한번 보고 싶어 한다.
(c) 남자는 여자에게 저녁에 오라고 부탁한다.
(d) 여자는 3시 반에 집을 보러 오고 싶어 한다.

어휘/구문

die Wohnung 주택, 집, 아파트, 숙소
frei sein (방이나 집이) 비어 있는, (수업이나 근무가) 없는
frei haben 쉬다
ansehen 주의 깊게 보다
zwischen 사이에, 사이로
halb drei 두 시 반
Viertel nach zwei 두 시 십오 분
Viertel vor drei 세 시 십오 분 전
vorbeikommen 들르다

34

F: Wie findest du meinen neuen Schnitt?

M: Ganz toll.

F: Ist er nicht zu kurz?

M: Nein, die Länge ist gerade richtig.

F: Und die Haarfarbe?

M: Sie steht dir super.

[Frage] Worüber unterhalten sich die beiden?

(a) Frisur.

(b) Surfen.

(c) Pferde.

(d) Kleidung.

| 해설 | 여자가 남자에게 자신의 새 헤어스타일에 대해 묻는 대화이다. 헤어스타일, 머리의 길이, 염색 등의 단어만 이해해도 답을 쉽게 찾을 수 있는 문제이다. 단, 대화에서는 '헤어스타일'을 Schnitt라고 했고, 선택지 (a)에서는 Frisur라고 했으므로 유의하도록 한다. 정답은 (a)이다.

번역

여: 내 새 헤어스타일 어때?

남: 끝내주게 좋네.

여: 너무 짧지는 않아?

남: 아니, 길이는 딱 맞아.

여: 그리고 머리 색은?

남: 너한테 아주 잘 어울려.

[질문] 둘은 무엇에 대해 대화를 나누고 있는가?

(a) 헤어스타일.

(b) 서핑.

(c) 말.

(d) 옷.

어휘/구문

der Schnitt 헤어스타일

toll 끝내주게 좋은

kurz 짧은 ↔ lang 긴

die Länge 길이

richtig 맞은, 올바른

die Haarfarbe 머리 색

jm. gut/super stehen ~에게 잘 어울리다

● 헤어스타일

das glatte Haar 생머리	der Pferdeschwanz 포니테일(뒷머리 위쪽에서 하나로 묶은 머리)
der Glatzkopf 대머리	die Ponyfrisur 앞머리를 내린 머리
die Igelfrisur 빳빳하게 위로 올린 머리	die Zopffrisur 땋은 머리
das Lockenhaar 곱슬머리	

35

M: Wo wohnst du jetzt eigentlich?

F: In Frankfurt Bockenheim.

M: Schön, arbeitest du auch dort?

F: Nein, aber in der Nähe, in Eschborn.

M: Und gefällt es dir da?

F: Nein, es ist eine langweilige Bürostadt.

[Frage] Wo arbeitet die Frau?

(a) In Frankfurt.
(b) In Eschborn.
(c) In Mannheim.
(d) In Bockenheim.

| 해설 | 이 대화에서는 여자가 사는 곳과 일하는 곳을 잘 구분하면서 들어야 한다. 그녀가 사는 곳은 프랑크푸르트시에 있는 보켄하임 구역이다. 그러니까 그녀가 사는 곳은 프랑크푸르트라고 해도 맞고, 보켄하임이라고 해도 맞다. (c)의 만하임은 보켄하임과 뒷부분을 같게 하여 매력적인 오답으로 만들어 놓은 것이다. 그녀가 일하는 곳은 사는 곳과 멀지 않은 에쉬보른이므로 정답은 (b)이다.

번역

남: 넌 지금 도대체 어디서 살고 있는 거니?

여: 프랑크푸르트 보켄하임에서.

남: 그렇구나. 거기서 직장도 다니니?

여: 아니, 그런데 그 근처에 다녀. 에쉬보른이야.

남: 그러면 거기는 마음에 들어?

여: 아니, 아주 따분한 사무실 밀집 지역이야.

[질문] 여자는 어디에서 일하고 있는가?

(a) 프랑크푸르트에서.

(b) 에쉬보른에서.

(c) 만하임에서.

(d) 보켄하임에서.

어휘/구문

jetzt 지금

eigentlich 도대체

in der Nähe 근처에

jm. gefallen ~의 마음에 들다

langweilig 지루한

die Bürostadt (das Büro + die Stadt) 사무실 밀집 지역

36

F: Wie fandest du es?

M: Es war ein wunderschöner Abend.

F: Udo Bohmer hat wieder fantastisch dirigiert.

M: Allerdings hat er den ersten Satz zu langsam interpretiert.

F: Ich fand die Geigen sehr stimmungsvoll.

M: Naja, das ist Geschmackssache.

[Frage] Worüber unterhalten sich die beiden?

(a) Über ein Buch.
(b) Über einen Film.
(c) Über ein Konzert.
(d) Über ein Theaterstück.

| 해설 | 두 사람은 콘서트를 감상하고 그 소감에 대해 서로 이야기를 나누고 있다. '지휘하다'(dirigieren), '악장'(der Satz), '바이올린'(die Geige) 같은 단어들이 결정적인 힌트가 된다. 그 밖에도 '정취가 있는'(stimmungsvoll), '훌륭한'(fantastisch), '정말로 아름다운'(wunderschön) 등도 콘서트 분위기를 잘 나타내는 형용사들이다. 영화에서도 음악이 나오기 때문에 (b)를 답으로 생각해 볼 수도 있으나 대화에서는 지휘자가 직접 나와서 지휘한다는 내용이 나오기 때문에 답이 될 수 없다. 정답은 (c)이다.

번역

여: 어땠던 것 같아?

남: 정말로 아름다운 저녁이었어.

여: 우도 보머가 역시 훌륭하게 지휘했어.

남: 그런데 첫 악장은 너무 천천히 연주하는 것으로 해석했어.

여: 나는 바이올린이 아주 정취가 있다고 생각했어.

남: 그래, 그건 취향의 문제지.

[질문] 두 사람은 무엇에 대해 대화하고 있는가?

(a) 어떤 책에 대해서.

(b) 어떤 영화에 대해서.

(c) 어떤 콘서트에 대해서.

(d) 어떤 연극작품에 대해서.

어휘/구문

wunderschön 정말로 아름다운, 멋진

fantastisch 훌륭하게

dirigieren 지휘하다

allerdings 그러나. 앞 문장과 내용이 달라질 때 aber의 의미로 사용한다.

der Satz 악장, 문장, 한 세트

interpretieren 해석하다

die Geige 바이올린. die Violine라고도 한다.

stimmungsvoll 정서가 풍부한, 분위기가 좋은

die Geschmackssache 취향의 문제

37

M: Tom benimmt sich merkwürdig, oder?

F: Ja, er ist verliebt!

M: Wirklich? In wen? Kenne ich sie?

F: Vielleicht. Sie heißt Laura.

M: Ach die, wir sind alle in einem Kurs.

F: Ich freue mich für Tom.

[Frage] Welche Aussage ist falsch?

(a) Tom ist verliebt.

(b) Tom benimmt sich komisch.

(c) Die Sprecherin kennt Laura.

(d) Der Sprecher freut sich für Tom.

| 해설 | 톰이 사랑에 빠졌다는 사실을 알자 그 대상이 누군지 궁금해 나누는 대화이다. 남성화자는 톰이 사랑하는 여자가 자신과 같은 수업을 듣고 있다는 사실을 여성화자를 통해 알게 된다. 따라서 여성화자는 라우라를 잘 알고 있다. 톰이 사랑에 빠진 것에 대해 기뻐하는 사람도 여성화자이다. 답은 (d)이다.

번역

남: 톰 행동이 조금 이상하지 않아?

여: 맞아, 사랑에 빠졌거든.

남: 정말로? 누구랑? 내가 아는 사람이야?

여: 어쩌면. 라우라라고 해.

남: 아, 그 여자, 우리 다 같이 수업을 듣고 있어.

여: 톰이 그러니까 나도 기쁘네.

[질문] 어느 진술이 틀렸나?

(a) 톰은 사랑에 빠졌다.

(b) 톰의 행동이 이상해졌다.

(c) 여성화자는 라우라를 안다.

(d) 남성화자는 톰을 위해 기뻐한다.

어휘/구문

sich benehmen 행동하다

merkwürdig 이상한, 유별난

komisch 이상한, 기이한

in jn. verliebt sein ~와 사랑에 빠지다

der Kurs 수업, 강좌

sich für jn. freuen ~를 위해 기뻐하다

38

F: Fahren wir am Wochenende mit dem Zug zu Tante Helga?

M: Warum? Lass uns doch das Auto nehmen.

F: Am Wochenende fangen die Ferien an, da stehen wir nur im Stau.

M: Aber bei den Zügen müssen wir umsteigen.

F: Dann kommst du halt zu Fuß!

M: Also schön, du hast mich überzeugt.

[Frage] Was werden die Personen machen?

(a) Zu Fuß gehen.
(b) Zu Hause bleiben.
(c) Mit dem Zug fahren.
(d) Mit dem Auto fahren.

| 해설 | 두 사람이 주말에 이모[고모]한테 가야 하는데 어떤 교통수단을 이용할 것인가에 대해 다른 의견으로 충돌하는 내용이다. '기차를 타다'(mit dem Zug fahren), '자동차를 타다'(mit dem Auto fahren), '걸어가다'(zu Fuß gehen)라는 표현이 대화에 다 나오기는 하지만, 문맥을 잘 따라가 보면 여자는 차가 막히니까 기차를 타고 가자고 주장하고 남자는 갈아타기 귀찮으니까 자동차를 몰고 가자고 주장한다. 그러나 결국 남자가 '네가 나를 설득했다'(du hast mich überzeugt)고 말하므로 남자가 여자의 의견을 따르기로 했다는 것을 알 수 있다. 따라서 답은 정답은 (c)이다.

번역

여: 우리 주말에 헬가 이모[고모]한테 기차로 갈거야?

남: 왜? 차 타고 가자.

여: 주말에 방학이 시작되면 차가 꽉 막혀 서 있을 거야.

남: 그런데 기차 타면 갈아타야 하잖아.

여: 그러면 넌 걸어와야지, 뭐!

남: 알았어, 내가 너한테 설득당했다.

[질문] 두 사람은 무엇을 할 것인가?

(a) 걸어간다.
(b) 집에 있는다.
(c) 기차를 타고 간다.
(d) 자동차를 타고 간다.

어휘/구문

der Zug 기차
die Tante 이모, 고모(어머니나 아버지의 여자형제), (아는 여자 어른에 대한 친숙한 호칭으로서) 아줌마
warum 왜. 이유를 묻는 의문사이다.
lass uns + 동사원형 ~하자. 제안하거나 건의할 때 쓰는 표현이다.
das Auto 자동차
das Wochenende 주말
die Ferien 방학(항상 복수로만 사용)
der Stau 정지, 정체, 교통체증
im Stau stehen 교통이 막히다
umsteigen 갈아타다
halt 아마도, 어쩌면
der Fuß 발
zu Fuß 걸어서, 도보로
überzeugen 설득하다

● 교통수단 관련 표현

교통수단을 이용할 때는 mit ... fahren[fliegen]이라고 표현한다

mit dem Auto fahren 자동차를 타다	mit dem Schiff fahren 배를 타다
mit dem Bus fahren 버스를 타다	mit der Straßenbahn fahren 전차를 타다
mit dem Fahrrad fahren 자전거를 타다	mit dem Taxi fahren 택시를 타다
mit dem Flugzeug fliegen 비행기를 타다	mit der U-Bahn fahren 지하철을 타다
mit dem Lastwagen fahren 트럭을 타다	mit dem Zug fahren 기차를 타다
mit dem Motorrad fahren 오토바이를 타다	※zu Fuß gehen 걸어가다

39

M: Entschuldigen Sie. Vor einer Stunde habe ich auf dem Platz dort gesessen.

F: Ja, ja, ich erinnere mich. Was kann ich für Sie tun?

M: Ich habe mein Handy verloren.

F: Oh, das tut mir leid! Wo denn?

M: Ich bilde mir ein, ich hätte es hier liegen lassen.

F: Tut mir leid. Wäre es hier gewesen, hätten wir es bestimmt aufbewahrt.

[Frage] Worüber sprechen die beiden?

(a) Über den Platz, wo die Frau saß.

(b) Über den Platz, wo der Mann saß.

(c) Über das verlorene Handy der Frau.

(d) Über das verlorene Handy des Mannes.

| 해설 | 남자가 어떤 음식점이나 카페의 앉아 있었던 자리로 되돌아 가서 없어진 핸드폰을 찾는 장면이다. 따라서 두 사람이 나누는 대화는 남자의 핸드폰에 관한 것이므로 정답은 (d)이다.

번역

남: 실례합니다. 한 시간 전에 저 자리에 앉아 있었습니다.

여: 네네, 생각이 나네요. 무엇을 도와드릴까요?

남: 제가 핸드폰을 잃어버렸습니다.

여: 오, 안됐군요! 어디서요?

남: 제가 생각하기로는, 여기에 놔둔 것 같아요.

여: 죄송합니다. 그것이 여기 있었다면, 우리가 분명히 보관해 뒀을 겁니다.

[질문] 두 사람은 무엇에 대해 이야기하고 있는가?

(a) 여자가 앉았던 자리에 대해서.

(b) 남자가 앉았던 자리에 대해서.

(c) 여자의 잃어버린 핸드폰에 대해서.

(d) 남자의 잃어버린 핸드폰에 대해서.

어휘/구문

Entschuldigung./Entschuldigen Sie. 죄송합니다, 실례합니다.

vor (공간적으로) 앞에, 앞으로 (시간적으로) 전에

der Platz 자리, 광장

gesessen sitzen의 과거분사

sich erinnern 기억하다, 회상하다

Was kann ich für Sie tun? 무엇을 도와드릴까요?

verloren verlieren의 과거분사

Das tut mir leid. 유감이군요, 안됐군요.

sich einbilden ~라고 생각하다, 믿다, 상상하다

hätte haben의 접속법 2식. 실제와는 반대되는 가정이나 생각을 나타낼 때 쓴다.

liegen lassen 놓아 두다

wäre sein의 접속법 2식

gewesen sein의 과거분사

aufbewahren 보관하다

● 접속법 2식

과거시제를 기본형으로 삼는다. 강변화한 과제시제 동사의 경우 변모음화한다.

접속법 2식 어미변화			비교) 직설법 어미변화		
ich	wäre	-e	ich	war	-
du	wärest	-est	du	warst	-st
er/sie	wäre	-e	er/sie	war	-
wir	wären	-en	wir	waren	-en
ihr	wäret	-et	ihr	wart	-t
sie/Sie	wären	-en	sie/Sie	waren	-en

40 F: Würdest du auch gerne auf dem Land wohnen?

M: Darüber habe ich mir keine Gedanken gemacht. Wieso?

F: In letzter Zeit stört mich der Lärm und die Hektik der Stadt.

M: Dafür haben wir hier ein buntes Kultur- und Nachtleben mit Freunden.

F: Ich sehne mich eher nach einem Leben mit viel Natur und Ruhe.

M: Wir könnten uns mal eine ruhigere Wohnung in der Nähe suchen.

[Frage] Was wünscht sich die Frau?

(a) Sie möchte die Umwelt schützen.
(b) Sie möchte das Nachtleben genießen.
(c) Sie möchte in einer ländlichen Umgebung leben.
(d) Sie möchte in eine neue Wohnung in der Stadt ziehen.

| 해설 | 두 사람이 살고 있는 곳은 도시[시내]이고 여자는 도시적 삶이 시끄럽고 분주해서 싫어하는 반면, 남자는 다양한 문화생활과 밤의 유흥거리를 즐길 수 있어 좋아한다. 여자가 바라는 것은 '도시'(Stadt), '소음'(Lärm), '분주함'(Hektik)과 반대되는 환경, 즉 '시골'(Land), '자연'(Natur), '휴식'(Ruhe)이 있고 '조용한'(ruhig) 곳이다. 따라서 정답은 (c)이다.

번역 여: 너도 시골에 가서 살고 싶니?

남: 거기에 대해서는 생각해 보지 않았는데. 왜?

여: 최근에 도시의 소음과 분주함이 거슬리네.

남: 그 대신 우리는 여기에 친구와 함께할 수 있는 다채로운 문화적 삶과 밤의 유흥이 있잖아.

여: 나는 오히려 많은 자연과 휴식이 있는 삶을 동경해.

남: 우리 한번 이 근처에 좀 더 조용한 집을 찾아보도록 하자.

[질문] 여자는 무엇을 바라는가?

(a) 그녀는 환경을 보호하고자 한다.

(b) 그녀는 밤의 유흥을 즐기고자 한다.

(c) 그녀는 시골 같은 환경에서 살고 싶어 한다.

(d) 그녀는 시내에 있는 새로운 집으로 이사 가고 싶어 한다.

어휘/구문

das Land 나라, 지방, 육지, 시골, 주

sich (keine) Gedanken machen ~에 대해 숙고하다/숙고를 하지 않다

in letzter Zeit 최근에

stören 방해하다

der Lärm 소음

die Hektik 분주함, 성급함

die Stadt 도시

bunt 다채로운, 가지각색의

die Kultur 문화

die Nacht 밤

das Leben 삶

der Freund 친구

die Natur 자연

die Ruhe 평온, 휴식

ruhig 조용한, 침착한

Part IV

| 문제 41~50 | 다음 글을 듣고 제시하는 질문에 대한 가장 적절한 답을 고르시오.

41 München ist eine großartige Stadt. Hier gibt es Theater und viele Museen. München liegt an einem schönen Fluss, mit einem schönen Park, dem Englischen Garten. Die kleinen Buchläden und die Musikläden faszinieren mich auch sehr.

[Frage] Was gehört nicht zur Faszination der Stadt München?

(a) Der Park.
(b) Der Fluss.
(c) Die Theater.
(d) Die Bücher.

| 해설 | 이 텍스트에서는 뮌헨의 매력에 대해 설명하고 있다. '극장'(Theater), '박물관'(Museum), '강'(Fluss), '책방'(Buchladen), '악기점'(Musikladen)이 그 내용이다. '서점'(Buchladen)이라는 표현에 '책'(Buch)이 들어가 있긴 하나, '책'(Bücher) 자체의 매력에 대해서는 언급이 없다. 따라서 정답은 (d)이다.

번역 뮌헨은 훌륭한 도시이다. 여기에는 극장과 많은 박물관이 있다. 아름다운 공원, 즉 영국정원이 있는 뮌헨은 아름다운 강가에 자리하고 있다. 작은 책방과 악기점들도 나를 현혹한다.

[질문] 뮌헨시의 매력에 들어가지 않는 것은 무엇인가?

(a) 공원.

(b) 강.

(c) 극장들.

(d) 책들.

어휘/구문

großartig 우수한, 훌륭한

schön 아름다운

der Fluss 강

der Park 공원

der Englische Garten 영국정원(바이에른주 뮌헨에 있는 공원. 크기가 375ha로 세계에서 가장 큰 공원 중 하나로 손꼽힌다.)

klein 작은 ↔ groß 큰

der Buchladen 책방

der Musikladen 악기점

jn. faszinieren ~를 현혹[매혹]하다

● 시내에 있는 건물이나 시설

die Ampel 신호등	das Krankenhaus 병원
der Bahnhof 기차역	der Park 공원
die Bank 은행	der Platz 광장
der Bürgersteig 보도, 인도	die Post 우체국
das Café 카페	das Restaurant 레스토랑
der Flughafen 공항	die Schule 학교
das Geschäft/der Laden 상점	das Stadion 경기장
das Hotel 호텔	die Straße 길, 거리
das Kino 영화관	der Zebrastreifen 횡단보도

42 Liebe Freunde, unser Freund Kurt Breitner war lange Zeit gern allein. Aber dann lernte er Paula kennen und lieben. Und das Resultat ist diese wunderschöne Feier heute. Kurt, Paula, ich wünsche Euch alles Gute!

[Frage] Was wird hier gefeiert?

(a) Taufe.
(b) Hochzeit.
(c) Geburtstag.
(d) Uni-Abschluss.

| 해설 | 이 텍스트는 쿠르트 브라이트너가 혼자 살다가 파올라를 알게 되어 사랑에 빠졌고, 그래서 오늘 결혼식을 올리게 된 것을 그의 친구가 축하하는 내용이다. 어떤 여성을 알게 되고(lernt eine Frau kennen) 사랑하는(lieben) 것을 배우게 되었다는 내용만 잘 들으면 쉽게 맞출 수 있는 문제이다. 정답은 (b)이다.

번역 친애하는 친구들이여, 우리의 친구 쿠르트 브라이트너는 오랫동안 혼자인 삶을 즐겼습니다. 그러다가 파올라를 알게 되었고 사랑하는 법을 배우게 되었습니다. 그 결과가 오늘의 이 아름다운 축제인 것입니다. 쿠르트, 파울라, 모든 것이 잘 되길 기원할세!

[질문] 무엇을 축하하는 자리인가?

(a) 세례식.
(b) 결혼식.
(c) 생일.
(d) 대학 졸업식.

어휘/구문

lieber Freund/liebe Freundin 사랑하는 친구야. 편지나 공식석상에서 친구를 호칭할 때 쓰는 표현이다.

lange Zeit 오랫동안

allein 혼자, 홀로

kennen lernen 알게 되다

das Resultat 결과

die Feier 축제

Alles Gute! 모든 일이 잘 되길!

die Taufe 세례(식)

die Hochzeit 결혼식

der Geburtstag 생일

der Uni-Abschluss 대학 졸업식

43 Ein deutsches Kind kennt nicht nur Apfel oder Pfirsich, sondern auch Mango und Litschi. Familien, die nur selten exotische Früchte kaufen, versäumen aber nichts. Zum einen hat diese importierte Ware nicht unbedingt mehr Vitamine als einheimisches Obst. Zum anderen ist über die Schadstoffbelastung dieser Früchte wenig bekannt.

[Frage] Was sagt dieser Text?

(a) Exotisches Obst ist gesünder als einheimisches.
(b) Ein Mann von Welt sollte exotische Früchte gut kennen.
(c) Einheimisches Obst ist vielleicht gesünder als exotisches.
(d) Wenn eine Familie exotische Früchte nicht kennt, versäumt sie etwas.

| 해설 | 국내산 과일과 외국산 과일을 비교 설명하고 있는 텍스트이다. 선택지에서는 텍스트가 하고 있는 말을 정확히 골라내야 하기 때문에 텍스트의 흐름과 요지를 잘 파악해야 한다. 요지는 토산품이 수입품보다 질적으로 나으면 나았지 떨어지지는 않을 가능성이 높다는 것이다. 따라서 정답은 (c)이다.

번역 독일 아이는 사과나 복숭아만 알고 있는 것이 아니고 망고와 리치도 안다. 그렇다고 이국적인 과일을 거의 사지 않는 가족들이 놓치고 아쉬워할 일은 없다. 한편으로는 수입품들이 토산품보다 비타민을 더 함유하고 있다고 볼 수 없다. 다른 한편으로는 이러한 과일의 유해물질오염에 대해서 알려진 바가 거의 없다.

[질문] 이 텍스트에서 말하고 있는 것은 무엇인가?

(a) 외국산 과일이 국내산 과일보다 몸에 더 좋다.

(b) 세계인이라면 외국산 과일에 대해 잘 알고 있어야 한다.

(c) 어쩌면 국내산 과일이 외국산 과일보다 더 몸에 더 좋을 수 있다.

(d) 어떤 가족이 외국산 과일에 대해 알고 있지 못하다면, 이 가족은 뭔가를 놓친 셈이 된다.

어휘/구문

die Mango 망고나무나 그 열매

die Litschi 여주, 여주열매, 리치

die Familie 가족

das Obst/die Frucht 과일

versäumen 놓치다, 잡지 못하다

nichts 무(無), 아무것도 아닌 것, 하찮은 것

zum einen~ zum anderen~ 한편으로는~ 다른 한편으로는~

importiert 수입한 ↔ exportiert 수출한

die Ware 물건, 물품, 상품

unbedingt 꼭, 반드시

das Vitamin 비타민

einheimisch 국내의, 고향의, 토산의, 국산의 ↔ exotisch 외국산의, 이국적인, 외국의, 이국풍의

Einheimisches 토산품 ↔ Exotisches 외국수입품

die Schadstoffbelastung (der Schadstoff + die Belastung) 유해물질오염

● 과일

die Ananas 파인애플	die Litschi 리치
der Apfel 사과	die Mandarine 귤
die Banane 바나나	die Mango 망고
die Birne 배	die Melone 멜론
die Erdbeere 딸기	der Pfirsich 복숭아
die Kirsche 체리	die Traube 포도
die Orange 오렌지	die Zitrone 레몬

44 Das momentane Wetter in Bayern wird uns noch einige Tage erhalten bleiben. Die Regengebiete werden von dem Hoch über Mitteleuropa nach Skandinavien gelenkt. Gleichzeitig bringt das Hoch warme Mittelmeerluft über die Alpen zu uns und die wenigen Schleierwolken, die morgens zu sehen sind, lösen sich sehr schnell auf.

[Frage] Wie wird das Wetter morgen Mittag in Bayern?

(a) Stark bewölkt.
(b) Sonnig und warm.
(c) Neblig und feucht.
(d) Kühl und regnerisch.

| 해설 | 바이에른주의 날씨는 며칠 동안 동일한 상태를 유지하게 되는데, 비구름은 북쪽으로 올라가고 지중해의 대기로 인해 날씨가 따뜻해지고 구름이 걷히니까 해가 날 것이다. 여기서는 비 오는 지역(Regengebiet)이 바이에른주에 해당하지 않는다는 것, '따뜻한 대기'(warme Luft), '구름이 걷히다'(die Wolken lösen sich auf)만 잘 알아들으면 고민하지 않고 문제를 풀 수 있다. 따라서 정답은 (b)이다.

번역 바이에른주에서는 현재 날씨가 앞으로 며칠 더 지속될 것으로 보입니다. 비가 오는 지역은 고기압으로 인해 중부 유럽을 거쳐 스칸디나비아로 밀려나겠습니다. 동시에 이 고기압은 알프스산을 넘어 따뜻한 지중해성 대기를 우리에게 가져오고, 오전에 보게 될 적은 양의 적운층은 바로 걷히겠습니다.

[질문] 내일 정오경 바이에른의 날씨는 어떠한가?

(a) 구름이 많이 낀다.

(b) 해가 나고 따뜻하다.

(c) 안개가 끼고 습하다.

(d) 춥고 비가 온다.

어휘/구문

momentan 당분간, 지금, 현재의

das Wetter 날씨

Bayern 독일 남쪽지역에 있는 주 이름. 독일 16개 주 중에서 가장 크다. 뮌헨이 주도이다.

einig 몇 개의

der Tag 날

erhalten 보존하다, 유지하다

erhalten bleiben 보존되다

das Regengebiet 비 오는 지역

das Hoch 고기압 ↔ das Tief 저기압

Skandinavien 스칸디나비아

gleichzeitig 동시에

warm 따뜻한 ↔ kühl 선선한, 시원한, 서늘한

die Mittelmeerluft 지중해의 대기

die Alpen[복수형] 알프스 산맥

wenig 적은, 약간의, 얼마 안 되는

die Schleierwolke 권층운, 새털처럼 분산되어 있는 모양의 구름

morgen 내일

der Morgen 아침

auflösen 풀(어지)다, 걷히다

45 Ich teile jetzt die Arbeitsblätter aus. Arbeitet mit eurem Nachbarn. Lest euch das gut durch. Danach sollt ihr zu zweit anhand der Tabelle herausarbeiten, welche Ursachen zum Bauernkrieg geführt haben. Zum Ende der Stunde werden wir die Ergebnisse zusammentragen und im Plenum besprechen.

[Frage] Welches Fach wird hier unterrichtet?

(a) Deutsch.

(b) Biologie.

(c) Erdkunde.

(d) Geschichte.

| 해설 | 선생님이 학생들에게 과제를 내 주는 내용의 텍스트이다. 이 수업과목이 무엇인가에 대한 힌트를 주는 문장은 농민전쟁의 원인을 알아내도록 하는 네 번째 문장이다. '농민전쟁'(Bauernkrieg)이 문제를 푸는 핵심어라고 볼 수 있다. 정답은 (d)이다.

번역 이제 활동지를 나눠 주겠다. 옆에 있는 친구랑 같이 하도록 해라. 이것을 끝까지 읽도록 해라. 그러고 나서 둘이서 도표를 근거로 하여 농민전쟁으로 이끈 원인이 무엇인지 알아내도록 해라. 우리는 수업의 끝부분에 결과를 모아서 다 같이 토론을 할 것이다.

[질문] 어느 수업이 진행되고 있는가?

(a) 독일어.

(b) 생물.

(c) 지리.

(d) 역사.

어휘/구문

austeilen 분배하다, 나누어 주다

das Arbeitsblatt, die Arbeitsblätter[복수형] 연습문제, 활동지

arbeitet! 일해라!/lest ... durch! 끝까지 읽어라! 두 명 이상의 상대에게 하는 명령이다.

der Nachbar 이웃, 자신의 옆이나 앞뒤에 앉은 학급생

zu zweit 둘이서/zu dritt 셋이서/zu viert 넷이서

anhand[2]~ ~에 근거하여

die Tabelle 도표

anhand der Tabelle 도표에 근거하여

die Ursache 원인

der Bauernkrieg 농민전쟁

führen 이끌다, 지도하다

das Ende 끝, 결말, 종말 ↔ der Anfang[Beginn] 시작

das Ergebnis, die Ergebnisse[복수형] 결과(물)

zusammentragen 끌어모으다, 수집하다

das Plenum 전체 모임, 전원

besprechen 논의하다, 협의하다

die Biologie 생물

die Erdkunde 지리

die Geschichte 역사, 이야기

● 2인칭 단수와 복수의 명령형

2인칭 단수 명령형: 단수 2인칭 변화동사에서 어미 –st를 빼고, 변모음이 있는 경우에는 변모음을 빼고, 인칭을 생략하고 느낌표를 붙이면 된다.

durchlesen	du liest ... durch	**lies ... durch!** 끝까지 읽어라!
gehen	du gehst	**geh!** 가라!
lesen	du liest	**lies!** 읽어라!
sehen	du siehst	**sieh!** 보아라!
tragen	du trägst	**trag!** 들어라!
※sein		**sei (ruhig)!** 조용히 해라!

2인칭 복수 명령형: 복수 2인칭 변화한 대명사를 빼고 느낌표를 붙이면 된다.

durchlesen	ihr lest ... durch	lest ... durch!
gehen	ihr geht	geht!
lesen	ihr lest	lest!
sehen	ihr seht	seht!
tragen	ihr tragt	tragt!
(ruhig) sein	ihr seid ruhig	seid ruhig!

46 Verehrtes Publikum, ich weiß, Sie haben sich heute alle auf Carola Heines in ihrer Rolle als Ophelia gefreut. Leider hat sich Frau Heines schwer erkältet und kann daher nicht auftreten. Unsere Zweitbesetzung Edith Krause wird sie also gleichwertig ersetzen. Wir bitten Sie um Verständnis.

[Frage] Wo wird das gesagt?

(a) Im Kino.
(b) Im Theater.
(c) In der Schule.
(d) Im Restaurant.

| 해설 | 이 문제를 풀기 위해서는 '관객'(Publikum), '배역'(Rolle), '대역'(Zweitbesetzung), '출연하다'(auftreten)라는 표현 중 두세 개만 이해해도 정답 (b)를 찾을 수 있다.

번역 존경하는 관객 여러분, 여러분 모두가 오늘 카롤라 하이네스가 오펠리아 역으로 나오는 것을 고대하고 계신 줄로 압니다. 유감스럽게도 하이네스 부인이 감기에 심하게 걸려 출연할 수가 없게 되었습니다. 대역을 맡은 저희 팀의 에디트 크라우제가 배역을 대등하게 해 낼 것입니다. 아무쪼록 양해를 구하는 바입니다.

[질문] 어디서 나오는 공지방송인가?

(a) 영화관에서.
(b) 극장에서.
(c) 학교에서.
(d) 레스토랑에서.

어휘/구문

verehrtes Publikum 존경하는 관객 여러분
die Rolle 배역
leider 유감스럽게도, 아쉽게도
sich erkälten 감기 걸리다
auftreten (무대에) 등장하다, 출연하다
die Zweitbesetzung 대역
gleichwertig 가치가 같은, 대등한
ersetzen 대체하다
um Verständnis bitten 이해를 구하다, 양해를 바라다

47 Heutzutage ist Pilgern nicht nur unter Strenggläubigen beliebt. Streng genommen ziehen Pilger mit dem Anlass der Buße oder der Heilung von einer Krankheit in die Fremde. Als Pilgerziele locken Stätte, an denen Heilige einst gewirkt haben. Der Pilger von heute sucht außerdem ebenso Kultur, Natur und Besinnung, sowie die Gemeinschaft anderer auf dem Weg zu den bedeutenden Orten.

[Frage] Aus welchem zusätzlichen Anlass pilgern Leute heute im Vergleich zu früher?

(a) Um zu büßen.
(b) Um Kultur zu erleben.
(c) Um heilige Stätten zu besuchen.
(d) Um von Krankheit geheilt zu werden.

| 해설 | 이전에 신앙이 깊은 신자들이 순례의 길에 나설 때는 종교적인 이유와 병의 치유가 주목적이었으나, 현대에 와서는 이 밖에도 새로운 문화를 체험하고, 자연을 즐길 뿐만 아니라, 새로운 사람들과 소통하고 스스로를 돌이켜보는 것이 추가되었다고 설명하고 있으므로 정답은 (b)이다.

번역 오늘날 순례는 독실한 신자들 사이에서만 인기가 있는 것이 아니다. 엄밀히 말하면 순례자들은 참회를 하거나 질병을 치료하기 위해서 타지로 나선다. 순례자들의 목적지로서 성자들이 한때 활동했던 곳이 사람들을 유인한다. 오늘날 순례자들은 그 밖에도 의미심장한 장소로 가는 도중에 문화, 자연, 숙고뿐만 아니라 다른 사람들과 함께하는 것을 추구한다.

[질문] 오늘날 사람들은 이전과 비교했을 때 어떠한 추가적인 동기로 순례하는가?

(a) 참회하기 위하여.
(b) 문화를 체험하기 위하여.
(c) 성스러운 곳을 방문하기 위하여.
(d) 질병을 치유하기 위하여.

어휘/구문

heutzutage 오늘날, 요즈음
pilgern 순례하다
der Pilger 순례자
strenggläubig (신앙심이) 독실한
der/die Strenggläubige 독실한 신자
unter jm. [복수형] beliebt sein ~사이에서 인기가 있다
streng genommen 엄격히 말하자면
der Anlass 동기, 계기
die Buße 참회, 회개
die Heilung 치료, 치유
die Krankheit 병, 질병
der/die Fremde 이방인, 외국인
fremd 외래의, 외국에서 온, 남의, 미지의
das Pilgerziel 순례 목적지
locken 유인하다, 불러 모으다
die Stätte 곳, 장소, 소재지
der/die Heilige 성자, 성인/das Heilige 성스러운 것, 신성한 물건
wirken 행하다, (영향, 효력을) 미치다
heute 오늘
außerdem 그 밖에, 이외에, 뿐만 아니라
ebenso 역시, 또한
die Besinnung (자)의식, 숙고
die Gemeinschaft 공동체
der Weg 길, 방법
auf dem Weg 도중에, 여행 중에

bedeutend 중요한, 의미심장한, 의미 있는

der Ort 장소, 공간

büßen 속죄하다

48 Passagiere, gebucht auf LH 281 nach Amsterdam, bitte beachten Sie, dass die Maschine wegen Nebels am Zielflughafen heute voraussichtlich 30 Minuten später starten wird. Der Air France-Flug 171 nach Paris ist wegen eines Streiks der Piloten endgültig gestrichen. Passagiere, gebucht auf diesen Flug, haben die Möglichkeit den ICE 121 nach Paris um 9:10 Uhr ab Frankfurt Flughafen Fernbahnhof zu benutzen.

[Frage] Welche Aussage ist richtig?

(a) In Frankfurt herrscht Nebel.
(b) In Paris streiken die Bahnarbeiter.
(c) Der Flug nach Paris startet um 9:10 Uhr.
(d) Der Flug nach Amsterdam startet verspätet.

| 해설 | 공항의 안내방송이다. 여기서는 암스테르담행 비행기와 파리행 비행기에 대한 안내를 하고 있다. 암스테르담행 비행기는 지연 출발하고, 파리행 비행기는 아예 출발하지 않는다. 대신 파리행 연계 ICE 기차를 안내해 주고 있다. 이러한 상황이 잘 이해되면 문제를 무난히 풀 수 있으나, 처음부터 꼬이면 어렵게 느껴질 수도 있으니 특별히 집중해서 들어야 한다. 정답은 (d)이다.

번역 암스테르담으로 가는 LH 281 비행기를 예약한 승객 여러분께서는 목적지에 끼어 있는 안개 때문에 예측컨대 비행기가 오늘 30분 늦게 출발한다는 사실에 유의해 주시기 바랍니다. 파리로 가는 에어프랑스 비행기 171은 비행기 조종사들의 파업으로 인해 결국 취소되었습니다. 이 비행기를 예약한 승객분들께서는 9시 10분에 프랑크푸르트 공항 기차역에서 출발하는 파리행 ICE 121을 이용하실 수 있습니다.

[질문] 어느 진술이 맞는가?

(a) 프랑크푸르트에 안개가 끼었다.
(b) 파리에서는 철도노동자들이 파업한다.
(c) 파리행 비행기는 9시 10분에 출발한다.
(d) 암스테르담행 비행기는 출발이 지연되었다.

어휘/구문

der Passagier 여객, 승객
buchen 예약하다
beachten 주의하다, 주목하다
die Maschine 기계, 비행기
der Nebel 안개
der Zielflughafen (das Ziel + der Flughafen) 목적지 공항
voraussichtlich 예측하건대, 아마도
später 더 늦게(spät의 비교급)
starten 출발하다
der Streik 파업
der Pilot 비행기 조종사
endgültig 끝내, 결국, 최종적으로
streichen 삭제하다, 말소하다, 취소하다/문지르다/칠하다
die Möglichkeit 가능성
benutzen 사용하다, 이용하다

49 Keiner glaubt's, doch ist es leider trotzdem wahr: Euer Klaus wird 40! So schnell wird man heutzutage zum Greis! Kommt alle zum Jammern und Trösten! Die Trauerfeierlichkeiten beginnen am 31. Mai um 20 Uhr bei mir zu Hause. Damit es nicht allzu trist wird, ist für Essen, Trinken und Tanzen gesorgt. Ihr braucht also, außer den wertvollen Geschenken, natürlich nichts mitzubringen!

[Frage] Was unternimmt Klaus?

(a) Er empfängt die Taufe.
(b) Er feiert seinen Geburtstag.
(c) Er unterzieht sich einer Operation.
(d) Er nimmt an einer Trauerfeier teil.

| 해설 | '한탄하다', '위로하다', '장례식 같은 슬픈' 등과 같은 표현 때문에 (d)로 착각할 수도 있다. 그러나 중요한 것은 첫 문장에 나오는 내용, 즉 클라우스가 40살이 된다는 사실이다. 따라서 이 초대문은 정말로 슬픈 제식을 설명하고 있는 것이 아니라, 재미를 주기 위해 생일파티를 반의적으로 표현한 것이다. 정답은 (b)이다.

번역 아무도 믿지 않겠지만 유감스럽게도 사실인 것은 너희들의 클라우스가 40살이 된다는 거야! 요즈음은 이렇게 빨리 늙은이가 된단다! 모두 한탄하고 위로하러 오렴! 장례식 같은 슬픈 축제는 우리 집에서 5월 31일 20시에 시작될 거야. 너무 슬프지 않도록 음식과 춤이 준비되어 있어. 그러니까 너희들은 값진 선물 외에는 당연히 아무것도 가지고 오지 않아도 돼.

[질문] 클라우스는 무엇을 하려고 하나?

(a) 그는 세례를 받는다.

(b) 그는 생일파티를 한다.

(c) 그는 수술을 받는다.

(d) 그는 장례식에 참석한다.

어휘/구문

wahr 사실인, 정말인

der Greis 늙은이

jammern 한탄하다, 비탄하다

trösten 위로하다

die Traufeier 장례식

beginnen 시작하다

trist 슬픈

außer[3] 외에, 밖에

mitbringen 가져오다

● zu + 부정사형 명사

zu는 전치사로서 보통 방향을 나타내며, '~로'라는 뜻으로 쓰인다. 그런데 zu 다음에 부정사형 명사가 오면 '~기 위해(목적)'를 뜻하는 경우가 많다. 따라서 본문에서 zum Jammern und Trösten은 한탄하고 위로하러 오라는 뜻이 된다.

Ich komme gleich zum Essen. 나는 곧 식사하러 간다.
Wir brauchen diese Fahrarten zum Einsteigen. 우리는 승차하기 위해 이 차표가 필요하다.
Kommt ihr zum Trinken? 술마시러들 올래?
Hier sind entspannte Bücher zum Einschlafen. 여기 잠 잘 오는 편안한 책들이 있어.

50 Liebe Kollegen, zu den Reformen der Universität gehört auch die Mitbestimmung aller Hochschulangehörigen. Und die ist nicht gegeben, wenn in entscheidenden Gremien fünf Dozenten sitzen, aber nur zwei Studenten. Und kommen Sie mir nicht mit dem Vorschlag, die Zuständigkeit der Gremien zu verändern, oder die Anzahl der Dozenten zu reduzieren. Wir brauchen die Gleichstellung von Lehrenden und Lernenden.

[Frage] Was wird der Redner vorschlagen?

(a) Die Gremien abzuschaffen.
(b) Mehr Dozenten in die Gremien aufzunehmen.
(c) Die Zahl der Studenten in den Gremien zu erhöhen.
(d) Die Zahl der Dozenten in den Gremien zu reduzieren.

| 해설 | 연설자는 협의회에서 강사와 학생들의 동등한 결정권을 주장하고 있다. 그런데 현재는 교강사 다섯 명, 학생 두 명이 협의회에 소속되어 있으니, 학생을 세 명 늘리거나 강사를 세 명 줄여야 하는 상황이다. 그런데 연설자는 강사의 수를 축소하는 제안은 받아들이지 않겠다고 말하고 있다. 따라서 연설자가 원하는 것은 (c)처럼 학생 수를 더 늘려 동등한 결정권을 갖게 하는 것이다. 정답은 (c)이다.

번역 친애하는 동료 여러분, 대학의 개혁사안 중에는 모든 대학 구성원의 공동 결정권이 포함되어 있습니다. 그런데 만일 중요한 협의회에서 강사 다섯 명이 앉아 있고 학생 두 명만 있다면 공동 결정권은 없다고 할 수 있습니다. 그렇다고 해서 협의회의 권한을 바꾸거나 강사 수를 축소한다는 제안을 하지는 마십시오. 저희는 강사와 학생 사이에 동등한 권리를 필요로 합니다.

[질문] 연설자는 무엇을 제안할 것인가?

(a) 협의회를 아예 없애려고 한다.

(b) 더 많은 대학 강사들을 협의회에 수용하려고 한다.

(c) 협의회에 소속된 학생의 수를 증가시키려고 한다.

(d) 협의회에 소속된 대학 강사들의 수를 축소시키려고 한다.

어휘/구문

der Kollege 동료

die Reformation 개혁

zu jm./etw.[3] gehören ~에 속하다

die Mitbestimmung 공동결정권

der/die Hochschulangehörige (die Hochschule + der/die Angehörige) 대학 관계자

entscheidend 결정적인

das Gremium 협의회, 위원회, 단체

der Dozent 대학 강사

der Vorschlag 제안

die Zuständigkeit 권한, 관할, 담당

verändern 바꾸다

reduzieren 축소하다 ↔ erhöhen 증가시키다

Part I

| 문제 1~4 | 다음 대화문의 빈칸에 들어갈 가장 적절한 표현을 고르시오.

01

A: __________ lernst du Deutsch?

B: Seit zwei Jahren.

(a) Wann

(b) Warum

(c) Für wen

(d) Wie lange

| 해설 | 독일어를 배운 기간을 묻고 있다. 기간을 묻는 질문에는 B처럼 seit zwei Jahren이라고 답할 수도 있고, 의문사를 그대로 받아 zwei Jahre lang이라고 해도 된다. (a)는 시간 질문이기는 하나 시점을 나타내는 의문사이다. 정답은 (d)이다.

번역

A: 얼마나 오랫동안 독일어를 배우고 있니?

B: 2년 되었어.

어휘/구문

wann 언제

warum 왜

wen 누구를

für wen 누구를 위해

wie 어떻게, 얼마나

wie lange 얼마나 오래

seit[3] ~이래, ~이후

02 A: Spielst du gerne Tennis?
B: Ja, aber Basketball spiele ich noch __________.

(a) gerne
(b) lieber
(c) gerner
(d) liebsten

| 해설 | 더 좋아한다는 표현을 알고 있는지 묻는 문제이다. '좋아한다'에 쓰는 gern의 비교급은 lieber이다. 앞에 noch가 있으므로 최상급은 맞지 않다. 정답은 (b)이다.

번역 A: 너는 테니스 치는 거 좋아하니?
B: 응, 그런데 농구하는 것을 좀 더 좋아해.

어휘/구문 gern 좋아하는, 기꺼이/lieber 더 좋아하는(비교급)/am liebsten 가장 좋아하는(최상급)

● 구기종목 스포츠

das Badminton, der Federball 배드민턴	der Handball 핸드볼
der Basketball, der Korbball 농구	der Tennis 테니스
das Eishockey 아이스하키	der Tischtennis 탁구
der Fußball 축구	der Volleyball 배구

03 A: Wohin gehst du am Wochenende?
B: ______ meinen Großeltern.

(a) In
(b) Zu
(c) Bei
(d) Nach

| 해설 | 방향을 나타내는 전치사는 in, nach, zu, auf, an 등 여러 가지가 있으나 가는 대상이 사람일 때는 반드시 zu를 사용해야 한다. 뜻은 '조부모님 댁'이 된다. 정답은 (b)이다.

번역
A: 주말에 너는 어디 가니?
B: 조부모님 댁으로.

어휘/구문
wohin 어디로
das Wochenende 주말
die Großeltern[복수형] 조부모

● 방향을 나타내는 전치사

nach 대륙, 나라, 도시, 지역으로 갈 때
nach Europa gehen 유럽으로 가다
nach Deutschland fliegen 비행기 타고 독일로 (날아)가다
nach Berlin gehen 베를린으로 가다
nach Pusan fahren 부산으로 가다

in/zu 건물(안)로 갈 때
ins Restaurant gehen 레스토랑에 가다
ins Café gehen 카페에 가다
ins Theater gehen 극장에 가다
ins Kino gehen 영화관에 가다
in den Biergarten gehen 맥줏집에 가다
in die/zur Schule gehen 학교에 가다
in die/zur Uni gehen 대학교에 가다
in den/zum Park gehen 공원에 가다
in die/zur Bibliothek gehen 도서관에 가다
in die/zur Kirche gehen 교회/성당에 가다

zu 사람에게로 갈 때
zur Oma gehen 할머니 댁에 가다
zum Onkel gehen 삼촌 댁에 가다
zum Arzt gehen 병원에 가다
zum Friseur gehen 미용실에 가다
zur Freundin gehen 친구한테 가다

auf 행사나 모임에 갈 때
auf eine Party gehen 파티에 가다
auf die Hochzeit gehen 결혼식에 가다
auf eine Veranstaltung gehen 행사에 가다

auf 가는 곳이 야외일 때
auf den Spielplatz gehen 놀이터에 가다
auf den Sportplatz gehen 운동장에 가다
auf den Markt gehen 시장에 가다

04 A: Fahrt ihr wegen Klaus nicht nach Spanien in Urlaub?
B: Ja, ___________, denn Klaus verträgt die Hitze nicht.

(a) seinwegen
(b) seinswegen
(c) seinetwegen
(d) seinerwegen

| 해설 | 그 (사람) 때문에는 seinetwegen에서 그 사람은 클라우스를 지칭하기 때문에 남성형 소유대명사 sein이 들어가는 부사를 써야 한다. wegen과 결합할 때는 –et를 붙여 seinetwegen이라고 해야 맞다. 정답은 (c)이다.

번역 A: 너희들은 클라우스 때문에 스페인으로 휴가를 가지 않는 거니?
B: 그래, 그 때문에. 왜냐하면 클라우스는 더위를 못 참거든.

어휘/구문
vertragen 견디다, 참다
die Hitze 더위

● 원인 표현

meinetwegen = wegen mir 나 때문에	unseretwegen = wegen uns 우리 때문에
deinetwegen = wegen dir 너 때문에	euretwegen = wegen euch 너희 때문에
seinetwegen = wegen ihm 그 때문에	ihretwegen = wegen ihnen 그들 때문에
ihretwegen = wegen ihr 그녀 때문에	Ihretwegen = wegen Ihnen 당신 때문에

| 문제 5~8 | 다음 문장의 빈칸에 들어갈 가장 적절한 표현을 고르시오.

05 Er sah ______________ Mädchen.

(a) ein kleines
(b) eine kleine
(c) eines kleinen
(d) einen kleinen

| 해설 | 중성 명사 앞에서 부정관사를 쓸 경우에는 ein이 맞고, 부정관사 뒤에 오는 형용사는 1격이나 4격일 경우 어미가 -es로 변화한다. 정답은 (a)이다.

번역 그는 작은 여자아이를 보았다.

어휘/구문
klein 작은
das Mädchen 소녀, 여자아이

● **형용사 어미 변화**

성 / 격	남성	여성	중성	복수
1격	der nette Mann ein netter Mann	die gute Frau eine gute Frau	das kleine Mädchen ein kleines Mädchen	die netten Männer nette Männer
2격	des netten Mannes eines netten Mannes	der guten Frau einer guten Frau	des kleinen Mädchens eines kleinen Mädchens	der netten Männer netter Männer
3격	dem netten Mann einem netten Mann	der guten Frau einer guten Frau	dem kleinen Mädchen einem kleinen Mädchen	den netten Männern netten Männern
4격	den netten Mann einen netten Mann	die gute Frau eine gute Frau	das kleine Mädchen ein kleines Mädchen	die netten Männer nette Männer

06

Der Trainer ____________ bei seinem Weggang am Ende der Saison chaotische Zustände.

(a) hinterließ
(b) hinterlassen
(c) hinterlässte
(d) hintergeließ

| 해설 | hinterlassen(남겨 두다)의 과거시제는 hinterließ이므로 답은 (a)이다. 강변화하는 동사이므로 잘 외워 두도록 한다. (b)~(d)는 hinterließ나 hinterlassen과 유사한 형태를 띠지만 문법적으로 틀린 단어들이다.

번역 그 감독은 시즌이 끝날 무렵 물러나면서 혼란스러운 상황을 남겨 놓았다.

어휘/구문

der Trainer 감독
der Weggang 사퇴, 퇴거, 떠남

● 과거시제 강변화 동사

부정형	현재형*	과거형	부정형	현재형*	과거형
beginnen		er begann	liegen		er lag
bleiben		er blieb	nehmen	er nimmt	er nahm
einladen	er lädt ... ein	er lud ... ein	schlafen	er schläft	er schlief
essen	er isst	er aß	schreiben		er schrieb
fahren	er fährt	er fuhr	sehen	er sieht	er sah
finden		er fand	sein	er ist	er war
geben	er gibt	er gab	sitzen		er saß
gefallen	er gefällt	er gefiel	sprechen	er spricht	er sprach
gehen		er ging	stehen		er stand
halten	er hält	er hielt	steigen		er stieg
heißen		er hieß	treffen	er trifft	er traf
helfen	er hilft	er half	treten	er tritt	er trat
kommen		er kam	trinken		er trank
lassen	er lässt	er ließ	waschen	er wäscht	er wusch
laufen	er läuft	er lief	werden	er wird	er wurde
lesen	er liest	er las	ziehen		er zog

*2, 3인칭 단수 어간이 변하는 동사만 표시함.

07

Nachdem er sich die Hände ____________, trat er ins Esszimmer.

(a) wäscht

(b) waschen wird

(c) gewaschen hat

(d) gewaschen hatte

| 해설 | 독일어에서 nachdem을 사용할 때는 순서를 정확히 따져 식당으로 들어선 시점이 과거시제로 되어 있으면, 그 전에 손을 씻었다는 절은 과거완료로 쓴다. 번역하면 (c)와 (d)가 똑같이 들리지만, (c)는 현재완료로서 과거시제보다는 현재에 가까운 시제다. 따라서 순서가 맞지 않게 된다. 정답은 (d)이다.

번역 그는 손을 씻은 후에 식당으로 들어섰다.

어휘/구문

die Hand 손

sich waschen 씻다

treten 들어서다

das Esszimmer 식당

● nachdem의 용법

Nachdem sie das Buch gelesen hatte, legte sie sich ins Bett.
그녀는 책을 읽은 후에 침대에 누웠다.
Ich ging in die Bibliothek, nachdem ich in der Mensa gegessen hatte.
나는 학생식당에서 식사한 후 도서관에 갔다.

08 Die Glühbirne war zweifellos eine Erfindung _______ fundamentaler Wichtigkeit.

(a) zu
(b) von
(c) der
(d) über

| 해설 | 여기서 von~ Wichtigkeit는 '중요하다'(wichtig)는 뜻이다. 정답은 (b)이다.

번역 전구는 의심의 여지없이 매우 중요한 발명품이었다.

어휘/구문

die Glühbirne 전구
zweifellos 의심할 여지없는, 확실한
die Erfindung 발명(품)

● '아주 중요한' 표현

von großer/höchster/fundamentaler/besonderer/äußerster Wichtigkeit

| 문제 9 | **다음 대화에서 어법상 틀리거나 어색한 부분을 고르시오.**

09

(a) A: Gefällt Ihnen die Wohnung?

(b) B: Ja, nur ist das Bad etwas abgenutzt und klein.

(c) A: Ich lasse es bis zu Ihrem Einzug renoviert.

(d) B: Das wäre sehr lieb von Ihnen.

| 해설 | lassen은 여러 가지 뜻이 있지만 여기서는 '~하도록 시키다', '~하게 하다'라는 사역의 의미로 쓰였다. 이때 lassen은 원형동사와 결합하여 쓰이므로 (c)가 정답이다. Ich lasse es bis zu Ihrem Einzug renovieren이라고 해야 한다.

번역

(a) A: 집이 당신 마음에 듭니까?

(b) B: 네, 다만 욕실이 조금 낡았고 작네요.

(c) A: 당신이 이사 오기 전까지 보수해 놓을게요.

(d) B: 그러면 고맙겠어요.

어휘/구문

die Wohnung 집, 주택, 아파트

das Bad 욕실

abgenutzt 오래 써서 낡은, 해진

der Einzug 이사(해 들어감)

동사 원형+lassen ~은 시키다, 하게 하다

renovieren 보수하다

● lassen이 사역동사로 쓰이는 예

Ich lasse mir die Haare beim Friseur schneiden. 나는 미용실에서 머리를 자른다(자르도록 한다).

Ich lasse meine Kinder jeden Abend ihre Zimmer aufräumen. 나는 아이들에게 매일 밤 방을 치우게 한다.

Ich lasse die alte Küche renovieren. 나는 오래된 부엌을 보수한다(하도록 한다).

Ich lasse das kaputte Auto reparieren. 나는 고장난 자동차를 수리한다(수리하도록 한다).

| 문제 10 | 다음 글에서 어법상 틀리거나 어색한 부분을 고르시오.

10 (a) Der Rhein ist einer der längsten Flüsse Europas. (b) Er entspringt in der Schweiz im Kanton Graubünden. (c) Auf seinem Weg durchquert er unter anderem Deutschland und die Niederlande. (d) Nach 1231 Kilometern mündet er schließlich über die Nordsee.

| 해설 | münden은 '(~안으로) 흘러 들어가다'라는 뜻을 가진 동사로 항상 전치사 in과 같이 쓰인다. 따라서 틀린 문장은 (d)이다.

번역

(a) 라인강은 유럽에서 가장 긴 강 중 하나이다. (b) 그 강은 스위스의 그라우뷔덴주에서 발원한다. (c) 그 강은 흘러가면서 특히 독일과 네덜란드를 경유한다. (d) 1231킬로미터가 끝나면 드디어 북해로 흘러 들어간다.

어휘/구문

entspringen 발원하다
durchqueren 건너다
unter anderem 특히
münden in 흘러 들어가다

● 성이 있는 나라 이름

여성	남성	복수
die Mongolei 몽고	der Irak 이라크	die Bahamas 바하마
die Schweiz 스위스	der Iran 이란	die Niederlande 네덜란드
die Slowakei 슬로바키아	der Jemen 예멘	die Philippinen 필리핀
die Türkei 터키	der Kongo 콩고	die Salomonen 솔로몬 제도
die Ukraine 우크라이나	der Libanon 레바논	die USA 미국
	der Sudan 수단	
	der Tschad 차드	
	der Vatikan 바티칸	

Part II

| 문제 11~15 | 다음 대화문의 빈칸에 들어갈 가장 적절한 표현을 고르시오.

11

A: ______________ hat vom frühen Abend bis Mitternacht gedauert.
B: Ihr müsst viel getrunken, gegessen und euch amüsiert haben.

(a) Das Fest
(b) Die Zugfahrt
(c) Der Unterricht
(d) Das Fußballspiel

| 해설 | 축제나 파티에서 저녁 내내 먹고, 마시고 즐겁게 놀 수 있다. 따라서 정답은 (a)이다.

번역

A: __________ 가(이) 이른 저녁부터 자정까지 계속되었어.
B: 너희들은 틀림없이 많이 먹고 마시고 즐겁게 놀았겠구나.

(a) 축제
(b) 기차여행
(c) 수업
(d) 축구 경기

12 A: Stell deinen Laptop mal beiseite und mach mal Pause!

B: Ja, du hast recht. Ich muss nur kurz ________, was ich geschrieben habe.

(a) sitzen

(b) liegen

(c) parken

(d) speichern

| 해설 | B는 노트북을 사용하면서 공부하고 있기 때문에 쉬기 전에 써 놓은 것을 보관하려면 저장해 둬야 한다. 독일어로는 speichern이라고 한다. 정답은 (d)이다.

번역 A: 노트북을 옆에 치워 놓고 좀 쉬어!

B: 그래, 네 말이 맞아. 내가 쓴 것만 잠깐 ____________.

(a) 앉아 있을게

(b) 놓을게

(c) 주차할게

(d) 저장할게

어휘/구문

der Laptop 노트북

beiseitestellen 치워 놓다

die Pause 휴식

recht haben 옳다

parken 주차하다

speichern 저장하다

13 A: Wie möchtest du das Ei?

B: ____________.

(a) Gebaut

(b) Gekocht

(c) Gezogen

(d) Geschmolzen

| 해설 | 계란을 먹는 방법 중 하나가 삶아서 먹는 것이다. 나머지는 계란 요리와 전혀 어울리지 않는 표현이다. 정답은 (b)이다.

번역 A: 계란을 어떻게 먹고 싶어?

B: _________.

(a) 지어서

(b) 삶아서

(c) 끌어서

(d) 녹여서

어휘/구문

das Ei 달걀

gebaut 지은. bauen(짓다)의 과거분사

gekocht 삶은, 끓인. kochen(끓이다, 삶다)의 과거분사

gezogen 당긴. ziehen(당기다)의 과거분사

geschmolzen 녹은, 해동한. schmelzen(녹다, 녹이다)의 과거분사

● 계란 요리 종류

das gekochte Ei 삶은 계란	das Rührei 스크럼블드 에그
das pochierte Ei 수란	das Spiegelei 계란 프라이

14 A: Bekomme ich hier einen neuen Personalausweis?

B: Ja, den können Sie hier ______________.

(a) kaufen

(b) vermieten

(c) beantragen

(d) beauftragen

| 해설 | 신분증을 새로 발급받으려면 먼저 신청을 해야 할 것이다. 선택지에 나온 다른 표현들은 다 문맥에 맞지 않다. 정답은 (c)이다.

번역 A: 여기서 새 신분증을 받을 수 있는 건가요?

B: 네, 신분증을 여기서 ________ 수 있어요.

(a) 살

(b) 빌려줄

(c) 신청할

(d) 부탁할

어휘/구문

der Personalausweis 신분증

vermieten 임대하다

beantragen 신청하다

beauftragen 위임하다, 부탁하다

15

A: Ich konnte in letzter Zeit kaum schlafen.
B: __________ du etwa an Schlafstörungen?

(a) Quälst
(b) Machst
(c) Leidest
(d) Hängst

| 해설 | '~로 힘들어 하다', '괴로워하다'는 unter etw.[4] leiden으로 표현한다. an etw.[4] leiden은 '병을 앓는다'는 뜻으로 쓰인다. 정답은 (c)이다.

번역 A: 나는 최근에 거의 잠을 못 잤어.
B: 설마 수면장애로 __________ 아니지?

(a) 고통을 주는 건
(b) 만드는 건
(c) 괴로워하는 건
(d) 달려 있는 건

어휘/구문
in letzter Zeit 최근에
kaum 거의 ~하지 않다
schlafen 자다
etwa 혹시
die Schlafstörung 수면장애

● leiden unter[3] ~으로 힘들어 하다, 괴로워하다

Sie litt unter dem Gefühl der Unsicherheit. 그녀는 불안감으로 괴로워했다.
Er litt unter seiner Einsamkeit. 그녀는 외로움으로 힘들어 했다.
Ich leide unter meinem Chef. 나는 상사 때문에 힘들다.

● leiden an[3] ~병을 앓고 있다

Sie litt an Krebs/Rheuma/Migräne/Ekzem. 그녀는 암/류머티즘/편두통/습진을 앓고 있었다.

| 문제 16~20 | 다음 글의 빈칸에 들어갈 가장 적절한 표현을 고르시오.

16 Klaus sucht eine neue Stelle und hat sich schon bei vielen Firmen ________________.

(a) befragt
(b) beworben
(c) interviewt
(d) interessiert

| 해설 | 일자리를 구할 때 제일 먼저 하는 일이 관심 회사에 지원을 하는 것이다. 독일어로는 sich bei jm. bewerben으로 익혀야 한다. 정답은 (b)이다.

번역 클라우스는 새로운 일자리를 찾으면서 벌써 많은 회사에 ________________.

(a) 질문했다
(b) 지원했다
(c) 면접봤다
(d) 관심 있어 했다

어휘/구문

die Stelle 일자리, 직무, 위치, 장소
die Firma 회사
befragen 질문하다
sich um etw.[4] bewerben ~을 지원하다
Er hat sich um ein Stipendium/einen Studienplatz/eine Position/eine Kandidatur beworben. 그는 장학금/대학 진공자리/직위/후보자 자리를 지원했다.
interviewen 인터뷰하다, 면접보다
sich für etw.[4] interessieren ~에 관심을 갖다

17 Nicole hat die Prüfung mit guter Note ______________!

(a) gestellt
(b) gefallen
(c) bestanden
(d) entkommen

| 해설 | 시험과 같이 잘 쓰이는 동사는 '합격하다'(bestehen)와 '불합격하다'(nicht bestehen)이다. 정답은 (c)이다.

번역 니콜은 좋은 성적으로 시험에 ______________!

(a) 놓았다
(b) 마음에 들었다
(c) 합격했다
(d) 빠져나왔다

어휘/구문

die Prüfung 시험

die Note 점수, 성적

gestellt 세우다. stellen의 과거분사

gefallen 떨어지다, 넘어지다. fallen의 과거분사(gefallen(마음에 들다)의 과거분사일 수도 있다.)

bestanden 합격하다. bestehen의 과거분사

entkommen 달아나다, 벗어나다. entkommen의 과거분사

● 시험 관련 표현

eine Prüfung machen/schreiben/ablegen 시험을 보다/치르다
sich auf eine Prüfung vorbereiten 시험 준비를 하다
eine Prüfung bestehen/nicht bestehen 시험에 합격하다/불합격하다
eine Prüfung schaffen 시험에 합격하다
in[bei] der Prüfung durchfallen 시험에서 떨어지다

18 Er bekam einen ______________, denn er war in die falsche Richtung in die Einbahnstraße gefahren.

(a) Ausweis
(b) Strafzettel
(c) Führerschein
(d) Freifahrkarte

| 해설 | 교통 법규를 어긴 상황이므로 답이 될 수 있는 것은 (b)밖에 없다.

번역 그는 ______________을(를) 받았다. 왜냐하면 그는 일방통행로로 잘못 들어갔기 때문이다.

(a) 신분증
(b) 범칙금 고지서
(c) 운전면허증
(d) 무임 승차권

어휘/구문
der Ausweis 신분증
der Strafzettel 범칙금 고지서
die Freifahrkarte 무임 승차권

●교통 관련 어휘

die Ampel 신호등	der Unfall 사고
die Ausfahrt 출구, 고속도로에서 나가는 길	das Verkehrsschild 교통표지판
die Autobahn 고속도로	der Verkehrsstau 교통체증
die Bundesstraße 국도	der Zebrastreifen 횡단보도
der Bürgersteig 보도, 인도	blinken 깜빡이를 켜다
die Einbahnstraße 일방통행로	bremsen 브레이크를 걸다
die Einfahrt 진입로	beschleunigen 가속페달을 밟다
der Führerschein 운전면허증	geradeaus gehen 직행하다
die Fußgängerzone 보행자 전용 구역	nach links/rechts abbiegen 왼쪽/오른쪽으로 꺾다
die Kreuzung 사거리, 교차로	überholen 추월하다
die Straße 거리, 길	
das Tempolimit 속도제한	

19 Der Schriftsteller las ____________ aus seinem Buch.

(a) eine Ansage
(b) eine Anschrift
(c) eine Aussprache
(d) einen Ausschnitt

| 해설 | '발췌한 부분'이라는 뜻을 가진 독일어 단어가 다른 단어들과 헷갈리기 쉽다. 고급 어휘에 속하니 책과 연관된 단어들과 함께 잘 익혀 두도록 한다. 정답은 (d)이다.

번역 작가는 자신의 책에서 ____________ 낭송했다.

(a) 안내방송을
(b) 주소를
(c) 발음을
(d) 발췌한 부분을

어휘/구문

der Schriftsteller 작가
las 읽다. lesen의 과거형
die Ansage 안내방송
die Anschrift 주소
die Aussprache 발음
der Ausschnitt 단락, 발췌, (잘라 낸) 부분, 절편

● 책 관련 어휘

der Absatz/der Abschnitt 문단, 단락	der Satz 문장
der Ausschnitt 발췌한 부분	die Seitenziffer 페이지 번호
der Auszug 발췌	der Text 텍스트
der Band 권	der Titel 제목
die Buchseite 페이지	das Wort 단어
das Kapitel 장	die Zeile 행

20 Die Arbeit muss sofort erledigt werden und ____________ keinen Aufschub.

(a) heißt
(b) duldet
(c) erkennt
(d) erwächst

| 해설 | '즉시'(sofort) 해야 한다는 말이 있으니, 연기는 절대로 해서는 안 된다는 문구가 와야 할 것이다. '~을 허용하지 않다'는 nicht dulden이라는 표현을 쓴다. 정답은 (b)이다.

번역 그 일은 즉시 실행에 옮겨져야 하며 연기하는 것을 ____________ 않는다.

(a) 불리지
(b) 허용하지
(c) 알아보지
(d) 성숙하지

어휘/구문

heißen ~라고 부르다
dulden 허용하다, 참다, 견디다
erkennen 인식하다
erwachsen 자라다, 성숙하다

Part III

| 문제 21~35 | 다음 글을 읽고 빈칸에 들어갈 가장 알맞은 표현을 고르시오.

21 ______________________, eröffnen die Wintersportorte ihren Betrieb. Überall in den Alpen, im Schwarzwald und Harz ist es weiß und es beginnt die Skizeit.

(a) Wenn der Winter vorbei ist
(b) Wenn die Regenzeit gekommen ist
(c) Wenn der erste Schnee gefallen ist
(d) Wenn es angefangen hat zu blühen

| 해설 | 겨울 스포츠 중 특히 스키는 눈과 함께 시작된다. 정답은 (c)이다.

번역 ______________, 겨울 스포츠 지역에서는 영업을 시작한다. 알프스, 슈바르츠발트, 하르츠 전역이 하얗게 되고 스키 타는 시기가 시작된다.

(a) 겨울이 지나가면
(b) 장마철이 돌아오면
(c) 첫눈이 내리고 나면
(d) 꽃이 피기 시작하면

어휘/구문

der Wintersportort 겨울 스포츠를 할 수 있는 장소나 지역
der Betrieb 영업, 운행
überall 도처에서, 어느 곳에서나

die Alpen[복수형] 알프스 산맥

der Schwarzwald 슈바르츠발트(독일 남서부의 고원 산지)

der Harz 하르츠(독일 북부에 있는 산맥)

der Schnee 눈

blühen 꽃이 피다

● 스키 관련 어휘

der Abfahrtslauf 활강(경기)	der Skistock 스키 스틱
der Langlauf 크로스컨트리	der Sprunglauf 스키 점프
der Ski 스키	der Torlauf 슬랄롬
der Skilift 스키 리프트	

22 Als ich noch ein Kind war, fuhren wir oft aufs Land. Wir fuhren zuerst mit einem Zug, dann gingen wir zu Fuß weiter. Der steile Wanderweg führte uns hinauf zu den ____________________, wo mein Onkel und meine Tante wohnten.

(a) Zoos und Museen
(b) Straßen und Alleen
(c) Computern und Druckern
(d) Bauernhäusern und Obstgärten

| 해설 | 시골로 가는 정경을 묘사하고 있다. 시골에 있는 것을 상상해 보면 답을 쉽게 찾을 수 있다. 정답은 (d)이다.

번역 내가 아직 아이였을 때, 우리는 종종 시골로 가곤 했다. 우리는 먼저 기차를 타고 갔고 그러고 나서는 계속해서 걸어서 갔다. 가파른 등산길은 우리를 ____________________(으)로 인도했는데, 그곳에는 우리 삼촌과 숙모가 살고 계셨다.

(a) 동물원과 박물관
(b) 길거리와 가로수길
(c) 컴퓨터와 프린터
(d) 농가와 과수원

어휘/구문

zu Fuß 걸어서
weitergehen 계속 (걸어)가다
steil 경사진 ↔ flach 경사가 완만한, 평평한
der Wanderweg (wandern + der Weg) 등산로

zu etw.[3] führen ~로 이끌다, 데리고 가다, 유도하다

der Onkel 삼촌, 숙부, 이모나 고모의 배우자 ↔ die Tante 이모, 고모, 삼촌의 배우자

der Zoo 동물원

das Museum 박물관

der Drucker 프린터

das Bauernhaus 농가

der Obstgarten 과수원

●농가 관련 어휘

der Bauer/die Bäuerin 농부	der Rind 소
die Ente 오리	der Stier/Bulle 수소
die Gans 거위	der Ochse 거세된 수소, 황소
der Huhn 닭	die Kuh 암소
der Hahn 수탉	das Kalb 송아지
die Henne 암탉	die Milchkuh 젖소
das Kücken 병아리	das Schaf 양
der Hund 개	der Bock/Widder 숫양
die Hündin 암캐	der Hammel 거세된 숫양
der Welpe 강아지	das Schwein 돼지
die Katze 고양이	der Eber 수퇘지
der Kater 수코양이	die Sau 암퇘지
das Pferd 말	das Ferkel 새끼 돼지
der Hengst 수말	der Stall 축사, 우리
der Wallach 거세된 수말	der Truthahn 칠면조
die Stute 암말	das Vieh 가축
das Fohlen/Füllen 망아지	die Weide 목장, 목초지, 방목장

23 Thomas bemerkte plötzlich, dass die Leihfristen der Bücher von der Bibliothek heute abliefen. Eigentlich hatte er heute ins Schwimmbad gewollt, denn es war wunderschön. Aber er wollte in der Bibliothek keine Mahngebühren bezahlen. Also packte er seinen Rucksack und ______________________.

(a) fuhr in die Bibliothek
(b) verkaufte die Bücher
(c) ging ins Schwimmbad
(d) nahm Schwimmunterricht

| 해설 | 그가 원래 수영을 가고 싶었지만, 도서 연체료를 물고 싶지 않았다는 말로 미루어 보아, 수영장 대신 도서관으로 가기로 한 것을 알 수 있다. 정답은 (a)이다.

번역 토마스는 갑자기 오늘이 도서관 대출 마감일이라는 것을 알게 되었다. 그는 원래 오늘 수영장에 가려고 했다. 왜냐하면 날씨가 아주 좋았기 때문이다. 그렇지만 그는 도서관에 도서 연체료를 물고 싶지 않았다. 그래서 그는 배낭을 챙기고 ______________________.

(a) 도서관으로 갔다
(b) 책을 팔았다
(c) 수영장으로 갔다
(d) 수영 레슨을 받았다

어휘/구문
bemerken 알아차리다
plötzlich 갑자기

die Leihfrist 대출기한

die Bibliothek 도서관

ablaufen 경과하다, 만료되다

eigentlich 원래, 도대체

das Schwimmbad 수영장

die Mahngebühr 연체료

packen 싸다, 꾸리다

der Rucksack 배낭

24 Beim „Goldmund" mit einer großen Gartenterrasse gibt es hausgemachten Kuchen und Kaffee aus frisch gerösteten Bohnen — und Vieles zu lesen. Die gemütliche Mischung aus ____________________ öffnet von Dienstag bis Sonntag die Türen.

(a) Teehaus und Bäckerei
(b) Buchhandlung und Café
(c) Buchladen und Bioladen
(d) Obstladen und Konditorei

| 해설 | '골드문트'는 커피를 마시고 케이크를 먹으면서 책을 읽을 수 있는 북카페이다. 따라서 정답은 (b)가 된다.

번역 커다란 정원 테라스가 있는 '골드문트'에는 손수 만든 케이크와 원두를 신선하게 볶은 커피가 있습니다.—그리고 읽을거리가 많이 있습니다. ____________________의 쾌적한 혼합형태인 이곳은 화요일부터 금요일까지 문을 엽니다.

(a) 찻집과 빵집
(b) 책방과 카페
(c) 책방과 유기농점
(d) 과일가게와 케이크점

어휘/구문

die Gartenterrasse 정원(뜰) 테라스
hausgemacht 집에서 만든, 수제의, 손으로 직접 만든
rösten 볶다
die Bohne 콩

gemütlich 쾌적한, 안락한

die Mischung 혼합, 섞임

● 커피 종류(빈의 커피 문화를 중심으로)

der Blümchenkaffee (커피잔의 꽃무늬가 비칠 정도로) 매우 옅은 커피
der Brauner 블랙커피에 우유를 조금 넣은 커피
der Cappuccino 많은 양의 뜨거운 우유와 우유거품 그리고 초콜릿 가루를 넣은 커피
der Einspänner 블랙커피에 생크림을 듬뿍 넣어 유리잔에 담아 마시는 커피
der Eiskaffee 냉커피에 바닐라 아이스크림을 넣은 커피
der Fiaker 아인슈패너에 럼주를 추가한 커피
der Franziskaner 멜랑주에 생크림을 추가한 커피
der Kaffee Maria Theresia 블랙커피에 오렌지 리큐르술 샷을 추가한 커피
der Kaffee verkehrt (뒤바뀐 커피) 우유가 커피보다 더 많이 들어간 커피
die Kaiser Melange 멜랑주에 생노른자, 브랜디 샷과 생크림을 넣은 커피
der Kapuziner 블랙커피에 생크림을 넣은 커피
die Melange (der Milchkaffee) 우유와 블랙커피를 반씩 섞은 커피
der Pharisäer 블랙커피에 럼주 샷을 넣고 생크림을 얹은 커피
der Schwarzer (Mokka) 블랙커피

25 Lena hat ihre Ausbildung als Restaurantfachfrau bei einer Cateringfirma gemacht. Lena hat bei der Menüwahl und beim Einkaufen geholfen. Sie musste auch kochen, Geschirr spülen, servieren, Tische decken. Während der Ausbildung musste Lena also ______________________ .

(a) viele Filme drehen
(b) viele Speisen probieren
(c) viele Tätigkeiten ausüben
(d) viele Restaurants einkaufen

| 해설 | 레나가 교육을 받으면서 한 일들이 구체적으로 나열되어 있다. 이를 통해 독자는 레나가 많은 일을 한 것을 알 수 있다. 따라서 정답은 (c)이다.

번역 레나는 음식 출장 공급 회사에서 레스토랑 전문경영인으로서의 교육을 받았다. 레나는 메뉴를 고르고 장보는 일을 도와주었다. 그녀는 요리도 하고 설거지도 하고 서빙도 하고 상을 차리기도 했다. 그러니까 교육을 받는 동안 레나는 ______________________.

(a) 많은 영화를 찍었다
(b) 많은 음식을 맛보았다
(c) 많은 일을 했다
(d) 많은 레스토랑을 샀다

어휘/구문

die Ausbildung 교육
der Restaurantfachmann/die Restaurantfachfrau 레스토랑 전문경영인
die Cateringfirma 음식 출장 공급 회사

die Menüwahl 메뉴 선정

das Einkaufen 쇼핑, 물품 구입

das Geschirr 식기

spülen 설거지하다

servieren 서빙하다

den Tisch decken 상을 보다, 차리다

26 Die Zubereitung ist einfach: Kneten Sie die Zutaten, Mehl, Zucker, Eier, Butter und Backpulver mit einem Mixer gut durch und geben Sie den Teig in eine Backform. Das Ganze muss nun im Backofen bei 180 Grad etwa 45 Minuten backen, dann können Sie ________________________.

(a) den leckeren Kuchen genießen
(b) einen fantastischen Eintopf essen
(c) alle Zutaten im Supermarkt kaufen
(d) den Einkaufszettel vervollständigen

| 해설 | 여기서는 케이크를 굽는 과정을 설명하고 있다. 밀가루, 설탕, 계란, 베이킹파우더 등은 빵이나 케이크를 굽는 데 필요한 첨가물이고, '반죽하다', '굽다', '빵 굽는 틀' 등이 다시 한 번 이것을 확인시켜 준다. 정답은 (a)이다.

번역 조리는 간단합니다. 밀가루, 설탕, 계란, 버터와 베이킹파우더 첨가물을 믹서기로 충분히 반죽을 하고 나서 그 반죽을 빵 굽는 틀에 넣습니다. 이것 전체를 180도의 오븐에서 45분 구워야 합니다. 그러고 나면 ________________________.

(a) 맛있는 케이크를 즐길 수 있습니다
(b) 기막힌 냄비 요리를 드실 수 있습니다
(c) 모든 첨가물은 슈퍼마켓에서 살 수 있습니다
(d) 쇼핑 목록을 완성시킬 수 있습니다

어휘/구문
die Zubereitung 조리, 음식 만들기
kneten 반죽하다

die Zutat 첨가물

das Backpulver 베이킹파우더

der Teig 반죽

die Backform 빵 굽는 틀

der Backofen 오븐

der Eintopf 냄비 요리

die Einkaufszettel 쇼핑 목록

vervollständigen 완성시키다

● 독일에서 자주 먹는 케이크

der Bienenstich 버터, 아몬드 조각과 설탕을 넣은 케이크
der Bratapfelkuchen 구운 사과 케이크
der Butterkuchen 버터 케이크
der Christstollen 건포도를 듬뿍 넣은 모양이 길쭉한 크리스마스용 케이크(슈톨렌)
die Donauwelle 체리를 넣은 초콜릿과 카스텔라로 파도 무늬를 넣어 만든 케이크
der Erdbeerenkuchen 딸기 케이크
der Frankfurter Kranz 체리로 장식한 고리모양(왕관모양)의 케이크
Kalter Hund 굽지 않고 초콜릿과 버터과자로 만든 네모난 케이크
der Karottenkuchen 당근 케이크
der Käsekuchen 치즈 케이크
der Lebkuchen 계피 맛이 나는 과자
die Linzer Torte 린츠 케이크(반죽으로 줄무늬를 긋고 딸기나 블루베리 잼을 넣은 케이크)
der Marmorkuchen 마블 케이크(초콜릿과 카스텔라를 섞어 대리석 무늬처럼 보임)
die Nussecke 견과류를 넣은 삼각형 케이크
der Pflaumenkuchen 자두 케이크
die Sacher Torte 자허 케이크(빈의 자허 호텔에서 만드는 유명한 초콜릿 케이크)
der Schokokuchen 초콜릿 케이크
die Schwarzwälder Kirschtorte 슈바르츠발트산 체리 케이크
der Streuselkuchen 고명을 뿌린 케이크
der Zitronenkuchen 레몬 케이크

27 Zu Beginn seiner Karriere schrieb Walter Kluge einfach über alles. Gab ein Politiker eine Pressekonferenz: Kluge war dabei. Das Theater zeigte eine neue Inszenierung: Kluge schrieb die Kritik. Gab es einen Wirtschaftsskandal, berichtete Kluge mit Sicherheit als Erster darüber. Er war wirklich ______________________.

(a) ein eher fauler Mensch
(b) ein höflicher Mitarbeiter
(c) ein sehr fleißiger Journalist
(d) ein herausragender Politiker

| 해설 | 첫 문장에서 그가 모든 것에 대해 썼다고 하는 데서 그가 글쓰는 직업을 가진 사람이고 부지런한 사람이라는 것을 알 수 있다. 그다음 문장부터는 그가 구체적으로 무엇에 대해 썼는지 예를 들고 있다. (d)는 잠시 헷갈릴 수 있다. 클루게는 정치가가 아니라 정치가에 대해 보도하는 사람이다. 정답은 (c)이다.

번역 발터 클루게는 직장 생활 초반부터 그냥 모든 것에 대해 썼다. 한 정치가가 기자회견을 하면 클루게는 그곳에 가 있었다. 한 연극이 초연되었다. 그러면 클루게는 비평을 썼다. 경제 스캔들이 발생하면 클루게가 물론 첫 번째로 그것에 대해 보도했다. 그는 정말로 ______________________

(a) 오히려 게으른 사람이었다
(b) 친절한 동료였다
(c) 아주 부지런한 기자였다
(d) 뛰어난 정치가였다

어휘/구문

die Karriere 경력, 이력, 출세, 성공

alles 모두, 모든 것

die Pressekonferenz 기자회견

dabei sein 출석하다, 가 있다

die Inszenierung 공연

die Kritik 비판, 비평

der Wirtschaftsskandal 경제 스캔들(추문), 소동

über etw.[4] berichten ~에 대해서 보도하다

fleißig 부지런한 ↔ faul 게으른

herausragend 뛰어난

28 Wissenschaftliche Studien zur Orientierungsfähigkeit zeigen überraschende Ergebnisse. In einer Untersuchung sollten Frauen und Männer die Himmelsrichtungen in einem geschlossenen Raum angeben. Das Ergebnis: Beide Geschlechter hatten die gleichen Probleme. Dass Frauen sich im Gegensatz zu den Männern nicht orientieren können, ________________________________.

(a) ist also ein Klischee
(b) ist damit endgültig bewiesen
(c) ist das Ergebnis der Untersuchung
(d) kann also mit Recht behauptet werden

| 해설 | 연구의 내용과 결론이 무엇인지 잘 이해해야 한다. 여기서는 남자와 여자들을 폐쇄된 공간에 모아 놓고 방향을 제시하라고 했더니, 남자 여자 구분 없이 다 방향을 알고 있지 못했다는 문제가 있었다고 했으니까 정답은 (a)이다.

번역 방향감각에 대한 학문적 연구는 놀라운 사실을 보여 준다. 어느 한 실험에서 폐쇄된 공간 안에서 여자들과 남자들이 방향을 제시하도록 했다. 이 실험의 결론을 말하면 양성 모두 동일한 문제를 가지고 있었다. 그러니까 남자들에 비해 여자들이 방향감각이 없다는 것은 ________________________________.

(a) 진부한 생각이다
(b) 이로써 명백하게 증명되었다
(c) 이 연구의 결과이다
(d) 정당하게 주장될 수 있다

어휘/구문

die Orientierungsfähigkeit 방향감각
überraschend 놀라운
das Ergebnis 결과
die Untersuchung 연구
die Himmelsrichtung 방위, 방향
geschlossen 폐쇄적인, 닫힌
das Geschlecht 성
das männliche Geschlecht 남성
das weibliche Geschlecht 여성
der Gegensatz 대립, 반대, 대조
im Gegensatz zu[3] ~와 반대로
das Klischee 상투적인 것
endgültig 완전히, 드디어
mit Recht 정당하게, 당연히
behaupten 주장하다

29 Lieber Fritz, viele Grüße aus den Bergen! Wir sind von dem Zimmer und dem Service des Hotels begeistert! Leider spielt das Wetter nicht mit. Es regnet den ganzen Tag und an eine Wanderung ist nicht zu denken. Aber wir besuchen Museen und nutzen das Hotelschwimmbad. Du siehst, von der schlechten Witterung ________________________.

(a) ist mir schon ganz schlecht
(b) haben wir gar nichts gewusst
(c) reden wir von morgens bis abends
(d) lassen wir uns die Laune nicht verderben

| 해설 | 모처럼 여행을 왔는데 날씨가 좋지 않은 경우가 의외로 많다. 여기서 화자는 실내에서 할 수 있는 것, 즉 박물관 관람, 호텔 수영장 이용 등으로 야외 활동을 대신하면서 휴가를 즐겁게 보내고 있다고 말한다. 따라서 정답은 (d)이다.

번역 친애하는 프리츠, 산에서 안부를 전해! 우리는 호텔 방과 서비스에 대해 황홀해하고 있어! 유감스럽게도 날씨가 따라 주지 않네. 하루 종일 비가 와서 등산 가는 것은 생각할 수가 없어. 그렇기만 우리는 여러 박물관에 가고 호텔 수영장을 이용했어. 네가 보다시피 나쁜 날씨 ________________________.

(a) 로 인해 나는 벌써 속이 안 좋아
(b) 에 대해 아무것도 몰랐어
(c) 에 대해 아침부터 저녁까지 이야기하고 있어
(d) 로 기분을 망치게 하지는 않지

어휘/구문

von etw.[3] begeistert sein ~에 열광하다

mitspielen 함께하다, 호응하다

Das Wetter spielt nicht mit. 날씨가 호응해 주지 않다, 날씨가 좋지 않다.

den ganzen Tag 하루 종일

die Wanderung (가벼운) 등산

das Hotelschwimmbad (das Hotel + schwimmen + das Bad) 호텔 수영장

die Witterung 날씨, 기상

die Laune 기분

verderben 망치다

● 특별한 복수형태

단수	복수	단수	복수
das Album 앨범	die Alben	der Kaktus 선인장	die Kakteen
die Ananas 파인애플	die Ananasse	das Komma 쉼표	die Kommata, Kommas
der Atlas 지도책	die Atlasse		
der Bus 버스	die Busse	das Lexikon 백과사전	die Lexika, Lexiken
die Firma 회사	die Firmen	das Museum 박물관	die Museen
der Globus 지구의	die Globusse, Globen	die Pizza 피자	die Pizzen, Pizzas
der Hörsaal 강의실	die Hörsäle	die Sphinx 스핑크스	die Sphinxe, Sphingen
		das Visum 비자	die Visa, Visen

30 Der Storch ist ein Zugvogel, der jedes Jahr lange Strecken zwischen seinen Brutquartieren in Mitteleuropa und seinen Winterquartieren in Afrika südlich der Sahara zurücklegt. In Deutschland leben im Sommer etwa 4500 Storchenpaare. Sie verlassen es im Oktober und ______________________________.

(a) leben dann nur noch im Süden
(b) fliegen dann nach Deutschland
(c) kehren im März aus Afrika zurück
(d) bleiben über den Winter in Deutschland

| 해설 | 황새가 언제 어디에서 어디로 날아가고 해당 지역에서 얼마나 머무는지 파악해야 풀 수 있는 문제이다. 황새들은 독일을 비롯한 중부유럽에서 부화한 후 10월에 아프리카로 떠나 그곳에서 겨울을 보내고 다시 독일로 돌아온다. 따라서 정답은 (c)이다.

번역 황새는 철새로서 매년 부화 장소인 중부유럽과, 겨울을 나는 곳인 사하라 사막의 남쪽 아프리카 사이의 긴 거리를 날아간다. 독일에는 여름에 대략 4500쌍의 황새들이 산다. 이 황새들은 10월에 독일을 떠나 ______________________________.

(a) 오로지 남쪽에서만 산다
(b) 그러고는 독일로 날아간다
(c) 3월에 아프리카에서 돌아온다
(d) 겨울 내내 독일에 머무른다

어휘/구문

der Storch 황새

der Zugvogel 철새

das Brutquartier 부화하는 장소

das Winterquartier 겨울을 나는 장소

verlassen 떠나다 ↔ zurückkehren 돌아오다

31 Englische Wissenschaftler haben verschiedene populäre Diätmethoden untersucht und nachgewiesen, dass keine zu einem längerfristigen Gewichtsverlust führt. Zwar nahmen alle Teilnehmer der Untersuchung zwischen einem und sechs Kilogramm im ersten Jahr ab. Spätestens nach zwei Jahren jedoch hatten die Probanden ____.

(a) keine Lust mehr, etwas zu essen

(b) ihr ursprüngliches Gewicht wieder drauf

(c) einen nachhaltigen Gewichtsverlust festgestellt

(d) weitere zwei bis sechs Kilogramm abgenommen

| 해설 | 첫 문장에 이미 어느 다이어트 방법도 궁극적으로 보면 살을 빼는 데 도움이 되지 않았다는 실험 결과가 나와 있다. 그렇다고 해서 아예 살이 빠지지 않은 것은 아니지만, 이는 일시적인 현상이라고 말하고 있으니 오해하지 않도록 한다. 정답은 (b)이다.

번역 영국 학자들은 다양한 인기 다이어트 방법을 연구하여 그 어떤 다이어트 방법도 장기적으로는 체중감소로 이어지지 않는다는 것을 증명했다. 비록 모든 연구 참가자들이 일 년 내에 1kg에서 6kg 빠지기는 했다. 그러나 늦어도 2년 후에 실험 참가자들은 ____.

(a) 무엇을 먹고 싶은 의욕이 더 이상 생기지 않았다

(b) 원래 본인의 체중으로 돌아왔다

(c) 지속적인 체중감소를 확인했다

(d) 계속해서 2kg에서 6kg 빠졌다

어휘/구문

popular 인기 있는

die Diätmethode 다이어트 방법

nachweisen 증명하다

langfristig 장기적인 ↔ kurzfristig 단기적인

die Gewichtsverlust 체중감소 ↔ die Gewichtszunahme 체중증가

abnehmen 살이 빠지다 ↔ zunehmen 살이 찌다

der Teilnehmer 참가자

spätestens 늦어도 ↔ frühestens 빨라도

der Proband 실험 대상자, 실험 참가자

32 Ein Fan stürmte nach der Partie zu Roger Federer auf den Platz, weil er ein Foto mit seinem Idol wollte. Federer selbst ________________ ________________. Zu diesem Vorfall sagte der 33-Jährige, er habe als Spieler das Recht, sich während des Spiels auf dem Spielplatz sicher zu fühlen. Dass Leute einfach auf den Platz rennen können, fände er problematisch.

(a) dankte dem Fan für sein Interesse
(b) fand das ganz und gar nicht witzig
(c) machte sich darüber keine Gedanken
(d) wusste nicht, wie er darauf reagieren sollte

| 해설 | 경기 중에 코트에 뛰어든 팬에 대한 페더러 선수의 입장을 이해했는지 묻는 문제이다. 페더러의 생각을 나타내는 문장은 마지막 부분의 간접화법으로 서술된 부분이다. 팬이 경기장에 뛰어드는 것은 안전상의 문제가 있다고 본다는 말을 하고 있으므로, 팬의 이러한 행동을 비판하고 있다. 따라서 정답은 (b)이다.

번역 어떤 팬이 경기가 끝나자 경기장에 있는 로저 페더러에게 달려들었다. 왜냐하면 자신의 우상과 사진 한 장을 찍고 싶었기 때문이다. 페더러 자신은 ________________ ________________. 이 사건에 대해 33살된 페더러는 자신이 선수로서 경기 중에 코트에서 안전함을 느낄 권리가 있다고 말했다. 사람들이 그냥 경기장에 달려올 수 있다는 것은 문제가 있다고 생각한다고 했다.

(a) 팬에게 관심에 대해 고마워했다
(b) 이 모든 것을 전혀 웃기다고 생각하지 않았다
(c) 그것에 대해 개의치 않았다
(d) 이 사건에 대해 어떻게 반응해야 할지 몰랐다

어휘/구문

stürmen 돌진하다, 공격하다, 몰려들다, 달려들다

die Partie 시합, 경기 한 판

das Idol 우상, 흠모하는 대상

der Vorfall 사건

problematisch 문제가 있는

● Fall이 들어간 명사

der Abfall 쓰레기	der Notfall 위급[응급] 상황
der Anfall 발작, 엄습	der Unfall 사고
der Ausfall 탈락, 결손, 휴강	der Verfall 쇠퇴, 몰락
der Beifall 박수, 갈채	der Vorfall 이탈[돌발]사건
der Durchfall 추락, 설사	der Wegfall 탈락, 누락, 생략, 폐지
der Einfall 침입, 침투, 착상	der Zerfall 붕괴, 와해, 파멸
der Glücksfall 행운, 횡재	der Zufall 우연

● 접속법 1식(간접화법)

접속법 1식 동사		어미변화	비교) 직설법 동사		어미변화
ich	**gebe**	-e	ich	gebe	-e
du	**gebest**	-est	du	gibst	-st
er/sie	**gebe**	-e	er/sie	gibt	-t
wir	**geben**	-en	wir	geben	-en
ihr	**gebet**	-et	ihr	gebt	-t
sie/Sie	**geben**	-en	sie/Sie	geben	-en

33 Im Streit um höhere Gehälter und kürzere Arbeitszeit hat die Gewerkschaft der Lokführer einen Streik angekündigt. Die Verhandlungen mit den Arbeitgebern waren zuvor gescheitert. Der Streik soll am Freitag beginnen und bis Samstag dauern. Fahrgäste müssen am Wochenende also ________________________.

(a) ihre Züge selbst fahren
(b) mehr für eine Fahrkarte bezahlen
(c) weiter mit den Arbeitgebern verhandeln
(d) mit Wartezeiten und Zugausfällen rechnen

| 해설 | 기관사들이 파업을 선포함에 따라 겪게 될 승객들의 불편에 대해 설명하고 있다. 이에 대한 내용이 (d)에 나와 있다. (a)와 (c)는 기관사들이 하거나 할 수 있는 일이지만 파업선포와는 관련이 없는 내용이다. (b)도 텍스트 내용과 무관하다. 정답은 (d)이다.

번역 더 높은 임금과 더 짧은 노동시간에 대해 논쟁을 하던 중에 기관사 노조가 파업을 선포했다. 경영진과의 협상은 그 전에 실패로 돌아갔었다. 파업은 금요일에 시작하여 토요일까지 지속될 것이라고 한다. 그러므로 승객들은 주말에 ________________________.

(a) 기차를 직접 몰아야 한다
(b) 차표 값을 더 지불해야 한다
(c) 계속해서 경영진과 협상해야 한다
(d) 대기시간과 열차 운행 취소를 예상해야 한다

어휘/구문

der Streit 말다툼, 논쟁, 싸움

das Gehalt 월급, 봉급, 급료(※der Gehalt 내용, 순도, 함량)

die Gewerkschaft 노조

der Streik 파업

die Verhandlung 협상, 담판

der Arbeitgeber 고용주, 경영인 ↔ der Arbeitnehmer 고용자

scheitern 실패하다

der Fahrgast 승객

der Ausfall 탈락, 빠짐, 부족

mit etw.³ rechnen ~을 고려하다 (기대)하다, 예상하다

● 동음이의어

남성	중성	여성
der Band 권 der Bund 동맹, 연합 der Erbe 상속인 der Gehalt 내용, 순도 der Messer 측량사 der Reis 쌀, 밥 der Stift 연필, 펜 der Tau 이슬 der Tor 바보 der Verdienst 벌이, 수입	das Band 리본, 줄 das Bund 다발, 묶음 das Erbe 유산 das Gehalt 봉급 das Messer 칼, 나이프 das Reis 잔가지 das Stift 수도원, 종교재단 das Tau 밧줄 das Tor 문 das Verdienst 공로, 공적	
der Heide 이교도 der Hut 모자 der Kiefer 턱 der Kunde 고객 der Leiter 지도자 der See 호수 der Weise 현자		die Heide 광야, 황야 die Hut 감독, 보호 die Kiefer 소나무 die Kunde 알림, 지식 die Leiter 사다리 die See 바다 die Weise 방법
	das Maß 도량, 척도 das Steuer 핸들	die Maß 맥주잔 단위 die Steuer 세금
der Strauß ① 타조, ② 꽃다발, ③ 투쟁, 격전 der Schimmel ① 백마, ② 곰팡이		die Bank ① 은행, ② 벤치

34 Vor dem Abflug zur Eishockey-WM in Finnland plagten den Bundestrainer einige Sorgen. Bewährte Stammspieler fallen für das Turnier verletzungsbedingt aus, andere sind nach einer langen Saison mit den Vereinen körperlich nicht im besten Zustand. ________________ gibt sich der Bundestrainer zuversichtlich und glaubt an ein erfolgreiches Abschneiden.

(a) Insofern
(b) Deshalb
(c) Dennoch
(d) Auf Grund dessen

| 해설 | 글의 도입부는 경기를 앞두고 선수들의 상태가 좋지 않음을 서술하고 있고, 마지막 문장에서는 확신과 성공에 찬 감독의 믿음이 드러나 있다. 이렇게 대조적인 내용을 연결하는 접속사는 양보를 나타내는 경우가 많다. 정답은 (c)이다.

번역 핀란드에서 개최되는 세계 아이스하키 대회를 앞두고 독일 국가대표 감독은 몇 가지 걱정이 있어 힘들어 했다. 입증된 주전 선수들은 이번 대회에 부상으로 빠지고, 다른 선수들은 자신들의 팀에서 긴 시즌 활동을 한 후라 육체적으로 최상의 컨디션을 가지고 있지 않았다. ________________ 감독은 확신에 차 있었고 성공적인 성과를 거둘 것이라고 믿었다.

(a) 그러는 한
(b) 그렇기 때문에
(c) 그럼에도 불구하고
(d) 그런 이유에서

어휘/구문

plagen 들볶다, 괴롭히다

bewährt 입증된, 증명된

der Stammspieler 주전 선수

verletzungsbedingt 부상으로 인한

zuversichtlich 낙관적인, 확신하는

das Abschneiden 성과

gut abschneiden 좋은 성과를 얻다 ↔ schlecht abschneiden 나쁜 성과를 얻다

35 Für Studenten hält das Leben in einer Wohngemeinschaft viele Vorteile bereit. In erster Linie sind es finanzielle Argumente, die bei den heutigen Mietpreisen dafür sprechen, sich eine Wohnung zu teilen. Findet man zudem die richtigen Mitbewohner, kann das Zusammenleben großen Spaß machen. ____________ empfinden manche die Vorstellung, Bad und Küche mit anderen teilen zu müssen, als Belastung.

(a) Dafür
(b) Damit
(c) Deswegen
(d) Allerdings

| 해설 | 이 글 앞부분에서는 주거 공동체 삶의 장점에 대해 이야기하고 있고, 뒷부분에서는 단점에 대해 설명하고 있다. 내용적으로 반대되는 문장을 이어 주는 접속사는 (d)이다.

번역 학생들에게는 주거공동체 삶이 많은 장점을 제공해 준다. 우선 요즈음과 같은 집세 가격에는 경제적인 이유로 집을 나눠 쓰는 게 설득력을 가질 수밖에 없다. 게다가 룸메이트를 잘 만나면 동거가 재미있을 수 있다. ____________ 욕실과 부엌을 타인과 나눠 써야 한다는 생각을 부담으로 느끼는 사람들도 있다.

(a) 그 대신에
(b) 그와 함께
(c) 그렇기 때문에
(d) 그러나

어휘/구문

der Vorteil 장점 ↔ der Nachteil 단점
bereithalten 준비해 놓고 있다
in erster Linie 첫 번째로
finanziell 경제적인, 재정적인
das Argument 논거, 논증, 주장의 근거
der Mietpreis 방세(집세) 가격
für etw.[4] sprechen ~을 변호하다, 두둔하다, 지지하다
der Mitbewohner 룸메이트
die Vorstellung 상상, 생각
die Belastung 부담

Part IV

| 문제 36~50 | 다음 글을 읽고 주어진 질문에 대한 가장 알맞은 답을 고르시오.

36 Im Siegerland gibt es viele gute Wanderwege in einer schönen Landschaft. Aber auch kulturell ist Siegen ein hoch interessanter Ort. Und „Sejerlänner Rievekooche", ein Kartoffelgericht, ist die Spezialität der Region. Übernachten kann man hier in jeder Preisklasse.

[Frage] Aus welchem Buch stammt der Text?

(a) Kochbuch.
(b) Reiseführer.
(c) Geografiebuch.
(d) Geschichtslehrbuch.

| 해설 | 지거란트의 아름다운 경관, 등산로, 먹거리, 숙박 등을 소개하는 것으로 보면 여행 안내서임을 알 수 있다. 정답은 (b)이다.

번역 지거란트에는 아름다운 주변경관을 가진 곳에 많은 좋은 등산로가 있다. 그러나 문화적으로도 지겐은 매우 흥미로운 장소이다. 그리고 '제예랜너 리베코헤'는 감자요리로서 이 지역의 유명한 음식이다. 이곳에서는 모든 가격대에 숙박이 가능하다.

[질문] 어느 책에서 이 텍스트가 나왔는가?

(a) 요리책.
(b) 여행 안내서.
(c) 지리책.
(d) 역사 교과서.

어휘/구문

die Landschaft 풍경, 경치, 주변경관, 지역, 지대

die Spezialität 유명한 음식

die Preisklasse 가격 등급, 가격대

stammen 유래하다

37

Familie Seidel hat ein kleines Ferienhaus auf dem Land. Sonntag morgens packt Sabine die Kühltasche mit Brot, Wurst und Käse. Julia kocht eine große Kanne Tee. Frau Seidel nimmt die Gartenstühle, Herr Seidel den Gartentisch. Das Auto ist voll, aber Arthur nimmt noch einen Ball mit. Die Familie fährt los.

[Frage] Wie viele Personen fahren in einem Auto?

(a) Zwei.

(b) Drei.

(c) Vier.

(d) Fünf.

| 해설 | 이 텍스트에 등장하는 인물을 나열해 보면 자이델 씨, 자이델 부인, 자비네, 율리아와 아르투어이다. 정답은 (d)이다.

번역 자이델 가족은 시골에 작은 별장을 가지고 있다. 일요일 아침마다 자비네는 아이스백에 빵, 소시지와 치즈를 싼다. 율리아는 차를 큰 티포트에 가득 끓인다. 자이델 부인은 정원용 의자를, 자이델 씨는 정원용 탁자를 챙긴다. 자동차가 꽉 찼는데 아르투어는 공 한 개를 더 가져온다. 가족은 출발한다.

[질문] 몇 명이 자동차에 타고 출발했는가?

(a) 두 명.

(b) 세 명.

(c) 네 명.

(d) 다섯 명.

어휘/구문

das Ferienhaus 별장

das Land 시골

die Kühltasche 보냉가방, 아이스백

die Kanne (커피나 티)포트

der Gartenstuhl 정원용 의자

der Gartentisch 정원용 탁자

losfahren 출발하다

38 Mit dem TS-Ticket können Sie in Thüringen und Sachsen von jedem Bahnhof bis zu 150 Kilometer hin- und zurückfahren. Das Ticket gilt für eine Person und kostet am Automaten nur sechs Euro. Das TS-Ticket gilt Montag bis Freitag von 9 Uhr bis 16 Uhr, am Wochenende auch ganztägig.

[Frage] Welche Überschrift passt hier?

(a) Billig durch zwei Bundesländer
(b) Nachts günstig durch Deutschland
(c) Bahnfahren ist am Wochenende teurer
(d) Thüringen und Sachsen erhöhen die Fahrpreise

| 해설 | 여기서는 튀링엔주와 작센주를 싸게 다닐 수 있는 티켓에 대해 설명하고 있다. 특히 6 유로밖에 안 한다는 표현을 통해 티켓가격이 저렴하다는 사실을 강조하고 있다. 따라서 정답은 (a)이다.

번역 TS-티켓으로 당신은 튀링엔주와 작센주의 모든 기차역에서 150km에 해당하는 거리까지 왕래할 수 있습니다. 티켓은 한 명에게만 통용되고 자동 판매기에서 6 유로밖에 안 되는 가격으로 구입할 수 있습니다. TS-티켓은 월요일에서 금요일 9시에서 16시까지, 주말에는 하루 종일 적용됩니다.

[질문] 어떤 제목이 어울릴까?

(a) 두 연방주를 싼 가격에 다니기
(b) 밤에 독일을 저렴하게 누비기
(c) 주말 기차 여행은 더 비싸다
(d) 튀링엔주와 작센주에서 차표 가격을 인상하다

어휘/구문

das Ticket 차표, 티켓

hinfahren 차를 타고 가다 ↔ zurückfahren 차를 타고 오다

für etw.[4] gelten ~으로 통용되다, ~으로 통하다

der Automat 자동 판매기

ganztägig 하루 종일

● 독일 연방주와 주도

Bundesland 연방주	Hauptstadt 주도
Berlin	–
Bremen	–
Hamburg	–
Baden-Würtemberg	Stuttgart
Bayern	München
Brandenburg	Potsdam
Hessen	Wiesbaden
Mecklenburg-Vorpommern	Schwerin
Niedersachsen	Hannover
Nordrhein-Westfalen	Düsseldorf
Rheinland-Pfalz	Mainz
Saarland	Saarbrücken
Sachsen	Dresden
Sachsen-Anhalt	Magdeburg
Schleswig-Holstein	Kiel
Thüringen	Erfurt

39 Der vorliegende Aufsatz behandelt sein Thema in angemessener Weise. Die Argumentation des Autors ist jederzeit nachvollziehbar, seine Schlussfolgerung logisch und die Gliederung übersichtlich. Deshalb kann ich eine Veröffentlichung des Aufsatzes nur empfehlen.

[Frage] Um welche Textsorte handelt es sich?

(a) Um ein Gutachten.
(b) Um eine Romankritik.
(c) Um eine Buchwerbung.
(d) Um eine Inhaltsangabe.

| 해설 | 논문의 주제, 논지 개진, 결론, 구조 등에 대한 평가를 하고 있으므로 논문을 심사하는 텍스트이다. 정답은 (a)이다.

번역 앞에 있는 논문은 주제를 적절한 방식으로 다루고 있다. 저자의 논거는 설득력이 있고, 결론은 논리적이며 논문의 구조는 일목요연하다. 그렇기 때문에 나는 이 논문의 출판을 권고하는 바이다.

[질문] 어떤 종류의 텍스트인가?
(a) 심사 보고서.
(b) 소설 비평.
(c) 책 광고.
(d) 줄거리 요약.

어휘/구문
der Aufsatz 논문
angemessen 적절한

vorliegend 앞에 있는, 당면한
die Argumentation 논증, 추론, 입증
nachvollziehbar 설득력이 있는
übersichtlich 명료한, 일목요연한, 이해하기 쉬운
das Gutachten 심사 보고서, 감정서, 소견서
die Inhaltsangabe 내용 설명, 줄거리 요약

40 Unsere Weltreise geht zu Ende. New York ist die letzte Station. In Peking haben wir viele Paläste besichtigt, auf Hawaii dann zwei Tage nur gefaulenzt: Strand, Sonne, kühle Drinks. Heute wollten wir eigentlich zum Grand Canyon fliegen, aber das hat nicht geklappt. Also sind wir in Hollywood über die berühmten Gehwege gezogen. Die Reise war sehr lustig aber auch sehr anstrengend!

[Frage] Was entspricht nicht dem Text?

(a) Die Weltreise begann in New York.
(b) Der Sprecher besichtigte Sehenswürdigkeiten in Peking.
(c) Auf Hawaii hat der Sprecher nicht besonders viel unternommen.
(d) Statt zum Grand Canyon ist der Sprecher nach Hollywood geflogen.

| 해설 | 방문한 지역이 여러 군데라 잘 읽어야 한다. 언급한 장소 중에 가지 않은 곳도 있을 수 있고, 방문한 순서가 선택지에서 다르게 되어 있을 수도 있기 때문이다. 화자가 가 봤거나 갈 지역을 순서대로 나열하면 베이징, 하와이, 할리우드와 뉴욕이다. 따라서 정답은 (a)이다.

번역 우리들의 세계여행이 끝나 가고 있어. 뉴욕이 마지막 정거장이야. 베이징에서는 많은 궁전을 관람했고, 그러고 나서 하와이에서는 이틀 동안 게으름을 피우기만 했어. 백사장에서 햇볕을 쬐고 시원한 음료를 마시면서 말이지. 오늘은 원래 그랜드캐니언으로 가려고 했는데 성사되지 않았어. 그래서 할리우드로 가서 그곳의 유명한 보행자 도로를 걸었어. 여행은 정말 재미있었지만 힘들기도 했어!

[질문] 텍스트와 일치하지 않는 것은 무엇인가?

(a) 세계여행은 뉴욕에서 출발했다.

(b) 화자는 베이징에서 관광지를 둘러봤다.

(c) 화자는 하와이에서는 별로 돌아다니지 않았다.

(d) 화자는 그랜드캐니언으로 가는 대신에 할리우드로 갔다.

어휘/구문

die Weltreise 세계여행

der Palast 궁전

faulenzen 게으름을 피우다, 늘어지다

klappen 이루어지다, 성공하다, 잘 작동하다

der Gehweg 보도, 보행자용 길

unternehmen ~일을 꾀하다, 벌이다

41 Am Himmel scheint die Freiheit noch immer grenzenlos zu sein. Dabei ist Deutschland inzwischen in Europa der am dichtesten beflogene Luftraum. Pro Tag werden von der Deutschen Flugsicherung bis zu 10.000 Flüge gelenkt und geleitet. Ein Ende des Wachstums ist nicht absehbar.

[Frage] Worüber spricht der Text?

(a) Vom Ausbau der Fluggesellschaften.

(b) Von der Zunahme der Flüge in Deutschland.

(c) Von der steigenden Zahl der Passagiere der Fähre.

(d) Von der grenzenlosen Freiheit am deutschen Himmel.

| 해설 | 첫 문장에서는 하늘에는 자유로움이 있을 것 같다면서 시작하고는 있지만, 두 번째 문장에서 바로 '그런데'로 앞의 문장과 내용이 대립되는 핵심 문장이 나온다. 독일의 영공이 비행기로 꽉 차 있다는 내용이 바로 그것이다. 따라서 정답은 (b)이다.

번역 하늘에는 국경 없는 자유가 있는 것 같다. 그런데 독일은 그사이 유럽에서 비행기가 가장 많이 밀집되어 날아다니는 영공이 되었다. 독일 항공 관제소에 의하여 매일 만여 편의 항공기가 운행되고 조종된다. 성장의 끝은 보이지 않고 있다.

[실문] 텍스트는 무엇에 대해 이야기하고 있는가?

(a) 항공사의 확장에 대하여.

(b) 독일에서의 비행기 운행의 증가에 대하여.

(c) 증가하는 여객선 승객 수에 대하여.

(d) 독일 하늘의 국경 없는 자유에 대하여.

어휘/구문

grenzenlos 경계가 없는

dicht 밀도가 높은

der Luftraum 영공, 대기

die Flugsicherung 항공 안전, 항공 관제

lenken 조종하다, 유도하다

leiten 이끌다, 안내하다

das Wachstum 성장, 증가

der Ausbau 확장, 증축

die Fluggesellschaft 항공사

die Zunahme 증가 ↔ die Abnahme 감소

der Passagier 승객

● dabei 용법

〈공간적〉 그 근처에, 옆에

Ich stand dicht dabei. 나는 거기에 바짝 옆에 서 있었다.

Warst du gesten beim Klassentreffen? – Ja, ich war dabei. 너 어제 반창회 모임에 갔었니?–응, 거기에 갔었어.

〈시간적〉 그때, 동시에

Er las und hörte Radio dabei. 그는 독서하면서 라디오를 들었다.

Sie war gerade dabei, aus dem Haus zu gehen. 그녀는 막 외출하려는 참이었다.

〈동사, 형용사의 보충어로서〉 그대로

Es bleibt dabei! 그대로 할거야!

〈부가적〉 그 외에 더, 덧붙여

Er ist intelligent und dabei fleißig. 그는 똑똑하고 게다가 부지런하기도 하다.

〈접속사로〉 그럼에도, 그런데도

Es ist sehr warm heute. Dabei ist es nicht immer so im Juni gewesen. 날씨가 오늘 매우 따뜻하다. 그런데 6월에 항상 그랬던 것은 아니다.

42 Susi und Kai sind Eisschwimmer und baden auch bei einer Wassertemperatur von 0 Grad im Fluss. Dann macht Baden für sie erst Spaß. Die Zeit für das Eisschwimmen beginnt im Herbst und dauert bis zum Frühling. Vor dem Schwimmen laufen sie sich 15 Minuten warm, baden im Wasser, und ziehen sich dann warm an.

[Frage] Welche Aussage ist richtig?

(a) Eisschwimmer schwimmen 15 Minuten in kalten Flüssen.

(b) Eisschwimmen kann man nur in bestimmten Jahreszeiten.

(c) Eisschwimmer ziehen sich warm an, wenn sie schwimmen.

(d) Eisschwimmer schwimmen nur, wenn das Wasser über 15 Grad ist.

| 해설 | 언뜻 읽으면 선택지 문장이 다 맞는 것처럼 보이지만 텍스트를 꼼꼼히 읽어 보면 내용상 맞는 문장이 하나밖에 없다는 것을 알게 된다. 얼음 수영을 하려는 사람들은 15분 동안 물 밖에서 워밍업을 한다고 되어 있다. 따뜻한 옷은 수영을 다 한 후에 입는다. 물의 온도가 0도일 때도 수영을 한다. 맞는 진술은 (b)뿐이다. 얼음 수영은 가을에서 봄까지 한다고 되어 있기 때문이다.

번역 수지와 카이는 얼음 수영을 하는 사람들이라 강물의 온도가 0도여도 수영을 한다. 그때야 비로소 그들에게 수영이 재미있어진다. 얼음 수영의 시기는 가을에 시작해서 봄까지 지속된다. 수영하기 전에 그들은 15분 동안 달리기를 해서 몸을 데우고 수영을 한 다음에 따뜻한 옷을 입는다.

[질문] 어떤 진술이 옳은가?

(a) 얼음 수영을 하는 사람들은 찬 강물 속에서 15분 수영한다.

(b) 얼음 수영은 특정한 계절에만 할 수 있다.

(c) 얼음 수영을 하는 사람들은 수영 시 옷을 따뜻하게 입는다.

(d) 얼음 수영을 하는 사람들은 물의 온도가 15도 이상일 때만 수영한다.

어휘/구문

der Eisschwimmer 얼음 수영을 하는 사람

baden 수영하다, 목욕하다

Wassertemperatur 물의 온도

der Fluss 강

Spaß machen 재미있다

sich warm laufen 워밍업하다

sich warm anziehen 따뜻하게 입다

● 자주 나오는 단위, 부호나 약자 읽기

@ At	% Prozent
- Bindestrich	㎡ Quadratmeter
€ Euro	/ Schrägstrich
℃ Grad (Celcius)	usw. und so weiter 등등
km/h Kilometer pro Stunde	u.a. unter anderem 특히
( ) Klammer	z. B. zum Beispiel 예를 들면

43 Wegen des starken Nebels konnten heute früh auf dem Frankfurter Flughafen die Maschinen weder starten noch landen. Etliche Flüge fielen aus. Seit Mittag ist der Flugverkehr wieder aufgenommen worden, aber die Flugsicherung rechnet noch für einige Stunden mit Verspätungen.

[Frage] Wie war der Flugverkehr am Vormittag?

(a) Es starteten keine Flugzeuge.
(b) Es gab wahrscheinlich Verspätungen.
(c) Am Vormittag lief der Flugverkehr normal.
(d) Die Flugsicherung kann dazu keine Angaben machen.

| 해설 | 오전에는 비행기가 이륙하지도 착륙하지도 못했다고 하는 것으로 보아 '오전에는 비행기가 출발하지 않았다'고 봐야 한다. 정답은 (a)이다.

번역 안개가 짙게 낀 관계로 오늘 이른 아침에 프랑크푸르트 공항에서 비행기가 이륙하지도 착륙하지도 못했습니다. 수많은 비행기 운행이 취소되었습니다. 정오 이후에야 항공 운항이 재개되었으나 항공 관제소는 그래도 몇 시간 동안 이착륙이 지연될 것으로 보고 있습니다.

[질문] 오전의 항공 운행 상황은 어떠했는가?

(a) 비행기가 출발하지 않았다.
(b) 아마도 이착륙이 지연되었을 것이다.
(c) 오전에는 항공 운행이 평상시대로 이루어졌다.
(d) 항공 관제소에서는 여기에 대해 아무런 진술도 할 수 없다.

어휘/구문

wegen[2/3] 때문에

der Nebel 안개

etlich 많은

der Flugverkehr 항공 교통

die Verspätung 연착, 지연

die Angabe 언급, 진술, 보고

● 2격 지배 전치사

außerhalb ~밖에

Die Kinder sind außerhalb des Hauses. 아이들은 집 밖에 있다.

innerhalb ~안에, ~내에

Er kam innerhalb einer Stunde zum Treffpunkt. 그는 만나기로 한 장소로 1시간 안에 왔다.

statt ~대신에

Statt meines Vaters kam meine Mutter zu mir. 아버지 대신에 어머니가 내게로 오셨다.

trotz ~에도 불구하고

Trotz der Kälte spielten die Kinder draußen Fußball. 추위에도 불구하고 아이들은 밖에서 축구를 했다.

während ~하는 동안

Während der Ferien waren wir in Spanien. 방학 동안 우리는 스페인에 있었다.

wegen ~때문에

Wegen des schlechten Wetters konnten wir nicht wandern. 날씨가 나빴기 때문에 우리는 산행을 할 수 없었다.

44 Sehr geehrter Herr Keller,
leider müssen wir Ihnen mitteilen, dass wir Sie nicht mit einem Stipendium fördern können. Unsere Stiftung macht die Vergabe des Stipendiums abhängig vom Einkommen der Eltern und dieses Einkommen liegt in Ihrem Falle deutlich über der Bemessungsgrenze von 3500 Euro. Ihre wissenschaftlichen Leistungen waren für unsere Entscheidung nicht ausschlaggebend.

[Frage] Warum bekommt Herr Keller kein Stipendium?

(a) Das Einkommen der Eltern ist zu hoch.
(b) Herr Keller hat sich zu spät darum beworben.
(c) Die wissenschaftlichen Leistungen waren nicht ausreichend.
(d) Das Stipendium ist schon an jemand anderen vergeben worden.

| 해설 | 이 편지에는 켈러 씨가 장학금을 받지 못하게 된 이유에 대해서 설명하고 있다. 두 번째 문장에 그 이유가 자세히 나와 있다. 정답은 (a)이다.

번역 존경하는 켈러 씨,
저희가 켈러 씨에게 유감스럽게도 장학금을 지원해 줄 수 없다는 사실을 통보해 드리는 바입니다. 장학 재단에서는 장학금을 부모님의 수입 정도에 따라 수여하는데, 켈러 씨의 경우 이 수입은 3500유로 책정 한도를 훨씬 웃도는 액수였습니다. 켈러 씨의 학문적 성과는 우리가 결정을 내리는 데 중요하지는 않았습니다.

[질문] 켈러 씨는 왜 장학금을 받지 못하게 되었는가?

(a) 부모님의 수입이 너무 많아서.
(b) 켈러 씨가 장학금 신청을 너무 늦게 해서.

(c) 학문적 업적이 충분하지 않아서.

(d) 장학금을 벌써 다른 사람에게 줘 버려서.

어휘/구문

das Stipendium 장학금

fördern 지원하다, 후원하다

die Stiftung 재단

die Vergabe 기증, 증여, 수여

die Bemessung 책정, 산출, 할당

die Leistung 업적

ausschlaggebend 결정적인

45 Die Berliner Philharmoniker gelten als eines der besten Orchester weltweit. Berühmte Dirigenten wie Herbert von Karajan übernahmen seine Leitung. Es ist wegen der großen Nachfrage nicht einfach, an Karten für Konzerte zu kommen. Im Internet allerdings kann man gegen eine Gebühr die Auftritte des Orchesters mitverfolgen.

[Frage] Welche Aussage steht im Text?

(a) Herbert von Karajan gründete die Berliner Philharmoniker.
(b) Konzertkarten für die Berliner Philharmoniker sind sehr begehrt.
(c) Man muss die Tickets für die Konzerte des Orchesters im Internet kaufen.
(d) Man kann die Konzerte des Orchesters kostenlos live im Internet verfolgen.

| 해설 | 텍스트에는 헤르베르트 폰 카라얀이 베르린 필하모니 관현악단 지휘자를 맡은 적은 있지만, 창시자라는 설명은 없다. 콘서트 티켓을 사는 방법에 관한 언급도 없다. 콘서트는 인터넷에서도 볼 수 있지만 유료이다. 정답은 (b)이다.

번역 베를린 필하모니는 세계에서 가장 뛰어난 관현악단 중 하나로 통한다. 헤르베르트 폰 카라얀과 같은 유명한 지휘자들이 그 지휘권을 인계받았다. 수요가 많기 때문에 콘서트 티켓을 얻는 것은 쉽지 않다. 그런데 인터넷에서는 요금을 내고 오케스트라의 공연을 생방송으로 지켜볼 수 있다.

[질문] 텍스트에 있는 진술은 무엇인가?

(a) 헤르베르트 폰 카라얀이 베를린 필하모니 관현악단을 창립했다.
(b) 베를린 필하모니 관현악단을 보기 위한 티켓은 아주 수요가 많다.

(c) 오케스트라 콘서트 티켓은 인터넷에서 사야 한다.

(d) 우리는 오케스트라 콘서트를 인터넷에서 무료로 볼 수 있다.

어휘/구문

übernehmen 넘겨받다, 인계받다

die Leitung 지도, 지휘권

die Nachfrage 수요 ↔ das Angebot 공급

die Gebühr 요금, 사용료

46 Er ist einer der meistgelesenen Schriftsteller der Welt und seine Bücher wurden in mehr als 120 Sprachen übersetzt. Eine Kindheit ohne seine Märchen ist kaum vorstellbar. Die Märchen von diesem Dänen sind witzig, berührend und auch manchmal traurig. Sein Märchenuniversum reicht vom eitlen Kaiser über den standhaften Zinnsoldaten bis zum kleinen „Däumelinchen".

[Frage] Welche Angabe über den Schriftsteller steht nicht im Text?

(a) Er ist weltberühmt.
(b) Er kommt aus Dänemark.
(c) Er hat viele Märchen geschrieben.
(d) Er hat in seiner Kindheit viele Märchen gelesen.

| 해설 | 작가에 대해 알 수 있는 정보는, 그가 덴마크 출신의 동화작가로서 세계에서 가장 유명한 작가에 속한다는 사실이다. 우리를 포함한 일반 사람들이 유년시절에 그의 동화를 많이 읽었다. 따라서 정답은 (d)이다.

번역 그는 세계에서 가장 많이 읽힌 작가 중 한 명이고 그의 책은 120개 이상의 언어로 번역되었다. 우리는 그의 동화가 없는 유년시절은 생각할 수가 없을 정도이다. 이 덴마크 작가의 동화는 웃기고 감동적이지만 가끔 슬프기도 하다. 그의 동화 세계는 허영심 많은 황제에서부터 지조 있는 주석 장난감 병정을 거쳐 '작은 엄지공주'까지 이른다.

[질문] 작가와 관련해 텍스트에 언급되어 있지 않은 내용은 무엇인가?

(a) 그는 전 세계적으로 유명하다.
(b) 그는 덴마크 출신이다.

(c) 그는 많은 동화를 썼다.

(d) 그는 유년시절에 많은 동화를 읽었다.

어휘/구문

übersetzen 번역하다

die Kindheit 유년기, 어린 시절

das Märchen 동화

vorstellbar 상상할 수 있는

der Däne 덴마크인

witzig 웃긴, 재치 있는

berührend 감동적인

standhaft 확고한, 의연한, 단호한, 침착한, 불변의, 항구적인

der Zinnsoldat 주석으로 만든 병정(장난감)

● 주요 국가와 대륙 및 주민

국가/대륙	남자		여자
England 잉글랜드	-er	der Engländer	die Engländerin
Europa 유럽		der Europäer	die Europäerin
Italien 이탈리아		der Italiener	die Italienerin
Japan 일본		der Japaner	die Japanerin
Korea 한국		der Koreaner	die Koreanerin
die Niederlande 네덜란드		der Niederländer	die Niederländerin
Norwegen 노르웨이		der Norweger	die Norwegin
Österreich 오스트리아		der Österreicher	die Österreicherin
die Schweiz 스위스		der Schweizer	die Schweizerin
Spanien 스페인		der Spanier	die Spanierin
Syrien 시리아		der Syrer	die Syrerin
die USA 미국		der US-Amerikaner	die US-Amerikanerin

국가/대륙		남자	여자
China 중국	-e	der Chinese	die Chinesin
Dänemark 덴마크		der Däne	die Dänin
Finnland 핀란드		der Finne	die Finnin
Frankreich 프랑스		der Franzose	die Französin
Griechenland 그리스		der Grieche	die Griechin
Irland 아일랜드		der Ire	die Irin
Polen 폴란드		der Pole	die Polin
Portugal 포르투갈		der Portugiese	die Portugiesin
Russland 러시아		der Russe	die Russin
Schweden 스웨덴		der Schwede	die Schwedin
Tschechien 체코		der Tscheche	die Tschechin
die Türkei 터키		der Türke	die Türkin
Vietnam 베트남		der Vietnamese	die Vietnamesin
Asien 아시아	예외	der Asiat	die Asiatin
Deutschland 독일		der Deutsche (ein Deutscher)	die Deutsche (eine Deutsche)
Israel 이스라엘		der Israeli	die Israeli, Israelin

47 Freunde treffen, Familie besuchen, Geschäftsbeziehungen pflegen. Weil jeder ein anderes Ziel hat, bringen wir jeden fast überall hin — alleine in Europa zu mehr als 100 Destinationen. Aber auch der Rest der Welt rückt näher: Ob Asien, Afrika oder Amerika, dank idealer Verbindungen erreichen Sie Ihre Ziele auf der ganzen Welt! Und zwar super schnell und komfortabel! Mit uns!

[Frage] Wofür wirbt dieser Werbespot?

(a) Für eine Hotelkette.

(b) Für einen Partyservice.

(c) Für eine Fluggesellschaft.

(d) Für eine Veranstaltungsfirma.

| 해설 | 전 세계 원하는 곳에 빠르고 편하게 갈 수 있게 하는 것은 비행기일 것이다. '날아간다', '비행기'라는 단어는 직접적으로 사용하지 않고 있지만 쉽게 추측할 수 있다. 정답은 (c)이다.

번역 친구들 만나기, 가족 방문하기, 일과 관련된 사람들 관리하기. 각자가 다 다른 목표가 있기 때문에 여러분 각자를 저희는 어디든지 모셔다 드립니다.—유럽 하나만 해도 100개 이상이나 되는 목적지로 말이죠. 그러나 나머지 세계도 점점 더 가깝게 다가오고 있습니다. 아시아든 아프리카든 아메리카든 이상적인 (항공편) 연결 덕분에 당신은 전 세계 어디에서나 원하는 목적지에 다다를 수 있습니다! 그것도 편하고 엄청 빨리! 저희와 함께 말이죠!

[질문] 이 광고는 무엇을 위한 것인가?

(a) 호텔 체인.

(b) 파티 서비스.

(c) 항공사.

(d) 이벤트 회사.

어휘/구문

die Geschäftsbeziehung 비즈니스 관계

das Ziel 목표

die Destination 목적지

dank[2] ~덕분에

die Verbindung 연결

erreichen 도달하다

komfortabel 편하게

48 Lieber Kurt,

du schreibst, dass du Ärger mit deinem Vater hast, weil er mit deiner Berufswahl nicht einverstanden ist. Mein Rat an dich ist: Gib deinem Vater Zeit. Ich kenne meinen Bruder. Er wird bald selbst einsehen, dass deine Entscheidung richtig ist und dich dann unterstützen.

[Frage] In welchem Verhältnis stehen Briefschreiber und Adressat?

(a) Vater und Sohn.

(b) Onkel und Neffe.

(c) Großvater und Enkel.

(d) Bruder und Schwester.

| 해설 | 이 문제는 내용 자체보다도 편지 발신자와 수신자의 관계를 묻는 문제이므로 텍스트에서 이 관계를 알 수 있는 부분을 잘 발견해야 한다. 원문에 Bruder라는 단어가 결정적이다. 편지 쓰는 사람이 쿠르트 아버지의 남자 형제, 즉 쿠르트의 삼촌이니까 정답은 (b)이다.

번역 사랑하는 쿠르트, 너는 아버지가 네가 택한 직업에 대해 동의하지 않아 속상하다고 썼지. 내 조언은 아버지께 시간을 좀 드리라는 것이다. 나는 내 남동생(형)을 알아. 네 결정이 옳았다는 것을 곧 인정하시고 너를 지지해 주실 거야.

[질문] 편지를 쓴 사람과 수신자는 서로 어떤 사이인가?

(a) 아버지와 아들.

(b) 삼촌과 조카.

(c) 할아버지와 손자.

(d) 남매.

어휘/구문

der Ärger 불쾌한 일, 분노

die Berufswahl 직업선택

mit etw.[3] einverstanden sein ~에 동의하다

der Rat 충언, 조언, 제의

einsehen 이해하다

die Entscheidung 결정

unterstützen 지지하다, 지원하다

49 Der Harz hat nicht den besten Ruf. Ein Mittelgebirge ohne besonderen Charme soll er sein, ohne steile Skipisten und mondäne Unterkünfte. Alles, was man im Harz machen kann, sei wandern, Windbeutel essen und vielleicht noch einen Schluck „Schierker Feuerstein" zu sich nehmen, um gut zu verdauen. Auch wenn das alles für viele langweilig klingt, ergibt das für mich: einen perfekten Wintertag.

[Frage] Welche Aussage steht im Text?

(a) Der Harz ist ein Touristenmagnet.
(b) Im Harz kann man Schnaps trinken.
(c) Im Harz kann man nicht übernachten.
(d) 'Schierker Feuerstein' ist ein Kuchen.

| 해설 | 텍스트에서 소화를 잘 시키기 위해 '쉬어커 포이어슈타인'을 마신다고 했는데, 이것이 음료라는 것은 '한 모금'(ein Schluck)을 통해 알 수 있다. 정답은 (b)이다.

번역 하르츠는 최고의 명성을 누리고 있지는 않다. 사람들은 하르츠가 경사진 활주로도 없고, 세련된 숙박시설도 없는, 특별한 매력이 없는 중간 정도 높이의 산이라고 한다. 하르츠에서 할 수 있는 것이라고는 등산하고 슈크림을 먹거나 간혹 소화를 잘 시키기 위해서 '쉬어커 포이어슈타인'을 마시는 일이라고들 한다. 이 모든 것이 많은 사람들에게 따분하게 느껴진다고 해도 나에게는 완벽한 겨울의 하루를 보내게 해 준다.

[질문] 텍스트에 쓰여 있는 진술은 무엇인가?

(a) 하르츠는 관광객을 유혹하는 곳이다.

(b) 하르츠에서는 화주를 마실 수 있다.

(c) 하르츠에서는 숙박할 수 없다.

(d) '쉬어커 포이어슈타인'은 케이크이다.

어휘/구문

der Ruf 명성

das Mittelgebirge 중간급의 산맥

die Skipiste 스키 활주로

mondän 세속적인, 세련된, 매력적인

die Unterkunft 숙박

der Windbeutel 슈크림

verdauen 소화하다

der Touristenmagnet 관광명소

der Schnaps 화주

50 Dass der BVB diesmal Meister der deutschen Liga geworden ist, grenzt an ein Wunder. Denn bis vor fünf Spieltagen vor Saisonende sah der BVB schon wie der sichere Absteiger aus. Durch den Trainerwechsel holte zwar der BVB aus den vier Spielen 12 Punkte, dennoch musste das letzte Saisonspiel mit mindestens zwei Toren Unterschied gewonnen werden. Und zwar ausgerechnet gegen den Meister Bayern München!

[Frage] Wie könnte das Spiel geendet haben?

(a) BVB – Bayern München 0:2.
(b) BVB – Bayern München 1:0.
(c) BVB – Bayern München 1:1.
(d) BVB – Bayern München 3:1.

| 해설 | 텍스트에 따르면 BVB가 우승하기 위해서는 시즌 마지막 경기에서 최강팀 바이에른 뮌헨과 2점 이상 차이나게 이겨야 한다. 첫 문장에서 BVB가 이번 시즌에서 기적적으로 우승했다고 쓰여 있기 때문에 정답은 (d)이다.

번역 이번에 BVB가 독일 리그 챔피언이 된 것은 기적에 가까운 일이다. 왜냐하면 이 시즌 종료 다섯 경기 전만 해도 BVB는 확실히 2부 리그로 내려갈 팀처럼 보였기 때문이다. 비록 감독 교체를 통해 BVB가 네 개의 경기에서 12점을 획득했지만 시즌 마지막 경기에서 적어도 두 골 차이 이상으로 이겨야 했다. 그것도 하필이면 우승팀 바이에른 뮌헨과!

[질문] 이 경기는 어떻게 끝났을까?

(a) BVB-바이에른 뮌헨 0:2.

(b) BVB-바이에른 뮌헨 1:0.

(c) BVB-바이에른 뮌헨 1:1.

(d) BVB-바이에른 뮌헨 3:1.

어휘/구문

der Meister 우승팀[자]

an etw.[4] grenzen ~에 근접하다, 인접하다

das Wunder 기적

das Saisonende 축구 리그 시즌 말기

der Absteiger 아래 리그로 내려가는 팀[사람] ↔ der Aufsteiger 위의 리그로 올라가는 팀[사람]

der Trainerwechsel 감독 교체

der Unterschied 차이

ausgerechnet 하필이면, 공교롭게

● 축구 관련 어휘

der Anpfiff 경기시작 휘슬	die Mannschaft 팀
der Abpfiff 경기종료 휘슬	die gegnerische Mannschaft 상대팀
das Abseits 오프사이드	der Schiedsrichter 심판
der Anstoß 킥오프	der Linienrichter 선심
der Eckball 코너킥	der Torwart 골키퍼
der Einwurf 스로인	der Verteidiger 수비수
das Elfmeterschießen 승부차기	der Libero 리베로, 스위퍼
der Freistoß 프리킥	der Mittelfeldspieler 미드필드선수
der Kopfball 헤딩	der Stürmer 공격수
der Strafstoß 페널티킥	der Auswechselspieler 교체선수
das Tor 골	die Spieleraufstellung 선발선수 배치
die Nachspielzeit 추가시간	der Titelverteidiger 전년도 우승팀[자]
die Verlangerung 연장전	der Meister 우승팀[자]

SET 2

청해

독해

Part I

| 문제 1~15 | 다음 문장을 듣고 자연스러운 대화를 이룰 수 있는 가장 적절한 응답을 고르시오.

01

M: Wie ist das Wetter heute?

F: ____________

(a) Es regnet.

(b) Es ist groß.

(c) Es geht gut.

(d) Es ist bei mir.

| 해설 | 날씨에 대한 질문이다. 날씨에 관한 대답이 될 수 있는 선택지는 (a)뿐이다.

번역

남: 오늘 날씨가 어때?

여: ____________

(a) 비가 와.

(b) 그것은 커.

(c) 그것은 잘돼 가.

(d) 그것은 나한테 있어.

어휘/구문

wie ist~? ~은 어떠한가?

Wie ist das Wetter heute? 오늘 날씨가 어때?

groß 크다 ↔ klein 작다

● 날씨 관련 표현

das Wetter 날씨
Es ist schön/sonnig/klar. 날씨가 좋다/해가 난다/맑다.
Es ist trüb/bewölkt/windig/neblig. 날씨가 흐리다/구름이 끼었다/바람이 분다/안개가 끼었다.
Es ist schlecht/stürmisch. 날씨가 나쁘다/폭풍우가 몰아친다.
Es regnet. 비가 온다.
Es schneit. 눈이 온다.
Es donnert. 천둥이 친다.
Es blitzt. 번개가 친다.
Es ist warm/kühl/heiß/kalt. 날씨가 따뜻하다/선선하다/덥다/춥다.

02 F: Wann hast du Bruno getroffen?
M: ________________

(a) In der Mensa.
(b) Eine Stunde lang.
(c) Nach dem Konzert.
(d) Bei seiner Schwester.

| 해설 | 문제를 푸는 데는 질문의 wann이라는 의문사가 중요하다. (a)와 (d)는 장소를 말하고 있고, (b)는 걸리는 시간을 말하고 있다. 때를 말하고 있는 선택지는 (c)이다. 흔히 wann으로 물어보면 시간이 나올 것으로 생각하나, ~전에, ~후에라고 말할 수도 있다는 점을 염두에 두어야 한다. 정답은 (c)이다.

번역 여: 브루노를 언제 만났어?
남: ________________

(a) 학생식당에서.
(b) 한 시간 동안.
(c) 콘서트가 끝나고.
(d) 그의 누이 집에서.

어휘/구문
treffen 만나다. getroffen은 과거분사
die Mensa 학생식당
lang 걸리는 기간을 표현할 때 쓰는 형용사
eine Stunde lang 한 시간 동안
zwei Stunden lang 두 시간 동안
nach[3]~ ~로(공간적 의미), ~후에(시간적 의미)

das Konzert 콘서트

nach dem Konzert 콘서트가 끝난 후에

nach dem Essen 식사 후에

nach der Schule 방과 후에

die Schwester 여자형제

● 의문부사

warum 왜

Warum kommst du so spät? 왜 이렇게 늦게 오니?

Weil ich verschlafen habe. 늦잠을 잤기 때문이야.

wann 언제

Wann isst du zu Mittag? 점심은 언제 먹을 거니?

Gleich nach dem Unterricht. 수업이 끝나자마자.

wo 어디서

Wo lernst du Deutsch? 독일어는 어디에서 배우니?

Im Sprachkurs. 독일어 수업에서 배워.

wohin 어디로

Wohin gehst du in den Ferien? 방학에 어디로 갈 거니?

Ich gehe nach Italien. 이탈리아로 갈거야.

woher 어디로부터

Woher kommt deine Mutter? 어머니는 어디 출신이시니?

Sie kommt aus Mainz. 마인츠 출신이셔.

wie 어떻게

Wie bist du nach Berlin gegangen? 베를린은 어떻게 갔니?

Mit dem Zug. 기차를 타고 갔어.

03 M: Wo wohnen Sie in Mainz?

F: ____________________

(a) In Deutschland.

(b) Am Hauptbahnhof.

(c) Ohne meine Eltern.

(d) Weit weg von Mainz.

| 해설 | 마인츠 시내 어디에 사느냐는 질문이다. (a)는 장소를 묻는 질문에 대한 답이 될 수 있기는 하지만 마인츠시 안에 있지 않으므로 답이 될 수 없다. (d)도 장소를 나타내고 있지만, 역시 마인츠를 벗어난 곳이므로 질문에 대한 답이 될 수 없다. 정답은 (b)이다.

번역

남: 마인츠 어디에 사십니까?

여: ____________________

(a) 독일에서요.

(b) 중앙역 근처에서요.

(c) 부모님 없이요.

(d) 마인츠로부터 멀리 떨어져서요.

어휘/구문

wohnen 살다

der Hauptbahnhof (Haupt + Bahnhof) 중앙역

der Bahnhof 기차역

ohne⁴ ~없이 ↔ mit³ ~와 함께

die Eltern 부모

weit weg von~ ~와 멀리 떨어진 ↔ in der Nähe von~ ~에서 가까운

●사는 지역이나 주거형태 답변

Ich wohne in Mainz. 나는 마인츠에 산다.
Ich wohne in der Stadt. 나는 도시에 산다.
Ich wohne im Dorf. 나는 마을에 산다.
Ich wohne auf dem Land. 나는 시골에 산다.
Ich wohne bei meinen Eltern. 나는 부모님 댁에 산다.
Ich wohne im Studentenwohnheim. 나는 대학기숙사에 산다.
Ich wohne in einer WG (Wohngemeinschaft). 나는 주거공동체에 산다.
Ich wohne in einem Haus mit Garten. 나는 정원이 있는 주택에 산다.

04 F: Wollen wir unserer Mutter einen Schal zum Muttertag schenken?

M: ______________

(a) Alles Gute!

(b) Eine prima Idee!

(c) Gern geschehen!

(d) Gute Besserung!

| 해설 | 여자가 어머니 생신 선물로 스카프를 제안한 데 대해 남자가 어떻게 반응하는 것이 자연스러운지 묻는 문제이다. 아이디어를 낸 것이니까 '좋은 생각'이라고 호응하는 것이 가장 자연스럽다. (a)는 기원할 때 쓰는 표현이고, (c)는 상대방이 고맙다고 할 때 하는 말이며, (d)는 아프거나 다친 사람에게 낫기를 기원할 때 쓰는 표현이다. 정답은 (b)이다.

번역 여: 우리 어머니께 생신에 스카프를 선물해 드릴까?

남: ______________

(a) 모든 것이 잘되길!

(b) 아주 좋은 생각이야!

(c) 천만에!

(d) 차도가 있기를!

어휘/구문

der Schal 스카프, 목도리

schenken 선물하다

Alles Gute! 다 잘되기를!

Eine prima Idee! 아주 좋은 생각이야!

Gern geschehen! 천만에요!

Gute Besserung! 차도가 있기를 바랍니다!

● 가족, 친족

der Vater/die Mutter 아버지/어머니
der Sohn/die Tochter 아들/딸
der Bruder/die Schwester 남동생, 형, 오빠/여동생, 누나, 언니
der Großvater/die Großmutter 할아버지/할머니
der Onkel/die Tante 삼촌, 이모나 고모의 배우자/이모, 고모, 삼촌의 배우자
der Cousin/die Kusine 남사촌/여사촌
der Neffe/ die Nichte 남조카/여조카
der Enkel/die Enkelin 손자/손녀

05 M: Wann kommst du zurück?
F: ________________

(a) Für drei Tage.
(b) Für meine Eltern.
(c) So viel wie möglich.
(d) So bald wie möglich.

| 해설 | '언제'(wann)에 대한 질문에는 예를 들어 '9시'라든가, '오늘 저녁'이라든가, '4월 13일'이라든가, '일을 다 끝내면'처럼 시점을 나타내는 표현을 기대하기 쉽다. 그런데 선택지에는 이처럼 특정한 시점을 나타낸 표현이 없어 당황할 수 있다. 그러나 자세히 보면 (d)에 '곧'(bald)이라는 표현이 '가능한 한'과 결합하여 '가능한 한 빨리'라는 뜻을 담고 있다. (c)도 비슷한 구조를 가지고 있으나 '많은'(viel)이라는 형용사가 양적인 뜻을 담고 있으므로 틀리다. 정답은 (d)이다.

번역 남: 언제 돌아올 거야?
여: ________________

(a) 3일 동안.
(b) 부모님을 위해.
(c) 가능한 한 많이.
(d) 가능한 한 빨리.

어휘/구문
zurückkommen 돌아오다
für drei Tage 3일 동안
so~ wie möglich 가능한 한 ~게
so viel wie möglich 가능한 한 많이
so bald wie möglich 가능한 한 곧

06

F: Es ist etwas dunkel hier.

M: ______________________

(a) Ich schließe die Tür.

(b) Ich hole etwas Helles.

(c) Ich mache gleich warm.

(d) Ich mache das Licht an.

| 해설 | 방 안이 어두우면 불을 켜야 한다. (c)는 춥다고 할 때(Es ist kalt) 나오는 대답이다. 정답은 (d)이다.

번역

여: 여기는 조금 어둡네.

남: ______________________

(a) 문을 닫을게.

(b) 뭔가 밝은(옅은) 것을 가져올게.

(c) 바로 따뜻하게 할게.

(d) 불을 켤게.

어휘/구문

dunkel 어두운

etwas 약간

etwas dunkel 약간 어둡다

schließen 닫다 ↔ aufmachen 열다

warm 따뜻한

das Licht 빛, 불

anmachen 켜다 ↔ ausmachen 끄다

●상황을 나타내는 형용사

angenehm 쾌적한 ↔ unangenehm 불쾌한
dunkel 어두운 ↔ hell 밝은
interessant 흥미로운 ↔ langweilig 지루한
lang 긴 ↔ kurz 짧은
laut 시끄러운 ↔ leise 조용한
leicht 가벼운 ↔ schwer 무거운
richtig 옳은 ↔ falsch 틀린
schmutzig 더러운 ↔ sauber 깨끗한
voll 가득 찬 ↔ leer 텅 빈

07 M: Wie lange dauert die Rundfahrt?

F: ____________________

(a) Am siebten Juli.

(b) Vor langer Zeit.

(c) Anderthalb Stunden.

(d) Alle dreißig Minuten.

| 해설 | wie lange는 '얼마나 오랫동안'이라는 뜻을 가진 의문사이므로 걸리는 시간을 표현하는 문장이 답이 된다. (a)와 (b)는 시점을 묻는 의문사 '언제'(wann)가 쓰였을 때 어울리는 답이고, (d)는 '버스가 얼마나 자주 오는가?'와 같이 빈도를 묻는 질문에 대한 답이다. 따라서 정답은 (c)이다.

번역 남: 투어가 얼마나 걸립니까?

여: ______________

(a) 7월 7일에요.

(b) 오래전에요.

(c) 한 시간 반이요.

(d) 30분마다요.

어휘/구문

die Rundfahrt 투어, 순환하는 코스

anderthalb Stunden 한 시간 반

eineinhalb Stunden 한 시간 반

eine Viertel Stunde 15분

eine halbe Stunde 30분

alle + 시간 ~마다

alle zwei Tage 이틀마다

alle dreißig Minuten 30분마다

alle Jahre 매년

● 시내관광 관련 어휘

die Busrundfahrt 버스투어	die Stadtrundfahrt 시내투어
die Hafenrundfahrt 항구유람투어	die Touristeninformation 관광 안내소
die Haltestelle 정거장	die Tourzeit 투어 소요 시간
die Sehenswürdigkeit 명소	der Treffpunkt 만남의 장소

08 F: Haben Sie keine Visitenkarte?
M: ___________

(a) Leider nein.
(b) Nicht doch.
(c) Ja, natürlich.
(d) Warum auch.

| 해설 | 여자가 부정문으로 물었기 때문에 명함이 없으면 독일어로는 nein, 있으면 doch로 답해야 한다. 따라서 정답을 (c)로 생각하기 쉬운데, 이 문장은 '명함 있으신가요?'라고 긍정 의문문으로 물었을 때 맞는 대답이다. 정답은 (a)이다.

번역 여: 명함 없으신가요?
남: ____________________

(a) 유감스럽게도 없네요.
(b) 그러지 말아요.
(c) 네, 물론이죠.
(d) 그럴 이유가 뭐가 있나요.

어휘/구문
die Visitenkarte 명함
leider 유감스럽게도, 아쉽게도
natürlich 물론

●긍정 의문문과 부정 의문문의 대답

질문의 대상을 가지고 있을 때

Haben Sie **eine** Visitenkarte? 명함 있으세요?

Ja, ich habe eine Visitenkarte. 네, 명함 있습니다.

Haben Sie **keine** Visitenkarte? 명함 없으세요?

Doch, ich habe eine Visitenkarte. 아뇨, 명함 있습니다.

질문의 대상을 가지고 있지 않을 때

Haben Sie **eine** Visitenkarte? 명함 있으세요?

Nein, ich habe **keine** Visitenkarte. 아뇨, 명함 없습니다.

Haben Sie **keine** Visitenkarte? 명함 없으세요?

Nein, ich habe **keine** Visitenkarte. 네, 명함 없습니다.

09 M: Hast du mein Hemd gewaschen?

F: ______________________

(a) Ja, kaufe es dir ruhig.

(b) Nein, ich wasche dich nicht.

(c) Vielen Dank für deine Mühe.

(d) Ja, aber du musst es noch bügeln.

| 해설 | waschen은 '빨다', '세탁하다'와 '씻다'라는 뜻이 다 있기 때문에 문맥으로 파악해야 한다. 옷이나 천은 '빨지만' 사람은 '씻는다'. 따라서 (b)에 waschen이라는 동사가 들어 있어도 함정에 빠지지 않도록 유의한다. 여기서는 '너'(du)가 목적어이므로 너를 씻긴다는 뜻이 되기 때문이다. (c)의 경우 수고해 준 사람은 여자이므로 고맙다고 말할 사람은 남자이다. 정답은 (d)이다.

번역 남: 내 셔츠를 빨았어?

여: ______________________

(a) 그래 어서 사렴.

(b) 아니, 나는 너를 씻기지 않을 거야.

(c) 수고해 줘서 고마워.

(d) 응, 그런데 네가 다림질을 해야 돼.

어휘/구문

das Hemd 남방, 셔츠

waschen 세탁하다, 씻다

die Mühe 수고, 노력

bügeln 다림질하다

das Bügeleisen 다리미

● waschen

현재: ich wasche/du wäschst/er wäscht/wir waschen/ihr wascht/sie waschen
과거: ich wusch/du wuschst/er wusch/wir wuschen/ihr wuscht/sie wuschen
현재완료: ich habe gewaschen/du hast gewaschen/er hat gewaschen/
wir haben gewaschen/ihr habt gewaschen/sie haben gewaschen

세탁하다, 빨다
Ich wasche das Hemd mit der Hand. 나는 손으로 남방을 빤다.
Diese Bluse habe ich gerade gewaschen. 나는 막 이 블라우스를 빨았다.

씻다
Ich habe mich am Abend gewaschen. 나는 저녁에 씻었다.
Morgens wasche ich mir die Haare. 나는 아침마다 머리를 감는다.
Die Mutter wäscht ihrem Kind das Gesicht. 엄마가 자신의 아이의 얼굴을 닦아 준다.

세척하다
Der Koch putzt und wäscht das Gemüse. 요리사는 야채를 씻는다.
Der Mann wäscht das Auto. 남자는 자동차를 세척한다.

10 F: Kann ich diese Papiere wegwerfen?

M: ______________________________

(a) Ja, ich habe sie weggeworfen.

(b) Nein, man wirft nicht mit Papieren.

(c) Nein, das sind wichtige Unterlagen.

(d) Ja, die müssen wir unbedingt behalten.

| 해설 | 질문에서 wegwerfen의 뜻을 알고 있어야 풀 수 있는 문제이다. 여자가 문서를 버려도 되는지 물어보는데, (a)처럼 '네'라고, 즉 버리라고 해 놓고 자신이 이미 버렸다고 하는 것은 시제가 맞지 않은 경우이고, (b)에서 werfen은 wegwerfen과 다르다. 전자는 '던지다'라는 뜻이기 때문이다. 여자는 '폐기한다'는 말만 했지 '던진다'는 말은 하지 않았다. (d)에서 서류를 보관해야 한다면 버리지 말라고 해야 한다. 따라서 정답은 (c)이다.

번역 여: 이 문서들을 폐기해도 되겠습니까?

남: ______________________________

(a) 네, 제가 버렸습니다.

(b) 아니요, 종이를 던져서는 안 되지요!

(c) 아니요, 이것은 중요한 서류예요.

(d) 네, 우리는 그것들을 꼭 가지고 있어야 해요.

어휘/구문

das Papier 종이(※die Papiere[복수형] 문서, 서류)

wegwerfen 버리다

wichtig 중요한

die Unterlagen[복수형] 서류

unbedingt 꼭, 반드시

behalten 간직하다

● 자주 나오는 분리전철

전철	동사의 예	예문
ab-	abreisen 여행을 떠나다 abnehmen 감소하다	Ich reise morgen ab. 나는 내일 여행을 떠난다.
an-	anziehen (옷을) 입다 ankommen 도착하다	Du ziehst einen Mantel an. 너는 외투를 입는다.
auf-	aufmachen 열다 aufsteigen 오르다	Er macht die Tür auf. 그는 문을 연다.
aus-	ausgehen 외출하다 ausziehen (옷을) 벗다	Sie geht früh aus. 그녀는 일찍 외출한다.
ein-	einkaufen 쇼핑하다 einsteigen (차에) 타다	Wir kaufen Obst ein. 우리는 과일을 산다.
fern-	fernsehen TV 보다 fernsteuern 원격조정하다	Ihr seht heute nicht fern. 너희들은 오늘 TV를 보지 않는다.
mit-	mitnehmen 가지고 가다 mitgehen 데리고 가다, 함께 가다	Ich nehme meinen Hut mit. 나는 내 모자를 가지고 간다.
nach-	nachdenken 숙고하다 nachsprechen 따라 말하다	Du denkst ernst darüber nach. 너는 그것에 대해 곰곰이 생각한다.
vor-	vorlesen 낭독하다 vorgehen 앞서가다, 일어나다, 생기다	Er liest ein Gedicht vor. 그는 시를 낭독하고 있다.
weg-	wegwerfen (내던져) 버리다 wegsehen 외면하다, 무시하다	Sie wirft die Papiere weg. 그녀는 서류를 폐기한다.
weiter-	weiterreisen 계속 여행하다 weiterkommen 성과를 거두다	Wir reisen nach Italien weiter. 우리는 계속해서 이탈리아로 여행한다.
zu-	zumachen 닫다 zunehmen 증가하다	Ihr macht das Fenster zu. 너희들은 창문을 닫는다.
zusammen-	zusammentragen 모으다, 수집하다 zusammensetzen 조립하다, 구성되다	Ich trage dann die Aufsätze zusammen. 그러면 내가 논문을 모으겠다.

● 비분리 전철

전철	동사의 예	예문
be-	behalten 소지하다, 보관하다 besuchen 방문하다	Ich behalte diese Papiere. 나는 이 서류를 보관할 것이다.
emp-	empfehlen 추천하다 empfangen 맞이하다	Mein Freund empfiehlt dieses Buch. 내 친구가 이 책을 추천한다.
ent-	enthalten 포함하다, 함유하다 entkommen 벗어나다	Der Käse enthält viel Fett. 치즈는 지방을 많이 함유하고 있다.
er-	erzählen 이야기하다 erklären 설명하다	Oma erzählt ihrem Enkel eine Geschichte. 할머니는 손자에게 이야기를 들려준다.
ge-	gefallen 마음에 들다 gestehen 고백하다, 자백하다	Der Park gefällt mir gut. 공원이 내 마음에 든다.
miss-	missverstehen 오해하다 missbrauchen 남용하다	Ich habe den Satz missverstanden. 나는 이 문장을 잘못 이해했다.
ver-	verstehen 이해하다 verbringen (시간을) 보내다	Ich verstehe dich gut. 나는 너를 잘 이해한다.
zer-	zerbrechen 부수다, 깨뜨리다 zerlegen 분해하다, 분석하다	Der Kellner hat ein Glas zerbrochen. 종업원은 유리잔 하나를 깨뜨렸다.

11 M: Können Sie bitte den Satz noch einmal sagen?
F: ____________

(a) Kein Problem!
(b) Keine Ursache!
(c) Gern geschehen!
(d) Nicht der Rede wert!

| 해설 | 질문에 대한 선택지는 단어 하나하나를 알고 있어도 전체적으로 무슨 뜻인지 모를 수 있는 관용적 표현들이다. 전체를 익혀 두는 것이 좋다. 정답은 (a)이다.

번역 남: 문장을 한 번 더 말씀해 주실 수 있겠어요?
여: ________

(a) 물론이죠!
(b) 천만에요!
(c) 천만에요!
(d) 천만에요!

어휘/구문

Können Sie bitte~ 동사원형 ~해 주실 수 있겠습니까?(공손하게 부탁할 때 쓰는 표현)
Können Sie bitte den Koffer tragen? 이 트렁크 좀 들어 주실 수 있겠습니까?
Können Sie bitte diese Mail abschicken? 이 이메일 좀 보내 주실 수 있겠습니까?
der Satz 문장
kein Problem '문제없다'로 직역할 수 있지만, '물론'이라는 의미로 쓰이므로 기꺼이 승낙할 때 쓰는 표현이다.
gern geschehen/keine Ursache/nicht der Rede wert 이들 표현 모두 고맙다고 했을 때 '뭘요', '천만에요'라는 의미로 쓴다.

12 F: Darf ich Ihnen einen Platz anbieten?

M: ______________________

(a) Ja danke, ich nehme drei.

(b) Aber bitte, Sie sitzen doch schon.

(c) Nein danke, ich platze nicht gerne.

(d) Ja danke, ich habe lange stehen müssen.

| 해설 | einen Platz anbieten은 '자리에 앉으세요'라는 말을 정중하게 하는 표현이다. Platz는 '광장', '장소', '지역', '자리', '좌석' 등 여러 가지 뜻이 있지만 여기서는 자리를 뜻한다. (a)는 문맥상 의미가 통하지 않는 문장이고, (b)는 남자가 이미 자리를 잡고 앉아 있었을 경우, 자리를 권했던 여자가 할 수 있는 말이다. (c)이 '폭발하다'는 독일어로 platzen으로서 발음이 Platz와 비슷해서 사용되었지 내용상으로는 전혀 맞지 않는다. 따라서 정답은 (d)이다.

번역 여: 당신께 자리를 권해 드려도 될까요?

남: ______________________

(a) 네, 저는 세 자리에 앉을게요.

(b) 네, 그런데 당신은 벌써 앉아 계시네요.

(c) 고맙지만 됐어요, 저는 폭발하는 것을 별로 좋아하지 않아요.

(d) 네, 감사합니다. 오랫동안 서 있어야 했어요.

어휘/구문

der Platz 자리, 장소, 광장

anbieten 제공하다

nehmen 잡다, 받다, 얻다, 취하다

sitzen 앉아 있다

platzen 폭발하다, 터지다

● 조동사가 들어간 현재완료 시제

haben + 본동사 원형 + 조동사 원형(과거분사를 사용하지 않는다. 부문장에서 후치도 일어나지 않는다.)

Ich habe lange stehen müssen. 나는 오랫동안 서 있어야 했다.
Ich habe dieses Buch lesen wollen. 나는 이 책을 읽고 싶었다.

Ich weiß, dass er hat lange arbeiten müssen. 나는 그가 오래 일해야 했다는 것을 알고 있다.
Das ist das Buch, das ich habe immer lesen wollen. 이 책은 내가 항상 읽고 싶어 했던 책이다.

13

M: Das Kind ist ungezogen.

F: ____________________

(a) Das finde ich auch.

(b) Das Kleid steht ihm gut.

(c) Es wohnt jetzt in Gangnam.

(d) Dann können wir ja losgehen.

| 해설 | ungezogen의 뜻을 정확히 알아야 풀 수 있다. 이 단어를 umgezogen으로 잘못 듣지 않도록 한다. 그러면 '이사했다'는 뜻이 되어 (c)를 답으로 선택하게 된다. 또한 angezogen으로 들으면 '옷을 입은'이라는 뜻으로 해석하게 되어 (b)를 정답으로 착각할 수도 있다. 정답은 (a)이다.

번역

남: 아이가 버릇이 없네.

여: ____________________

(a) 나도 그렇게 생각해.

(b) 옷이 그 아이한테 잘 어울리네.

(c) 그 아이는 지금 강남에 살고 있어.

(d) 그러면 출발할 수 있겠군.

어휘/구문

ungezogen 버릇없는, 예의 없는

das Kleid 원피스

losgehen 출발하다

● 성격을 나타내는 형용사 어휘

anständig 예의 바른 ↔ ungezogen 버릇없는
attraktiv 매력적인 ↔ unattraktiv 매력적이지 않은
ausgeglichen 한결같은, 원만한, 침착한 ↔ launisch 변덕스러운
bescheiden 겸손한 ↔ angeberisch 잘난 체하는
ehrlich 솔직한 ↔ unehrlich 솔직하지 않은
extrovertiert 외향적인 ↔ introvertiert 내향적인
freundlich 친절한 ↔ unfreundlich 불친절한
großzügig 관대한 ↔ geizig 인색한
heiter 유쾌한 ↔ mürrisch 뚱한, 무뚝뚝한
hilfsbereit 도움을 기꺼이 주는 ↔ egoistisch 이기적인
klug 똑똑한 ↔ dumm 어리석은, 바보같은
kontaktfreudig 사교적인 ↔ zurückgezogen 내성적인
mutig 용감한 ↔ feig(e) 비겁한
stark 강한 ↔ schwach 약한
streng 엄한 ↔ mild(e) 온유한
unterhaltsam 즐거운, 유쾌한 ↔ langweilig 지루한
vorsichtig 신중한 ↔ leichtsinnig 경솔한
warmherzig 마음이 따뜻한 ↔ kaltherzig, kühl 마음이 차가운

14 F: Ich habe mich verlaufen. Können Sie mir helfen?

M: ______________________

(a) Nein, ich habe viel Zeit.

(b) Ja, gern. Was machen Sie?

(c) Ja, gern. Wohin wollen Sie?

(d) Nein, ich laufe sehr schlecht.

| 해설 | '길을 잃다'라는 표현을 알고 있어야 한다. 기꺼이 도와주겠다는 답은 두 개이다. 그런데 길을 잃은 상황에서 목적지를 물어야 길을 가르쳐 줄 수 있으므로 정답은 (c)이다.

번역 여: 길을 잃어버렸어요. 도와주실 수 있나요?

남: ______________________

(a) 아뇨, 저는 시간이 많아요.

(b) 네 기꺼이. 당신은 무엇을 하고 계시나요?

(c) 네, 기꺼이. 어디로 가시려고요?

(d) 아뇨, 저는 잘 달리지 못해요.

어휘/구문

sich verlaufen 길을 잃다

laufen 달리다

Können Sie mir helfen? 도와주실 수 있겠습니까? 상대방에게 정중히 부탁할 때 쓰는 표현이다.

die Zeit 시간

gern 기꺼이

15 M: Wie erklären Sie sich die hohe Zahl von Studienabbrechern?

F: ______________________________

(a) Die Argumentation ist nicht logisch.

(b) Ich sehe verschiedene Gründe dafür.

(c) Abbruchunternehmen haben große Erfolge.

(d) Der Wegfall der Gebühren macht das Studium zu teuer.

| 해설 | 대학 중퇴자가 늘어난 것에 대한 원인을 묻는 질문이다. 어휘가 상당히 어렵고, 긴 복합어가 몇 개 있어 듣고 이해하기가 쉽지 않다. 여기에 대한 자연스러운 답은 여자가 원인이 여러 가지일 수 있다는 추측을 하는 문장이다. 정답은 (b)이다.

번역 남: 대학 중퇴자들의 수가 많은 것을 어떻게 설명하실 수 있습니까?

여: ______________________________

(a) 그 추론은 논리적이지 않습니다.

(b) 저는 그것에 대한 다양한 원인을 추측해 볼 수 있습니다.

(c) 철거시공업체는 큰 성공을 거둡니다.

(d) 학비 면제가 학업을 더 비싸게 만듭니다.

어휘/구문

der Studienabbrecher 대학 중퇴자

die Argumentation 논증, 추론, 입증

verschieden 다양한

der Grund 이유, 원인

das Abbruchunternehmen 철거시공업체

der Erfolg 성공

der Wegfall 폐지, 탈락, 중지, 정지

die Gebühr 요금, 보수, 사용료

●대학 관련 어휘

die Ausbildung 교육	das Semester 학기
die Dissertation 학위논문	die Semesterferien[복수형] 학기방학
der Doktor 박사(학위 취득자)	das Seminar 세미나
der Doktorand 박사과정생	das Stipendium 장학금
die Fakultät 학과, 단과대학	der Student 대학생
die Immatrikulation 입학, 대학의 학적등록	das Studentenwohnheim 대학생 기숙사
der Kommilitone 학과동기생	das Studienfach 전공과목
der Magistrand 석사과정생	das Studienjahr 대학수학기간
die Mensa 학생식당	der Studierende 재학 중인 대학생
die Praxis 실습	die Vorlesung 강의
die Promotion 박사학위 취득	der Vortrag 발표

Part II

| 문제 16~30 | 다음 대화를 듣고 자연스러운 대화를 이룰 수 있는 가장 적절한 응답을 고르시오.

16

F: Es ist zu kalt hier.

M: Ich mache dann das Fenster zu.

F: Nein, lass es auf! Ich brauche frische Luft!

M: ____________________

(a) Zieh dann diese Jacke an!

(b) Setz dann diese Mütze ab!

(c) Setz dann diese Brille auf!

(d) Zieh dann diesen Mantel aus!

| 해설 | 여자가 추위를 느끼지만 창문을 닫기를 원하지 않으니까, 남자가 따뜻하게 해 줄 수 있는 다른 방법을 강구하는 대화이다. (b)와 (d)는 '벗는다'(absetzen, ausziehen)는 동사가 쓰여 상황과 정반대되는 표현이 되어 버렸다. 따라서 정답은 (a)이다.

번역

여: 여기가 너무 춥네.

남: 그러면 창문을 닫을게.

여: 아니야, 열어 둬! 나는 신선한 공기가 필요해!

남: ____________________

(a) 그러면 이 재킷을 입어!

(b) 그러면 이 털모자를 벗어!

(c) 그러면 이 안경을 쓰고 있어!

(d) 그러면 이 외투를 벗어!

어휘/구문

kalt 추운

das Fenster 창문

zumachen 닫다 ↔ aufmachen 열다

auflassen 열어 놓다 ↔ zulassen 닫아 놓다

frisch 신선한

die Luft 공기

anziehen (옷을) 입다 ↔ ausziehen (옷을) 벗다

aufsetzen (안경이나 모자를) 쓰다 ↔ absetzen (안경이나 모자를) 벗다

● 의류

die Bluse 블라우스	der Mantel 외투
die Handschuhe [복수형] 장갑	die Mütze 털모자
das Hemd 셔츠	der Pullover 스웨터
die Hose 바지	der Rock 스커트
der Hut 모자	der Schal 스카프, 목도리
die Jacke 재킷	die Schuhe [복수형] 신발
das Kleid 원피스	die Socken [복수형] 양말

17

M: Ich gehe zu Fuß einkaufen.

F: Es sieht nach Regen aus.

M: Dann nehme ich einen Schirm mit.

F: ____________________

(a) Nimm doch lieber den Bus.

(b) Eine Sonnenbrille ist besser.

(c) Wir brauchen keinen Schirm.

(d) Der Regenschirm ist zu teuer.

| 해설 | 남자가 밖으로 나가려고 하는데 비가 올 것 같으니까 우산을 가지고 걸어가려고 하고, 여자는 다른 방법, 즉 아예 버스를 타고 갈 것을 제안한다. 따라서 정답은 (a)이다.

번역

남: 나는 걸어서 장 보러 갈 거야.

여: 비가 올 것 같은데.

남: 그러면 우산 가져갈게.

여: ____________________

(a) 버스 타고 가지 그래.

(b) 선글라스가 낫지.

(c) 우리는 우산이 필요 없어.

(d) 우산은 너무 비싸.

어휘/구문

zu Fuß 걸어서

der Regen 비

der Schirm 파라솔

der Regenschirm 우산

der Sonnenschirm 양산

der Bus 버스

die Sonnenbrille 선글라스

gut 좋은/besser 더 좋은/am besten 가장 좋은

teuer 비싼 ↔ billig 싼

18

F: Ich suche ein Paar braune Schuhe.

M: Probieren Sie doch bitte dieses Paar mal an.

F: Die gefallen mir, aber sie sind zu klein.

M: ______________________________

(a) Kein Problem, wir haben größere Schuhe.

(b) Dann versuchen Sie es mal mit Handschuhen.

(c) Sie brauchen wahrscheinlich kleinere Schuhe.

(d) Wunderbar, dann kaufen Sie doch dieses Paar.

| 해설 | 구두가게에서 여자가 마음에 맞는 구두를 골랐는데 사이즈가 너무 작은 상황이다. 그러면 점원인 남자는 더 큰 사이즈가 있다고 말하거나, 더 큰 사이즈가 없다고 말하는 것이 자연스럽다. (b)는 구두가 너무 크다고 했을 때, (c)는 구두가 잘 맞는다고 했을 때 나올 수 있는 대답이다. 이 경우에는 (a)가 정답이다.

번역

여: 저는 갈색 구두 한 켤레를 찾고 있어요.

남: 이 구두 좀 신어 보시죠.

여: 제 마음에 들기는 하는데 너무 작네요.

남: ______________________________

(a) 문제없어요, 더 큰 사이즈가 있어요.

(b) 그러면 장갑을 껴 보도록 하시죠.

(c) 손님은 더 작은 구두가 필요하실 것 같아요.

(d) 아주 좋네요, 그럼 이 구두 한 켤레를 구입하세요.

어휘/구문

suchen 찾다

der Schuh 구두, 신발

anprobieren 입어[신어] 보다

das/ein Paar 한 쌍

ein paar 몇 개의

jm. gefallen ~의 마음에 들다

groß 큰/größer 더 큰/am größten 가장 큰

brauchen 필요하다

wahrscheinlich/vielleicht/vermutlich 아마도

19

M: Mit der neuen Brille siehst du ja ganz anders aus!

F: Ja, wirklich? Wie findest du sie?

M: Super, aber sag mal, was hat dich dazu bewegt?

F: ______________________

(a) Weil ich mich schön fand.

(b) Ich brauchte Abwechslung.

(c) Es kommt immer darauf an.

(d) Das ist eine Gewöhnungssache.

| 해설 | 여자가 새로운 안경을 쓰자 분위기가 완전히 달라 보이니까, 남자가 좋다고 하면서도 왜 갑자기 색다른 안경을 쓰게 되었는지 궁금해 하는 상황이다. (c)와 (d)는 아예 말이 안 되고, (a)도 어색하다. 본인이 아름답다고 생각한다고 해서 색다른 안경으로 바꾸는 것은 아니기 때문이다. 기분전환이 필요했다고 하는 (b)가 가장 자연스러운 대답이다.

번역

남: 새 안경을 쓰니까 정말 달라 보이는구나!

여: 그래 정말? 어떻다고 생각해?

남: 아주 좋아, 그런데 어떻게 이렇게 할 생각을 한 거야?

여: ____________________

(a) 내가 아름답다고 생각해서.

(b) 기분전환이 필요했어.

(c) 언제나 그것에 달려 있어.

(d) 이건 습관 들이기 나름이야.

어휘/구문

die Brille 안경

aussehen ~해 보이다

zu etw.[3] bewegen ~하게끔 마음을 움직이다

die Abwechslung 기분전환

auf etw.[4] ankommen ~이 중요하다

die Gewöhnungssache 습관의 문제

● 액세서리

das Armband 팔찌	die Haarspange 머리핀
die Armuhr 손목시계	die Halskette 목걸이
die Brille 안경	der Ohrring 귀걸이
der Gürtel 벨트	der Ring 반지
das Haarband 헤어밴드	die Sonnenbrille 선글라스

20

F: Was darf ich Ihnen bringen?

M: Ein stilles Wasser, bitte.

F: Und darf es sonst noch etwas sein?

M: ______________________

(a) Es ist nichts für mich.

(b) Es darf auch laut sein.

(c) Ich nehme noch eine Suppe.

(d) Ich bringe Ihnen das Wasser.

| 해설 | 식당에서 음식을 주문하는 상황이다. 손님인 남자가 음료로는 물을 시키고, 식사로는 수프를 주문하고 있다. 여자의 두 번째 질문에서 darf가 정중한 표현으로 쓰였는데 (b)에 darf가 들어 있어 혼동을 줄 수 있다. 듣기에서 조심하도록 한다. 정답은 (c)이다.

번역

여: 무엇을 갖다 드릴까요?

남: 무탄산수 부탁해요.

여: 다른 필요한 것 있습니까?

남: ______________________

(a) 그건 나한테 아무것도 아닙니다.

(b) 조금 시끄러워도 됩니다.

(c) 수프 하나를 더 시킬게요.

(d) 당신에게 물을 갖다 드릴게요.

어휘/구문

Was darf~? ~해 드릴까요? 정중하게 물을 때 쓰는 관용적 표현이다.

stilles Wasser 무탄산수(독일에서는 탄산수를 많이 마시기 때문에 탄산 없는 물을 마시고 싶으면 stilles Wasser를 주문해야 한다.)

Darf es sonst noch etwas sein? 다른 필요한 것 있습니까?

nichts für jn. sein ~에게 아무것도 아니다, 중요하지 않다

die Suppe 수프

21

M: Wohin stellen wir nun den Schreibtisch?

F: Stell ihn in die Ecke neben das Regal.

M: Dann haben wir keinen Platz für den Schrank.

F: ______________________________

(a) Der gehört in die Schublade.

(b) Ist er denn so teuer gewesen?

(c) Ja, stimmt, was machen wir nun?

(d) Dann kaufe ich mir einen Schrank.

| 해설 | 가구를 배치하는 장면이다. 책꽂이 옆에 책상을 놓게 되면 옷장을 놓을 자리가 없게 된다고 하자 난처한 상황이 벌어진다. 이럴 때 하는 가장 자연스러운 표현은 (c)이다. (a)의 Schublade 단어의 뜻을 모르면, 이것을 답으로 선택할 수도 있으니 가구 관련 기본어휘를 숙지해야 한다. 정답은 (c)이다.

번역

남: 자 그러면 책상을 어디에 놓을까?

여: 저기 구석 책꽂이 옆에 놔.

남: 그러면 옷장 놓을 자리가 없잖아.

여: ____________________

(a) 그건 서랍에 들어가야지.

(b) 그게 그렇게 비쌌어?

(c) 그러네, 그럼 어떻게 하지?

(d) 그럼 내가 옷장을 살게.

어휘/구문

der Schreibtisch 책상

die Ecke 구석, 모퉁이

das Regal 선반, 책꽂이

der Platz 자리, 광장

der Schrank 옷장

die Schublade 서랍

●3, 4격 지배 전치사

전치사	4격 상태변화/이동	3격 상태
an ~가에	Ich setze mich an den Rhein. 나는 라인강가에 앉는다.	Ich sitze am Rhein. 나는 라인강가에 앉아 있다.
auf ~위에	Ich setze mich auf den Stuhl. 나는 의자에 앉는다.	Ich sitze auf dem Stuhl. 나는 의자에 앉아 있다.
hinter ~뒤에	Ich setze mich hinter den Baum. 나는 나무 뒤에 앉는다.	Ich sitze hinter dem Baum. 나는 나무 뒤에 앉아 있다.
in ~안에	Ich lege mich ins Bett. 나는 침대에 눕는다.	Ich liege im Bett. 나는 침대에 누워 있다.
neben ~옆에	Ich stelle mich neben dich. 나는 네 옆에 선다.	Ich stehe neben dir. 나는 네 옆에 서 있다.
über ~위(쪽)에	Ich hänge die Lampe über den Tisch. 나는 램프를 책상 위에 단다.	Die Lampe hängt über dem Tisch. 램프는 책상 위에 달려 있다.
unter ~아래	Ich lege mich unter das Dach. 나는 지붕 아래 눕는다.	Ich liege unter dem Dach. 나는 지붕 아래 누워 있다.
vor ~앞에	Ich setze mich vor den Computer. 나는 컴퓨터 앞에 앉는다.	Ich sitze vor dem Computer. 나는 컴퓨터 앞에 앉아 있다.
zwischen ~사이에	Ich setze mich zwischen meine Tante und meinen Onkel. 나는 내 이모와 내 삼촌 사이에 앉는다.	Ich setze mich zwischen meiner Tante und meinem Onkel. 나는 내 이모와 내 삼촌 사이에 앉아 있다.

●가구 및 가전제품

das Bett 침대	das Regal 선반, 책꽂이
das Bild 그림	der Schrank 옷장
der Fernseher 텔레비전	der Schreibtisch 책상
der Herd (가스·전기)레인지	die Schublade 서랍
die Kommode 서랍장	der Sessel 안락의자
der Kühlschrank 냉장고	das Sofa 소파
die Lampe 램프	der Spiegel 거울
die Mikrowelle 전자레인지	der Stuhl 의자

22

F: Hast du dich fertig umgezogen?

M: Kann ich so ins Theater gehen?

F: Dein Hemd ist ja ganz faltig und zerknittert.

M: ________________________________

(a) Klar, ich kaufe dir das Hemd.

(b) Kannst du es dann schnell bügeln?

(c) Warum ziehst du das Hemd dann an?

(d) Ich benutze doch eine Antifaltencreme.

| 해설 | 독일에서는 극장이나 오페라에 갈 때 정장을 하고 가는 것이 관례로 되어 있다. 남자가 정장으로 갈아입긴 했으나, 셔츠가 구겨져 있는 상황이다. 그러니 다림질하는 것이 가장 빠른 방법이다. 여기서는 남자가 여자한테 다림질을 부탁하고 있다. (d)에서도 Falten이라는 단어가 나오지만 여기서는 피부의 주름이라는 뜻이니 주의하자. 정답은 (b)이다.

번역

여: 옷 다 갈아입었니?

남: 이렇게 극장에 가면 되겠어?

여: 셔츠가 접히고 구겨졌잖아.

남: ________________________________

(a) 물론이지, 셔츠 하나를 사 줄게.

(b) 그럼 얼른 다려 줄래?

(c) 그럼 왜 셔츠를 입니?

(d) 나는 안티링클 크림을 사용하고 있잖아.

어휘/구문

umziehen 갈아입다/이사하다

das Theater 극장

das Hemd 셔츠

faltig 주름이 있는

zerknittert 구겨진

benutzen 사용하다

die Antifaltencreme 안티링클 크림

● 장소(~로 가다)

ans Meer gehen 바닷가로 가다	ins Theater gehen 연극 보러 가다
auf die Insel gehen 섬으로 가다	in die Universität gehen 대학에 가다
auf die Party gehen 파티 가다	in den Unterricht gehen 수업 들으러 가다
auf den Spielplatz gehen 놀이터에 가다	in den Wald gehen 숲으로 가다
in die Alpen gehen 알프스산에 가다	nach Hause gehen 집으로 가다
in die Bibliothek gehen 도서관에 가다	zur Arbeit gehen 일하러 가다
ins Café gehen 카페에 가다	zum Arzt gehen 병원에 가다
ins Kino gehen 영화 보러 가다	zur Bank gehen 은행에 가다
in die Oper gehen 오페라 공연장에 가다	zum Friseur gehen 미장원에 가다
ins Restaurant gehen 레스토랑에 가다	zur Oma gehen 할머니댁에 가다
in die Schule gehen 학교에 가다	zum Park gehen 공원에 가다

23

M: Gibt es am Nachmittag Führungen auf Englisch?

F: Nein, auf Englisch nur am Vormittag.

M: Um wie viel Uhr finden die statt?

F: ________________________

(a) Immer sonntagvormittags.

(b) Sie dauern etwa eine Stunde.

(c) Jeweils um 14, 15 und 16 Uhr.

(d) Alle dreißig Minuten von neun bis elf.

| 해설 | 영어 가이드가 오전에만 있는데, 오전 중 정확한 시간을 묻는 내용이다. (a)에는 오전이라는 말이 나오나 시간을 묻는 것에 대한 답이 될 수 없고, (b)는 가이드하는 데 걸리는 시간을 이야기하는 것이고, (c)에서는 시간이 나오기는 하지만 오후 시간이다. (d)에서 9시, 9시 30분, 10시, 10시 30분, 11시로 말하고 있으므로 (d)가 정답이다.

번역

남: 오후에 영어로 하는 가이드가 있습니까?

여: 아니요, 영어로 하는 것은 오전에만 있습니다.

남: 그건 몇 시에 있나요?

여: ________________________

(a) 항상 일요일 오전에 있습니다.

(b) 그건 대략 한 시간 걸립니다.

(c) 각각 14시, 15시와 16시에 있습니다

(d) 9시부터 11시까지 30분마다 있습니다

어휘/구문

die Führung 가이드

um wie viel Uhr 몇시에

stattfinden 개최되다, 일어나다, 발생하다

jeweils 각각

alle + 시간 ~마다

● 하루의 시간

der Morgen 아침	der Abend 저녁
der Vormittag 오전	die Nacht 밤
der Mittag 정오	die Mitternacht 자정
der Nachmittag 오후	

24 F: Was liest du denn da?

M: Einen sehr spannenden Krimi.

F: Ach, das Buch habe ich schon gelesen.

M: ______________________

(a) Ich kann dir das Buch später mal leihen.

(b) Dann verrate mir bloß nicht, wie es ausgeht.

(c) Danke, dass du mir das Buch vorlesen willst.

(d) Ich will dir wirklich nicht die Spannung nehmen.

| 해설 | 아주 흥미진진한 책을 남자가 읽고 있는데 여자도 읽었다고 한다. 그러면 (a)처럼 책은 빌려줄 필요가 없게 된다. (d)처럼 말할 수 있는 사람은 남자가 아니라 여자일 것이다. 따라서 이 상황에 가장 적절한 대답은 (b)이다.

번역

여: 너 도대체 지금 무엇을 읽고 있는 거니?

남: 아주 흥미로운 범죄소설.

여: 아, 이 책은 나도 벌써 읽었어.

남: ______________________

(a) 내가 책은 나중에 한번 빌려줄게.

(b) 그럼, 어떻게 되는지 절대 누설하지 마.

(c) 책을 읽어 주려고 해서 고마워.

(d) 정말이지 재미를 빼앗고 싶지는 않아.

어휘/구문

lesen 읽다

spannend 흥미로운

das Buch 책

jm. leihen ~에게 빌려주다

verraten 누설하다

ausgehen 결말이 나다

die Spannung 긴장감, 재미

die Spannung nehmen 재미를 빼앗다

●소설의 종류

der Abenteuerroman 모험소설	der historische Roman 역사소설
der Bildungsroman 교양소설	der Kriegsroman 전쟁소설
der Fantasyroman 판타지소설	der Krimi (der Kriminalroman) 범죄소설
der Gesellschaftsroman 사회소설	der Liebesroman 연애소설

25

M: Hast du gehört, Sven und Eva haben ein Baby bekommen!

F: Das ist ja ein Grund zum Feiern!

M: Lass uns ein Überraschungsgeschenk machen!

F: ______________________

(a) Das ist eine tolle Idee!

(b) Fällt dir nichts Besseres ein?

(c) Wo kann man es denn kaufen?

(d) Wir haben aber nichts zu schenken.

| 해설 | 즐겁고 축하할 일이 생겨 선물을 하자고 한 사람이 제안하면, (a)처럼 말하는 게 일반적이다. 여자가 축하하자고 제안했으므로 (b)처럼 말하는 것은 뉘앙스가 맞지 않고 무례한 말이기도 하다. 정답은 (a)이다.

번역

남: 스벤과 에바에게 아기가 생겼다는 소식 들었지!

여: 이건 축하해야 할 충분한 이유가 있어!

남: 깜짝 선물을 하나 하자!

여: ______________

(a) 아주 훌륭한 생각이야!

(b) 그것밖에 생각 못하겠니?

(c) 그것을 어디서 살 수 있지?

(d) 그런데 선물할 게 없는데.

어휘/구문

das Baby 아기

der Grund 이유, 원인

feiern 축하 파티를 벌이다

zum Feiern 축하를 위해

das Überraschungsgeschenk 깜짝 놀랄 만한 선물

● 축하 표현

Herzliche Glückwünsche	zum Abitur! 아비투어[인문고등학교 졸업시험] 합격을 축하해!
	zur Beförderung! 승진을 축하해!
	zur bestandenen Prüfung! 시험 합격을 축하해!
	zur Einschulung! 입학을 축하해!
	zur Geburt! 출산을 축하해!
	zum Geburtstag! 생일 축하해!
	zur Hochzeit! 결혼을 축하해!
	zum neuen Heim! 새집으로 이사한 것을 축하해!
	zum Schulabschluss! 졸업을 축하해!
	zum 20. Arbeitsjubiläum! 직장근속 20년을 축하해!

26

F: Hast du das Manuskript mitgebracht?

M: Nein, ich konnte es leider nicht ausdrucken.

F: Warum? Ich habe es dir doch per Mail geschickt.

M: ______________________________

(a) Ich schicke dich auch dahin.

(b) Ich konnte die Datei nicht öffnen.

(c) Ich habe den Briefträger verpasst.

(d) Ich konnte so schnell kein Manuskript schreiben.

| 해설 | 남자가 원고를 메일로 받고 출력해 와야 하는 상황인데, 남자가 출력을 해 오지 못한 이유가 선택지에 나와 있다. (a)와 (c)는 상황에 전혀 맞지 않는 표현이다. 여기서 Mail은 전자우편을 말하는 것이므로 우편 배달부는 필요없다. (d)도 맞지 않다. 왜냐하면 원고는 여자가 보낸 것이지 남자가 쓴 것이 아니기 때문이다. 정답은 (b)이다.

번역

여: 원고 가져왔니?

남: 아니, 유감스럽게도 그것을 출력할 수가 없었어.

여: 왜? 원고를 메일로 보내 줬잖아.

남: ______________________

(a) 내가 너도 그곳으로 보낼게.

(b) 파일을 열 수가 없었어.

(c) 우편 배달부를 놓쳐 버렸어.

(d) 그렇게 빨리 원고를 쓸 수가 없었어.

어휘/구문

das Manuskript 원고

der Briefträger 우편 배달부

verpassen 놓치다

● 컴퓨터 관련 어휘

der Computer 컴퓨터	ausdrucken 프린트하다
die Datei 파일	downloaden, herunterladen 다운로드하다
der Drucker 프린터, 인쇄기	↔ uploaden, hochladen 업로드하다
das Internet 인터넷	löschen 삭제하다 ↔ speichern 저장하다
der/das Laptop 노트북	öffnen 열다 ↔ schließen 닫다
die/das Mail 전자우편	schicken 보내다
das Passwort 패스워드	weiterleiten 전달하다
die Suchmaschine 검색엔진	

27 M: Guten Tag, was kann ich für Sie tun?

F: Ich komme wegen der heutigen Präsentation.

M: Die dafür zuständige Person telefoniert gerade.

F: ______________________________

(a) Gut, dann warte ich noch kurz.

(b) Ich bin auch für das Personal zuständig.

(c) Ach so, dann rufe ich etwas später wieder an.

(d) Dann bin ich an die falsche Adresse gekommen.

| 해설 | 여자가 발표 때문에 관계자를 찾아왔는데, 남자가 그 사람이 전화를 하고 있다고 전한다. 그러면 (a)가 정답이 된다. '왔다'(kommen)는 단어 때문에 전화통화가 아니라는 것은 확실하다. 정답을 (c)로 착각하지 않도록 유의한다.

번역 남: 안녕하세요? 무엇을 도와드릴까요?

여: 오늘 있을 프레젠테이션 때문에 왔는데요.

남: 이 일을 담당하시는 분이 전화를 하고 있네요.

여: ______________________.

(a) 네, 그럼 잠깐 기다릴게요.

(b) 저도 인사를 담당하고 있어요.

(c) 그래요, 그럼 나중에 다시 전화할게요.

(d) 그럼 주소를 잘못 찾아왔네요.

어휘/구문

für etw.[4] zuständig sein ~을 담당하고 있다

anrufen 전화하다

falsch 틀린 ↔ richtig 옳은, 맞은

die Adresse 주소

die Präsentation/der Vortrag 프레젠테이션, 발표

präsentieren/vortragen 발표하다

der Referent/der Vorträger 발표자

der Teilnehmer 참가자

28

F: Wie fandest du den Hauptgang?

M: Er war ganz ausgezeichnet.

F: Und jetzt noch ein kleiner Nachtisch?

M: ______________________

(a) Ein Vorgang wäre mir lieber.

(b) Gerne, ich rufe die Bedienung.

(c) Ich nehme den Tisch da drüben.

(d) In welchem Gang finde ich den denn?

| 해설 | 독일어로는 주메뉴를 Hauptgang이라고 하지만, 그렇다고 해서 애피타이저를 Vorgang으로 한다든지 디저트를 Nachgang이라고 하지는 않는다. Vorgang은 '상위', '우선권', '선례', '경과', '사건'이라는 뜻, im Nachgang은 '추가로', '추후에'라는 뜻 밖에 없다. 애피타이저는 Vorspeise, 디저트는 Nachtisch라고 하니 주의하도록 한다. 정답은 (b)이다.

번역 여: 주메뉴 코스가 어땠어?

남: 훌륭했어.

여: 그럼 이제 간단한 후식을 먹을까?

남: ______

(a) 먼저 하는 게 나는 더 좋을 것 같아.

(b) 좋아, 종업원을 부를게.

(c) 나는 저쪽에 있는 테이블에 앉을게.

(d) 어떠한 과정에서 그것을 찾을 수 있지?

어휘/구문

der Hauptgang/die Hauptspeise/das Hauptgericht 주메뉴

ausgezeichnet/hervorragend 끝내주게 좋은, 훌륭한

der Nachtisch/die Nachspeise/das Dessert 후식

der Vorgang 선행, 우월, 우선권, 선례, 전례, 사건, 경과

die Bedienung 서비스, 종업원

der Gang 보행, 걸음, 진행, 일 보러 감

29

M: Wie bist du hergekommen, Anja?

F: Mit dem Wagen.

M: Hast du einen Besucherparkplatz gefunden?

F: ______________________________

(a) Es war einer frei.

(b) Nein, wozu braucht man ihn?

(c) Ja, ich hatte ein großes Pech.

(d) Nein, ist der Platz nicht für Spaziergänger?

| 해설 | 이 문제에서는 방문객 주차장을 잘 찾았냐는 상대방 질문에 안야가 할 수 있는 적절한 대답이 무엇인지 묻고 있다. 여기서는 선택지 (a)에 나와 있는 frei를 올바로 이해하는 것이 중요하다. frei는 '자유로운', '~이 없는', '~로부터 해방된' 등 여러 가지 뜻이 있지만, 자리와 연관지으면 '비어 있는'이라는 뜻이 된다. einer는 ein Besucherparkplatz를 받는 대명사이므로 (a)가 정답이다.

번역

남: 안야, 여기에 어떻게 왔어?

여: 차 타고.

남: 방문객 주차장에 자리가 있었니?

여: ______________________________.

(a) 하나가 비어 있었어.

(b) 아니, 그게 왜 필요하지?

(c) 응, 재수가 엄청 나빴어.

(d) 아니, 그 자리는 산책하는 사람들을 위한 거 아니야?

어휘/구문

der Wagen 자동차

der Besucherparkplatz 방문객용 주차장

frei sein 비어 있다

das Pech 불운, 곤경, 궁지

der Spaziergänger 산책하는 사람

30 F: Das Krankenhaus hat wegen meiner Darmoperation eine Rechnung geschickt.

M: Warum das? Bist du nicht krankenversichert?

F: Doch, beim Krankenhaus muss jemand Mist gebaut haben.

M: ______________________________

(a) Das hat bestimmt Vorteile und Nachteile.

(b) Du musst dich beim Krankenhaus beschweren.

(c) Das macht das Krankenhaus ganz vernünftig und effektiv.

(d) Um so besser ist es für dich und die Krankenversicherung.

| 해설 | 수술을 받은 여자가 보험에 들었는데, 그것을 병원에서 모르고 계산서를 보내 온 데 대해 상대방과 나누는 대화이다. 이러한 상황은 병원의 실수나 잘못이므로, 병원에 사실을 말해야 한다. 답은 (b)이다.

번역 여: 병원에서 내 장수술 때문에 계산서를 보내 왔어.

남: 왜? 건강보험에 들지 않았어?

여: 아니, 들었지. 병원에서 누군가가 엉뚱한 짓을 했나 봐.

남: ______________________________

(a) 이건 분명 장점과 단점이 있어.

(b) 병원에 불만을 말해야 돼.

(c) 이건 병원에서 아주 합리적이고 효율적으로 잘 처리할거야.

(d) 그러면 그럴수록 너와 건강보험사한테 잘된 거네.

어휘/구문

die Darmoperation 장수술

die Rechnung 계산서

krankenversichert 건강보험을 든

die Krankenversicherung 건강보험

Mist bauen 엉뚱한 짓을 하다, 실수하다

sich bei jm. beschweren ~에게 불만을 토로하다, 불평하다

vernünftig 이성적인, 합리적인

effektiv 효율적인

Part III

| 문제 31~40 | 다음 대화를 잘 듣고 제시하는 질문에 대한 가장 적절한 응답을 고르시오.

31

M: Guten Tag, Sie wünschen, bitte?

F: Ich hätte gern was zum Grillen.

M: Gern, da haben wir einiges im Angebot.

F: Gut, geben Sie mir Würste.

M: Wie viele dürfen es sein?

F: Zehn Stück, bitte.

[Frage] Wo befinden sich die Personen?

(a) An einem Kiosk.

(b) In einer Bäckerei.

(c) In einer Metzgerei.

(d) An einem Obststand.

| 해설 | 여기서 문제를 푸는 데 결정적인 힌트를 주는 단어는 '소시지'(Würste)이다. 이와 함께 선택지의 '정육점'(Metzgerei)도 알고 있어야 문제를 정확히 풀 수 있다. 정답은 (c)이다.

번역 남: 안녕하세요, 무엇을 원하시는지요?

여: 뭔가 바비큐할 수 있는 거요.

남: 네, 여기 몇 종류를 할인행사 하고 있어요.

여: 좋네요, 소시지 주세요.

남: 몇 개 드릴까요?

여: 열 개 주세요.

[질문] 사람들은 어디에 있는가?

(a) 매점에.

(b) 빵집에.

(c) 정육점에.

(d) 과일 판매대에.

어휘/구문

grillen 석쇠로 굽다

zum Grillen 석쇠로 굽기 위해

das Angebot 할인 상품

die Wurst 소시지

das Stück 개. 물건을 셀 때 쓰는 단위

der Kiosk 매점

die Bäckerei 빵집

die Metzgerei 정육점

der Obststand 과일 판매대

32

F: Von wem ist denn das, was du gerade gespielt hast?

M: Das habe ich selbst komponiert.

F: Die Melodie ist wunderschön.

M: Danke, ich habe mir Mühe gegeben.

F: Kannst du das Stück nochmal spielen?

M: Ja gern, wenn es dir gefällt!

[Frage] Worüber unterhalten sich die Leute?

(a) Musik.

(b) Sport.

(c) Theater.

(d) Schularbeiten.

| 해설 | 이 대화에서 나누는 주제를 알아내는 데 필요한 핵심어는 '연주하다'(spielen), '작곡하다'(komponieren), '멜로디'(Melodie)이다. 단, 여기서 spielen을 '놀다'나 '운동하다'로 이해하면 문맥 이해에 어려움을 겪을 수 있다. 이 부분만 잘 이해하고 세 단어 중 한두 단어만 알아들어도 이들이 음악에 대해서 말하고 있다는 것을 쉽게 알 수 있다. 정답은 (a)이다.

번역

여: 내가 방금 연주한 거 누구 작품이니?

남: 내가 직접 작곡했어.

여: 멜로디가 아름다워.

남: 고마워, 신경을 많이 썼어.

여: 한 번 더 연주해 줄래?

남: 물론이지, 네 마음에 든다면야!

[질문] 두 사람은 무엇에 대해 대화를 나누고 있는가?

(a) 음악.

(b) 스포츠.

(c) 연극.

(d) 학교숙제.

어휘/구문

spielen 연주하다, 놀다, (운동을) 하다

komponieren 작곡하다

wunderschön 정말로 아름다운

sich Mühe geben 노력하다, 신경쓰다, 수고하다

das Stück 작품

33

M: Kann ich Ihre Bestellung aufnehmen?

F: Ich nehme das Tagesmenü mit Fisch für 12 Euro.

M: Sehr gern. Den Salat als Vorspeise?

F: Nein, die Pastete und dann den Fisch.

M: Und was möchten Sie trinken?

F: Ein Glas Weißwein, bitte.

[Frage] Was nimmt die Frau als Vorspeise?

(a) Den Wein.

(b) Den Salat.

(c) Den Fisch.

(d) Die Pastete.

| 해설 | 식당에서 이루어지는 대화이다. 손님은 주요리로는 생선을 시켰으나 여기서 묻고 있는 문제는 '전채요리로 무엇을 시켰는가'이다. 대화에서는 종업원인 남자가 전채요리로 샐러드를 제안하지만, 손님인 여자는 파테를 달라고 한다. 따라서 정답은 (d)이다.

번역

남: 주문을 받아도 될까요?

여: 저는 생선이 나오는 12유로짜리 일일 특별 메뉴로 할게요.

남: 네, 좋습니다. 샐러드는 전채요리로 드실 건가요?

여: 아니요, 파테를 주시고 그러고 나서 생선이요.

남: 그리고 음료는 뭘로 하시겠어요?

여: 화이트와인 한 잔 부탁해요.

[질문] 여자는 전채요리로 무엇을 주문했나?

(a) 와인.

(b) 샐러드.

(c) 생선.

(d) 파테.

어휘/구문

die Bestellung 주문

das Tagesmenü 일일 특별 메뉴

die Vorspeise 전채요리

die Pastete 파테[고기만두](간이나 자투리 생선, 고기를 갈아서 밀가루 반죽을 입혀 양념하여 오븐에 구워 낸 요리)

34

F: Hast du den Schlag gesehen?

M: Ja, Boris Schneider hat wirklich eine tolle Vorhand.

F: Da, der Ball geht genau hinten ins Eck!

M: Herrlich! Boris führt wieder!

F: Super, dieser Aufschlag!

M: Und der Gegner schlägt den Ball wieder ins Netz.

[Frage] Von welcher Sportart ist die Rede?

(a) Reiten.

(b) Tennis.

(c) Handball.

(d) Weitsprung.

| 해설 | 보리스 슈나이더 선수의 테니스 경기를 관람하면서 나누는 대화이다. 여기서는 테니스 용어가 몇 개 나오지만 아주 기본적인 용어에 속해서 문맥으로도 파악할 수 있다. 테니스에서 Schlag는 '스트로크'라는 뜻이고, Vorhandschlag는 '포핸드 스트로크', Aufschlag는 '서브'라는 뜻이다. 공을 위로 띄워 치는 형태로 서브하므로, 테니스에서만 이렇게 표현한다. 선택지에서 공으로 하는 스포츠는 (b)와 (c)밖에 없다. 정답은 (b)이다.

번역

여: 이 스트로크 봤어?

남: 그래, 보리스 슈나이더는 포핸드 스트로크가 아주 좋아.

여: 여기 봐, 공을 저 뒤 구석에 정확히 넣고 있어!

남: 대단하구만! 보리스가 다시 리드하고 있어!

여: 이 서브 훌륭하네!

남: 상대 선수가 공을 다시 네트로 치네.

[질문] 어떤 스포츠 종목에 대한 대화인가?

(a) 승마.

(b) 테니스.

(c) 핸드볼.

(d) 멀리뛰기.

어휘/구문

der Schlag 때림, 치기, 휘두루기 (테니스) 스트로크

die Vorhand[der Vorhandschlag] (테니스, 탁구) 포핸드 스트로크 ↔ die Rückhand[der Rückhandschlag] 백핸드(스트로크)

das Eck/die Ecke 코트의 모서리, 구석, 모퉁이

der Aufschlag (테니스) 서브

der Gegner 상대방, 상대 선수, 경쟁자

das Netz 네트

35

M: Wie war's heute in der Schule?

F: Nicht schlecht. Ich habe im Mathetest nur fünf Fehler gehabt.

M: Nur fünf? Findest du das etwa wenig?

F: Ich bin ja nicht so gut in Mathe. Dafür ist das gut.

M: Du solltest dich mehr anstrengen.

F: Ich versuch's, Papa.

[Frage] Welche Aussage ist richtig?

(a) Die Tochter ist sehr gut in Mathe.

(b) Die Tochter sollte sich nicht mehr anstrengen.

(c) Der Vater findet fünf Fehler im Mathetest zu viel.

(d) Die Tochter ist mit dem Testresultat unzufrieden.

| 해설 | 아버지와 딸이 학교에서 딸이 본 수학 시험에 대해 대화하고 있다. 여기서 딸은 5개밖에 틀리지 않았다고 하고, 아버지는 5개나 틀렸다고 생각한다. 딸은 본인이 수학을 잘하지 못한다고 생각한다. 그래도 아버지에게 더 잘하도록 노력하겠다고 이야기한다. 이러한 대화에 상응하는 내용은 (c)이다.

번역

남: 오늘 학교에서 어땠어?

여: 나쁘지 않았어요. 수학 시험에서 다섯 개밖에 틀리지 않았어요.

남: 다섯 개밖에라고? 너는 이게 적다고 생각하니?

여: 전 수학을 잘하지 못하잖아요. 거기에 비하면 잘한 거죠.

남: 조금 더 열심히 해야겠다.

여: 네 노력할게요, 아빠.

[질문] 어떤 진술이 맞는가?

(a) 딸은 수학을 아주 잘한다.

(b) 딸은 더 이상 노력을 해서는 안 된다.

(c) 아버지는 수학 시험에서 다섯 개 틀린 것은 너무 많다고 생각한다.

(d) 딸은 시험 결과에 만족하지 않는다.

어휘/구문

die Mathematik 수학. 줄여서 Mathe라고만 한다.

der Mathetest 수학 시험

der Fehler 틀린 것, 오답

wenig 적은 ↔ viel 많은

das Testresultat 시험 결과

zufrieden 만족하는 ↔ unzufrieden 불만족하는

● 학교에서 배우는 교과목

Biologie 생물	Kunst 미술
Chemie 화학	Latein 라틴어
Deutsch 독일어(국어)	Mathematik 수학
Englisch 영어	Musik 음악
Erdkunde 지리	Physik 물리
Französisch 프랑스어	Religion 종교
Geschichte 역사	Sozialkunde 사회
Informatik 컴퓨터	Sport 체육

36 F: Was fehlt Ihnen denn?

M: Ich habe seit ein paar Tagen Probleme im linken Bein.

F: Haben Sie Schmerzen?

M: Ja, wenn ich auftrete, zwickt es in der Muskulatur.

F: Lassen Sie mich mal sehen. Treiben Sie regelmäßig Sport?

M: Ja, ich spiele jede Woche Fußball.

[Frage] Wo findet dieses Gespräch statt?

(a) Beim Arzt.

(b) Im Fundbüro.

(c) Beim Bäcker.

(d) Im Fußballstadion.

| 해설 | 대화에서 다리에 문제가 있다고 하고, 통증이 있다는 말이 나온다. 질문을 하는 사람은 의사이고 답변하는 상대는 환자일 가능성이 높다. 따라서 이러한 대화가 이루어지는 곳은 병원이다. 정답은 (a)이다.

번역 여: 어디가 아프신가요?

남: 며칠 전부터 왼쪽 다리에 문제가 있어요.

여: 통증이 있나요?

남: 네, 제가 땅을 디디면 근육이 따끔거리며 아픕니다.

여: 한번 봅시다. 규칙적으로 운동하십니까?

남: 네, 매주 축구를 합니다.

[질문] 어디에서 이루어지는 대화인가?

(a) 병원에서.

(b) 유실물 보관소에서.

(c) 빵집에서.

(d) 축구경기장에서.

어휘/구문

Was fehlt Ihnen? 직역하면 '무엇이 부족합니까?'이지만 '어디가 아픕니까?'라고 물을 때 사용하는 표현이다.

links 왼쪽 ↔ rechts 오른쪽

das Bein 다리

das linke Bein 왼쪽 다리

das rechte Bein 오른쪽 다리

der Schmerz/die Schmerzen [복수형] 통증

auftreten 땅을 딛다, 밟다

zwicken 꼬집다, 따끔거리다, 따끔따끔 아프다

die Muskulatur 근육

Sport treiben 운동하다

die Woche 주

jede Woche 매주

das Fundbüro 유실물 보관소

das Fußballstadion 축구경기장

● 신체부위

der Arm 팔	die Hand 손
das Auge 눈	der Kopf 머리
das Bein 다리	der Mund 입
der Fuß 발	die Nase 코
das Gesicht 얼굴	das Ohr 귀
das Haar 머리카락	der Rücken 등
der Hals 목	die Schulter 어깨

37 M: Warst du mit dem Vortrag zufrieden?

F: Nicht besonders.

M: Was hat dir nicht gefallen?

F: Es gab nicht genug Sitzplätze und die Handys waren nicht ausgeschaltet.

M: Hat der Referent gar nichts gesagt?

F: Nein. Was soll man da auch sagen?

[Frage] Warum hat die Frau den Vortrag kritisiert?

(a) Weil der Referent nicht gut war.

(b) Weil die Sitzplätze ganz leer waren.

(c) Weil die Frau nicht mitgekommen ist.

(d) Weil es zu laut und unorganisiert war.

| 해설 | 발표가 마음에 들지 않았던 이유를 말하는 대목을 유심히 들어야 한다. 여자는 '좌석이 충분하지 않았고 핸드폰들을 꺼 놓지 않았다'고 말하면서 불만을 토론한다. 좌석이 충분하지 않았다는 것은 좌석이 모자랐다는 뜻이다. (b)는 오히려 여자가 말한 것과 반대되는 상황이 된다. 정답은 (d)이다.

번역

남: 발표에 대해 만족했어?

여: 별로.

남: 뭐가 마음에 들지 않았는데?

여: 좌석이 충분하지 않았고, 핸드폰들을 꺼 놓지 않았어.

남: 발표사는 아무 말도 하지 않았고?

여: 응. 무슨 말을 할 수 있었겠어?

[질문] 여자는 발표를 왜 비판했는가?

(a) 발표자가 발표를 잘하지 못했기 때문에.
(b) 자리가 텅 비어 있었기 때문에.
(c) 여자가 같이 오지 않았기 때문에.
(d) 너무 시끄럽고 조직적이지 않았기 때문에.

어휘/구문

der Vortrag 발표
besonders 특히
nicht besonders 특별히 ~하지 않다
der Sitzplatz 좌석
das Handy 핸드폰
ausschalten 끄다 ↔ einschalten 켜다
der Referent 발표자
leer 비어 있는 ↔ voll 가득 찬
laut 시끄러운 ↔ leise 조용한
organisiert 조직적인 ↔ unorganisiert 조직적이지 않은

38 F: Meinst du, ich soll das grüne Kleid kaufen?

M: Das sieht ein bisschen altmodisch aus.

F: Das Gepunktete sieht gut aus, aber zu was soll ich es anziehen?

M: Zu deinen schwarzen Stiefeln vielleicht.

F: Das könnte gehen!

M: Es ist auch nicht so überteuert wie das weiße Kleid.

[Frage] Was wird die Frau kaufen?

(a) Ein grünes Kleid.

(b) Ein weißes Kleid.

(c) Schwarze Stiefel.

(d) Ein gepunktetes Kleid.

| 해설 | 옷가게에서 여자가 옷을 고르면서 남자와 나누는 대화이다. 여기서는 초록색 원피스, 점 무늬 원피스, 흰색 원피스가 나온다. 이렇게 여러 종류의 선택 대상이 나올 때는 좀 더 세심하게 귀 기울여 들어야 한다. 남자가 초록색 원피스는 너무 구식이고, 흰색 원피스는 너무 비싸다고 하니까 여자는 점 무늬 원피스가 가장 적당하다고 생각한다. 정답은 (d)이다.

번역 여: 네 생각은 어때? 이 초록색 원피스를 살까?

남: 좀 구식으로 보이는데.

여: 점 무늬 있는 게 좋아 보이는데, 무엇이랑 같이 입으면 좋을까?

남: 네가 갖고 있는 검은 부츠랑 입으면 좋을 것 같은데.

여: 괜찮을 것 같아!

남: 흰색 원피스처럼 지나치게 비싸지도 않고.

[질문] 여자는 무엇을 살 것 같은가?

(a) 초록색 원피스.

(b) 흰색 원피스.

(c) 검은 부츠.

(d) 점 무늬 원피스.

어휘/구문

das Kleid 원피스

altmodisch 유행에 뒤진, 고풍스러운, 구식의

der Stiefel 부츠, 장화

überteuert 값이 너무[지나치게] 비싼

gepunktet 점 무늬가 있는

39 M: Erinnerst du dich noch an den letzten Urlaub, Anna?

F: Ja, da mussten wir uns über den Straßenlärm beschweren.

M: Das war schade, denn mit dem Service waren wir eigentlich zufrieden.

F: Dann erkundige ich mich diesmal nach einem Zimmer zum See.

M: Gut, und ich werde mal nach den aktuellen Preisen fragen.

F: Letztes Mal waren sie ganz okay.

[Frage] Welche Aussage ist nicht richtig?

(a) Der Hotelservice hat ihnen gut gefallen.
(b) Das Hotelzimmer ist sehr viel teurer geworden.
(c) Das Hotelzimmer vom letzten Urlaub war zu laut.
(d) Das Hotelzimmer zum See ist wahrscheinlich ruhiger.

| 해설 | 남자와 여자가 마지막 휴가 때 묵었던 호텔에 대해 대화를 나누고 있다. 방이 길 쪽으로 나 있어 시끄러웠던 게 단점이고, 서비스가 좋았던 게 장점이다. 방 가격도 적당했다고 말한다. 두 사람의 대화에서 방 가격이 올랐다는 말은 없다. 이번에 가격을 물어보겠다는 말만 하고 있다. 따라서 정답은 (b)이다.

번역

남: 안나, 지난 번 휴가 기억나?

여: 응, 우리는 그때 길거리 소음으로 불평을 토로했었지.

남: 참 아쉬웠어, 왜냐하면 서비스는 꽤 만족스러웠거든.

여: 그러면 이번에는 호수 쪽으로 나 있는 방을 알아볼게.

남: 좋아, 그러면 나는 지금 실세 가격을 물어볼게.

여: 저번에는 딱 적당했었어.

[질문] 어떤 진술이 옳지 않은가?

(a) 호텔 서비스는 그들의 마음에 아주 들었다.

(b) 호텔방은 가격이 너무 올랐다.

(c) 저번 휴가 때 머물렀던 호텔방은 너무 시끄러웠다.

(d) 호수 쪽으로 나 있는 방은 아마도 더 조용할 것이다.

어휘/구문

der Urlaub 휴가

der Straßenlärm 거리의 소음

der Service 서비스

sich nach etw.[3] erkundigen ~을 알아보다

der See 호수(※die See 바다)

aktuell 실제의, 현재의, 현실의

der Preis 가격

40 F: Herr Müller hat ohne Zweifel von allen Bewerbern die besten Zeugnisse.

M: Er gilt gleichwohl als intriganter Kollege.

F: Das Betriebsklima ist mir aber sehr wichtig.

M: Herr Jahnsen hat auch gute Referenzen und eine tadellose Reputation.

F: Frau Lüders allerdings käme für den Posten auch in Frage.

M: Sie entspricht nicht dem Anforderungsprofil.

[Frage] Wer bekommt die Stelle wahrscheinlich?

(a) Niemand.

(b) Herr Müller.

(c) Frau Lüders.

(d) Herr Jahnsen.

| 해설 | 회사나 기관에서 누구에게 요직을 맡기면 좋을지 남자와 여자가 이야기하는 내용이다. 어휘 난이도가 조금 높아져, '평판', '추천서', '간사한', '요구사항 프로필', '회사 분위기' 등의 단어를 알고 있어야 각 사람들에 대한 정보를 이해할 수 있다. 언뜻 듣기에는 뮐러 씨가 가장 좋은 자격을 갖추고 있는 것처럼 느껴지지만, 남자가 뮐러에 대해 인성 면에서 부정적인 판단을 내린다. 뤼더스 부인은 자격요건을 갖추지 못한 것으로 이야기하고 있다. 따라서 가장 무난한 후보로서 좋은 추천서를 가지고 있고 평판도 좋은 얀센 씨를 선택할 가능성이 높다. 정답은 (d)이다.

번역 여: 의문의 여지없이 뮐러 씨가 모든 후보자들 중에서 성적이 가장 좋아요.

남: 그럼에도 불구하고 그는 간사한 동료로 알려져 있지요.

여: 나한테는 회사의 분위기가 매우 중요해요.

남: 얀센 씨는 좋은 추천서를 가지고 있고 평판이 좋아요.

여: 뤼더스 부인도 이 직책에 고려해 볼 수 있어요.

남: 그녀는 요구사항의 프로필을 충족시키지 못하네요.

[질문] 아마도 누가 이 직책을 받게 될까?

(a) 아무도 없다.

(b) 뮐러 씨.

(c) 뤼더스 부인.

(d) 얀센 씨.

어휘/구문

der Zweifel 의심

ohne Zweifel 의심의 여지없이

das Zeugnis 성적

gleichwohl 그럼에도 불구하고

intrigant 간사한, 음모를 좋아하는, 음험한

die Referenz 추천서, 소개장

tadellos 나무랄 데 없는

die Reputation 평판

der Posten 임무, 관직, 지위

das Anforderungsprofil 요구사항 프로필

Part IV

| 문제 41~50 | 다음 글을 듣고 제시하는 질문에 대한 가장 적절한 답을 고르시오.

41 Wenn ihr Geschichten mit bösen Figuren lesen mögt, seid ihr hier genau richtig: In dieser Reihe gibt es viele Zauberer und Dämonen, die den braven Hans nicht in Ruhe lassen wollen. Was sie mit ihm alles anstellen, erfahrt ihr hier!

[Frage] Um was für einen Text handelt es sich?

(a) Eine Anzeige.

(b) Ein Drehbuch.

(c) Einen Buchtipp.

(d) Ein Theaterstück.

| 해설 | 여기서 텍스트 종류를 알아내는 데 가장 큰 힌트가 되는 단어는 '읽고 싶다면'(lesen mögt)이다. 그리고 읽는 대상은 악한 인물이 등장하는 이야기이다. 따라서 정답은 (c)이다.

번역 만약 너희들이 악한 인물들이 등장하는 이야기를 읽고 싶다면, 너희들은 딱 맞는 곳에 온 거야. 이 시리즈에는 많은 마술사와 악마들이 나와. 그들은 순진한 한스를 가만히 놔두려고 하지 않지. 그들이 한스한테 무슨 짓을 하려고 꾸미는지는 여기서 알게 될 거야!

[질문] 어떤 종류의 텍스트인가?

(a) 광고.

(b) 시나리오.

(c) 도서 소개.

(d) 연극 대본.

어휘/구문

die Reihe 시리즈

der Zauberer 마법사

der Dämon 악마

brav 순진한

in Ruhe lassen 가만히 놔두다

mit jm. etw.[4] anstellen ~한테 어떤 일을 꾸미다

der Buchtipp 도서 소개

42 Liebe Freunde, genau 25 Jahre ist es her, dass wir hier am Heuss-Gymnasium unser Abitur gemacht haben. Ich freue mich, so viele von euch wiederzusehen und auch Herrn Vogt, unseren ehemaligen Lateinlehrer. Wir werden uns heute viel zu erzählen haben.

[Frage] Auf welcher Veranstaltung spricht die Person?

(a) Hochzeit.
(b) Einschulung.
(c) Klassentreffen.
(d) Preisverleihung.

| 해설 | 화자는 첫 문장에서 김나지움을 졸업한 지 25년이 되었다고 말하고 오늘 이 시절의 친구들과 라틴어를 가르쳤던 은사님을 만날 수 있어 기쁘다고 말하고 있다. 이러한 모임은 동창모임이다. 여기서 Gymnasium을 '체육관'으로 잘못 이해하지 않도록 유의한다. 이 단어는 대학 진학을 목표로 공부하는 인문계 고등학교를 뜻한다. 정답은 (c)이다.

번역 친애하는 친구 여러분, 우리가 이곳 호이스 김나지움에서 아비투어(인문고등학교 졸업시험)을 본 지 정확히 25년이 되었습니다. 저는 여러분들 중 이렇게 많은 친구들을 볼 수 있고, 우리들이 라틴어 선생님이셨던 포그트 선생님까지도 뵐 수 있게 되어 매우 기쁩니다. 우리는 오늘 서로 나눌 이야깃거리가 많을 것입니다.

[실문] 화자는 어느 모임에서 말하고 있는가?

(a) 결혼식.
(b) 입학식.
(c) 동창회.
(d) 시상식.

어휘/구문

● 독일의 학제

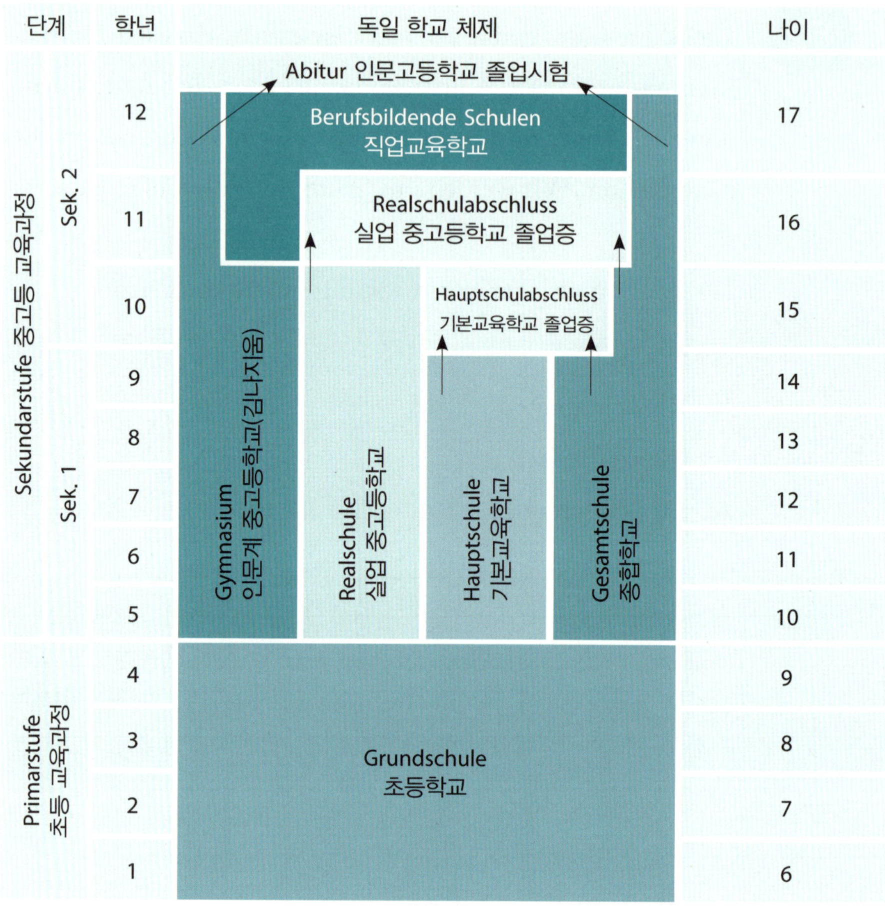

단계
학년
독일 학교 체제
나이
Abitur 인문고등학교 졸업시험
Berufsbildende Schulen
직업교육학교
Realschulabschluss
실업 중고등학교 졸업증
Hauptschulabschluss
기본교육학교 졸업증
Gymnasium
인문계 중고등학교(김나지움)
Realschule
실업 중고등학교
Hauptschule
기본교육학교
Gesamtschule
종합학교
Grundschule
초등학교
Sekundarstufe 중고등 교육과정
Sek. 2
Sek. 1
Primarstufe
초등 교육과정
12
11
10
9
8
7
6
5
4
3
2
1
17
16
15
14
13
12
11
10
9
8
7
6

43 In Deutschland ist die Zahl der Studienanfänger in diesem Jahr um 2 Prozent angestiegen. Die Gesellschaft für Informatik freut sich dabei besonders: Bei ihnen haben vier Prozent mehr junge Menschen einen Studienplatz bekommen. Das sind aber immer noch viel zu wenig Informatiker, um den Bedarf an Fachkräften zu decken.

[Frage] Welche Aussage ist falsch?

(a) Es gibt zu wenig Informatiker.

(b) Es gibt dieses Jahr mehr Studienanfänger.

(c) Es gibt weniger Studenten als im vorigen Jahr.

(d) Es gibt mehr Erstsemester, die Informatik studieren.

| 해설 | 통계수치를 분석하며 설명하는 듯한 텍스트이다. 전반적으로 대학 신입생 수가 증가했고, 컴퓨터 공학도들도 많이 증가했지만, 이 인원 역시 직장에서 필요로 하는 인원보다 훨씬 적다는 내용이다. (c)에서와 같이 작년보다 올해 전체 대학생 수가 더 적다는 언급은 없다. 텍스트를 바로 이해하는 것도 중요하지만 선택지 문장도 헷갈리는 경우가 많으므로 집중해서 듣도록 한다. 정답은 (c)이다.

번역 올해 독일에서의 대학 신입생 수가 2% 상승했습니다. 컴퓨터 공학회는 특히 더 기쁘게 생각합니다. 즉, 이 분야에서는 4% 더 많은 젊은 학생들이 입학허가를 받았습니다. 그런데 이것은 전문인 수요를 충족시키기에 여전히 너무 적은 숫자입니다.

[질문] 어느 진술이 틀렸는가?

(a) 컴퓨터 공학 학생이 너무 적다.

(b) 올해에는 대학 신입생이 더 많아졌다.

(c) 작년보다 대학생 수가 더 적다.

(d) 컴퓨터 공학을 전공하는 신입생들이 늘어났다.

어휘/구문

der Studienanfänger 신입생

um ~% ansteigen ~% 오르다 ↔ um ~% abfallen ~% 내리다, 떨어지다

die Gesellschaft 사회, 학회

die Informatik 컴퓨터 공학

der Informatiker 컴퓨터 공학도, 컴퓨터 공학자

der Studienplatz 대학 정원 내의 한 자리, 대학 공부할 수 있는 재적권

der Bedarf 수요

den Bedarf decken 수요를 맞추다, 감당해 내다

die Fachkraft 전문인력

● 대학 전공과목

Anglistik, Englisch 영문학	Medienwissenschaft 매체학
Anthropologie 인류학	Medizin 의학
Betriebswirtschaftslehre 경영학	Musikwissenschaft 음악학
Biologie 생물학	Philosophie 철학
Chemie 화학	Physik 물리학
Erziehungswissenschaft, Pädagogik 교육학	Politikwissenschaft, Politologie 정치학
Geographie 지리학	Psychologie 심리학
Germanistik, Deutsch 독문학	Religionswissenschaft 종교학
Geschichte 역사학	Sinologie, Chinesisch 중국학
Informatik 컴퓨터공학	Soziologie 사회학
Jura, Rechtswissenschaft 법학	Sportwissenschaft 스포츠학
Kunstgeschichte 예술사학	Statistik 통계학
Landwirtschaftslehre 농경제학	Technik 공학
Maschinenbau 기계공학	Theologie 신학
Mathematik 수학	Wirtschaftswissenschaft, Ökonomie 경제학

44 Der nächste Halt bei unserer Stadtrundfahrt ist das Schloss Wilhelmshöhe. Leider wird die Gemäldegalerie renoviert und kann deshalb nicht besichtigt werden. Aber die Führung durch den Park, die wir nun machen, wird sie sicherlich entschädigen. Daran anschließend brechen wir zum Grimm-Museum auf.

[Frage] Was machen die Leute als Nächstes?

(a) Eine Schiffsrundfahrt.
(b) Eine Führung durch den Park.
(c) Einen Besuch in der Gemäldegalerie.
(d) Eine Besichtigung des Grimm-Museums.

| 해설 | 화자는 시티투어 가이드이다. 빌헬름스회에 성안은 미술관으로 되어 있지만, 보수 관계로 관람하지 않을 예정이다. 그래서 관광객들이 구경할 곳은 공원이다. 따라서 정답은 (b)이다.

번역 저희 시내순환 투어의 다음 정거장은 빌헬름스회에 성입니다. 유감스럽게도 미술관을 보수하는 관계로 미술관은 관람하실 수 없습니다. 그렇지만 가이드와 함께 공원 투어를 하면 이와 같은 아쉬움을 달랠 수 있을 것입니다. 그러고 나서 그림 박물관으로 가도록 하겠습니다.

[질문] 사람들은 다유에 무엇을 하게 되는가?

(a) 유람선 투어.
(b) 공원 관람.
(c) 미술관 방문.
(d) 그림 박물관 관람.

어휘/구문

der Halt 정지, 정차, 정거장, 머뭄

die Stadtrundfahrt 시내관광 드라이브, 시티투어, 시내순환 관광

die Gemäldegalerie 미술관

renovieren 보수하다, 수리하다

besichtigen 관람하다, 관광하다, 구경하다

die Besichtigung 관광, 관람, 구경

der Park 공원

sicherlich 분명히, 확실히

entschädigen 만회하다, 상쇄하다, 배상하다

anschließend 이어서, 그러고 나서

aufbrechen 출발하다, 떠나다

45 Die Tragikomödie „Solino“ inszeniert Regisseur Akin mit südländischem Herzblut. Hier handelt es sich um eine italienische Familie namens Amato, die in den Sechzigern die erste Pizzeria des Ruhrgebiets eröffnet und um die Anerkennung in der fremden Gesellschaft kämpft.

[Frage] Wen könnte der obige Film interessieren?

(a) Anna, die gerne Lebensgeschichten großer Meister sieht.

(b) Tom, der sich immer für spannende Kriminalgeschichten interessiert.

(c) Max, der wissen will, wie sich Migranten in Deutschland eingelebt haben.

(d) Doris, die Geschichten mag, in denen Männer ihren Mut beweisen müssen.

| 해설 | 영화에서는 이탈리아 가족이 독일에 와서 피자 레스토랑을 개업하여 낯선 사회에서 인정받으려고 노력하는 과정이 그려진다. 여기서 Ruhrgebiet는 독일의 공업지대를, ‘낯선 사회’는 이주자 입장에서 본 독일을 일컫는다. 따라서 정답은 (c)이다.

번역 희비극 영화 〈솔리노〉에서 아킨 감독은 남쪽 나라의 정열을 갖고 연출하고 있다. 여기서는 60년대에 루르 지역에서 첫 피자 레스토랑을 열고 낯선 사회에서 인정받기 위해 투쟁하는 ‘아마토’라는 이탈리아 가족을 다루고 있다.

[질문] 위의 영화는 누가 관심을 가장 많이 가질까?

(a) 위대한 장인의 인생사를 보기 좋아하는 안나.

(b) 항상 흥미진진한 범죄 이야기에 관심이 많은 톰.

(c) 독일에서 이주민들이 어떻게 적응했는지 알고 싶어 하는 막스.

(d) 남성들이 자신들의 용기를 입증해야 하는 이야기를 좋아하는 도리스.

어휘/구문

inszenieren 연출하다

der Regisseur 감독

das Herzblut 정열

sich um etw.[4] handeln ~을 다루다

eröffnen 개업하다, 열다

die Anerkennung 인정

fremd 낯선 ↔ vertraut 친숙한

46 Peter, du musst dich schneller bewegen. Dein Gegenspieler läuft dir doch weg. Kommt mehr über die Außenbahnen! Martin, komm über links, und dann direkt abspielen. Dirk steht doch da vorne völlig frei. Und die Flanke muss viel präziser geschlagen werden, so kann die doch keiner verwerten.

[Frage] Welchen Beruf hat die Person?

(a) Dirigent.
(b) Regisseur.
(c) Yogalehrer.
(d) Fußballtrainer.

| 해설 | 화자는 페터와 마르틴에게 지시를 내리고 있다. '더 빨리 움직여라', '패스해라', '센터링해라' 등과 같은 지시는 축구에서 코치나 감독이 선수들을 연습시킬 때나 경기를 지도할 때 쓰는 표현들이다. '센터링'(Flanke), '패스하다'(abspielen)는 축구에서 자주 사용하는 용어이다. 정답은 (d)이다.

번역 페터야, 넌 더 빨리 움직여야 돼. 네 상대 선수가 너한테서 달아나잖아. 바깥선 쪽으로 더 가 있어! 마르틴, 왼쪽으로 가서 바로 패스해. 디르크가 여기 앞에 완전히 자유롭게 서 있잖아. 그리고 센터링은 훨씬 더 정교하게 해야 돼. 이렇게 하면 아무도 제대로 이용할 수가 없어.

[질문] 화자의 직업은 무엇인가?

(a) 지휘자.
(b) 영화감독.
(c) 요가강사.

(d) 축구감독.

어휘/구문

der Gegenspieler 상대편 선수

die Außenbahn 바깥선

abspielen 패스하다

frei stehen 자유롭게 서 있다(축구의 경우: 수비 선수가 없다)

die Flanke 센터링

präzis(e) 정교하게

verwerten 사용하다, 이용하다

● 직업

Angestellte 회사원	Ingenieur 엔지니어	Politiker 정치가
Architekt 건축가	Journalist 기자	Professor 교수
Arzt 의사	Jurist 법률가	Psychologe 심리학자
Beamter 공무원	Kellner 종업원	Rechtsanwalt 변호사
Busfahrer 버스기사	Koch 요리사	Regisseur 영화감독
Diplomat 외교관	Komponist 작곡가	Richter 판사
Dolmetscher 통역사	Krankenschwester 간호사	Sänger 가수/성악가
Flugbegleiter 비행기승무원	Künstler 예술가	Schauspieler 배우
Friseur[Frisör] 미용사	Lehrer 교사	Schriftsteller 작가
Fußballspieler 축구선수	Maler 화가/페인트공	Staatsanwalt 검사
Geschäftsleiter 기업경영자	Manager 매니저	Techniker 공학자, 기사
Geschäftsmann 사업가	Moderator 사회자	Trainer (스포츠)감독
Hausfrau 주부	Musiker 음악가	Übersetzer 번역가
Hausmeister 건물 관리인	Photograph[Fotograf] 사진사	Verkäufer 판매원
Informatiker 컴퓨터 공학자	Pilot 비행기 조종사	Zahnarzt 치과의사

47 Liebe Ursula,
ich sende dir die allerherzlichsten Glückwünsche zu deinem Geburtstag! Obwohl du nur zwei Jahre älter bist als ich, hast du dich immer um mich gekümmert, wenn unsere Eltern nicht zu Hause waren. Ich bin dir immer dankbar und auch stolz auf dich!
Deine Manuela

[Frage] An wen richtet sich dieser Brief?

(a) An Manuelas Mutter.
(b) An Manuelas Tochter.
(c) An Manuelas Freundin.
(d) An Manuelas Schwester.

| 해설 | 번역문에서는 우르줄라를 언니로 해석했지만, 원문에서는 언니에게도 du라고 호칭하므로 처음 읽을 때 서로 친밀한 관계인 것만 알지 구체적으로 어떤 사이인지 알 수 없다. 그러나 내용상 우르줄라가 마누엘라보다 두 살 더 많고 같은 부모님을 두고 있다는 사실로 우르줄라가 마누엘라의 언니인 것을 알 수 있다. 정답은 (d)이다.

번역 사랑하는 우르줄라, 언니 생일을 진심으로 축하해. 언니는 나보다 두 살밖에 많지 않지만 부모님이 집에 안 계실 때 항상 나를 돌봐 줬지. 나는 언니한테 항상 고맙고 언니가 자랑스러워. 언니의 마누엘라가

[질문] 이 편지는 누구에게 보내는 것인가?

(a) 마누엘라의 어머니.
(b) 마누엘라의 딸.
(c) 마누엘라의 친구.
(d) 마누엘라의 언니.

어휘/구문

allerherzlichst 간절한, 절실한, 진심으로,

der Glückwunsch 행복기원

sich um jn. kümmern ~를 돌보다

stolz auf jn. sein ~에 대해 자랑스러워 하다

48 In unserem heutigen Juraseminar beschäftigen wir uns mit der Mietpreisbremse. Sie tritt zum 1. Juni in Deutschland in Kraft. Wo der Wohnungsmarkt angespannt ist, dürfen neue Mieten künftig maximal zehn Prozent über dem ortsüblichen Niveau liegen. Allerdings müssen die entsprechenden Regionen von den Bundesländern erst noch ausgewiesen werden.

[Frage] Was ist die Folge des Gesetzes?

(a) Die Fläche der Bundesländer wird neu geordnet.
(b) Vermieter bekommen in der Bundesrepublik mehr Rechte.
(c) Die Miete steigt in ausgewiesenen Regionen um 10 Prozent.
(d) Vermieter dürfen die Miete in bestimmten Gebieten nicht willkürlich festlegen.

| 해설 | 이 텍스트는 임대료 문제를 다루고 있어 난이도가 높은 어휘와 구문이 사용된다. '집세 억제 정책'(Mietpreisbremse)은 전문용어이나 이 용어를 몰라도 텍스트 전체의 흐름을 파악하면 충분히 그 뜻을 짐작할 수 있다. 그 밖에 '효력이 발생하다'(in Kraft treten), '그 지역의 관습인'(ortsüblich), '명시하다'(ausweisen)와 같은 생활에서 쓰이는 법률 용어도 알고 있으면 내용을 파악하는 데 도움이 된다. 이 텍스트는 집세 억제 정책을 통해 나라에서 명시한 특정 지역에서 임대인이 임대료를 지나치게 높이는 것을 규제하려고 한다고 설명하고 있다. 정답은 (d)이다.

번역 오늘 법 세미나에서 우리는 집세 가격 억제 정책을 다루고자 합니다. 이 정책은 6월 1일 독일에서 효력이 발생합니다. 주거시장이 긴장 상태에 놓이게 되는 지역에서는, 새 임대료는 앞으로 그 지역의 기존 기준에서 최대 10%까지만 초과할 수 있습니다. 그러나 여기에 해당되는 지역은 우선 연방주에 의해 명시되어야 합니다.

[질문] 이 법에 따른 결과는 무엇인가?

(a) 연방주의 면적이 새로 정리된다.

(b) 임대인은 독일에서 더 많은 권리를 갖게 된다.

(c) 명시된 지역의 임대료는 10% 상승한다.

(d) 임대인은 특정한 지역에서 임대료를 임의적으로 정할 수 없다.

어휘/구문

das Juraseminar 법 세미나

sich mit etw.[3] beschäftigen ~로 바쁘다, ~에 종사하(고 있)다

die Miete 임대차, 월세, 집세

die Mietpreisbremse 집세 가격 억제 정책

in Kraft treten 효력이 발생하다

angespannt 팽팽한, 긴장된, 위기의

ortsüblich 그 지방의 관습인

das Niveau 수준

ausgewiesen werden 증명되다, 명시되다

49 An der Spitze der Tabelle steht Borussia Dortmund mit 51 Punkten. Die zweitmeisten Punkte hat Bayer Leverkusen. Der Club hat allerdings viel weniger Punkte als Borussia Dortmund. An dritter Stelle liegt der FSV Mainz mit 37 Punkten. Auf Platz vier steht Hannover 96. Mönchengladbach hat die niedrigste Punktzahl.

[Frage] Wie viele Punkte könnte Bayer Leverkusen erreicht haben?

(a) 36
(b) 40
(c) 49
(d) 96

| 해설 | 독일 축구 분데스리가 순위에 대한 설명이다. 어려운 단어나 문구는 없지만 숫자가 나올 때는 문맥을 이해해도 순간적으로 헷갈릴 수 있으므로 좀 더 주의해서 들어야 한다. 질문은 2위를 한 바이어 레버쿠젠이 몇 점을 받았을 수 있는지 추측하는 문제이다. 1위를 한 도르트문트가 51점을 획득했고, 3위를 한 마인츠는 37점을 획득했으므로, 레버쿠젠의 점수는 이 사이에 있어야 한다. (b)의 40점이나 (c)의 49점이 이 점수 사이에 들어간다. 그런데 바이어 레버쿠젠의 점수가 1위보다 많이 낮다고 했다. 그렇다면 (b)가 정답이 된다.

번역 순위에서 제일 꼭대기에는 보루시아 도르트문트가 51점으로 올라가 있다. 두 번째로 많은 점수는 바이어 레버쿠젠이 가지고 있다. 그런데 이 클럽은 보루시아 도르트문트보다 점수가 훨씬 낮다. 3등은 FSV 마인츠로서 37점을 획득했다. 네 번째 순위에는 하노버 96이 있다. 묀헨글라트바흐가 가장 낮은 점수를 받았다.

[질문] 바이어 레버쿠젠은 몇 점을 받았을까?

(a) 36점

(b) 40점

(c) 49점

(d) 96점

어휘/구문

die Tabelle 도표, 표, 순위 리스트, 전적표

an erster/zweiter/dritter ... Stelle 첫 번째/두 번째/세 번째 ... 자리에는

auf Platz eins/zwei/drei... 1위/2위/3위에는...

● 서수

erst- 첫 번째	elft- 열한 번째	dreißigst- 서른 번째
zweit- 두 번째	zwölft- 열두 번째	vierzigst- 마흔 번째
dritt- 세 번째	dreizehnt- 열세 번째	fünfzigst- 쉰 번째
viert- 네 번째	vierzehnt- 열네 번째	sechzigst- 예순 번째
fünft- 다섯 번째	fünfzehnt- 열다섯 번째	siebzigst- 일흔 번째
sechst- 여섯 번째	sechzehnt- 열여섯 번째	achtzigst- 여든 번째
siebt- 일곱 번째	siebzehnt- 열일곱 번째	neunzigst- 아흔 번째
acht- 여덟 번째	achtzehnt- 열여덟 번째	hundertst- 백 번째
neunt- 아홉 번째	neunzehnt- 열아홉 번째	achtundneunzigst- 98번째
zehnt- 열 번째	zwanzigst- 스무 번째	zweiundvierzigst- 42번째

50 Meine Damen und Herren, unser Geschäftsmodell hat sich in den vergangenen 15 Jahren bewährt. Deshalb sehe ich nicht die Notwendigkeit grundlegenderer Reformen in einzelnen Geschäftsbereichen, wie sie zuletzt gefordert wurden. Jedoch für neue Impulse in unserer Marketingstrategie bin ich offen, ich halte sie sogar für unumgänglich.

[Frage] Wofür spricht sich der Redner aus?

(a) Keinerlei Änderungen.
(b) Neues Geschäftsmodell.
(c) Änderungen in der Marketingstrategie.
(d) Reformen in einigen Geschäftsbereichen.

| 해설 | 어느 한 회사나 기업의 사업 책임자가 앞으로 회사가 나아갈 방향에 대해서 하는 연설 중 일부이다. 질문은 연설자가 지지하고 있는 사안이므로, 세부적인 이해가 있어야 한다. 연설자는 근본 개혁은 지지하지 않는 반면, 마케팅 전략의 변화는 필요하다고 호소하고 있다. 따라서 정답은 (c)이다.

번역 친애하는 신사숙녀 여러분, 우리의 사업모델은 지난 15년 동안 그 진가를 입증해 왔습니다. 그렇기 때문에 저는 최근에 요구가 있었던 바처럼 개별 사업분야에서의 근본적인 개혁의 필요성은 느끼지 않습니다. 그래도 우리의 마케팅 전략에 있어서의 새로운 자극에 대해서는 항상 문을 열어 두고 있습니다. 아니, 심지어 이것은 불가피하다고 생각합니다.

[질문] 연설자는 무엇을 지지하고 있는가?

(a) 아무런 변화도 주지 않는 것.

(b) 새로운 사업모델.

(c) 마케팅 전략의 변화.

(d) 몇 가지 사업분야의 개혁.

어휘/구문

das Geschäftsmodell 사업모델
sich bewähren 증명하다, (적합함, 믿음직함을) 입증해 보이다
die Notwendigkeit 필연성
grundlegend 기본적인, 근본적인
die Reform 개혁
das Geschäftsbereich 사업분야
der Impuls 자극, 충동, 동인
die Marketingstrategie 마케팅 전략
unumgänglich 불가피한, 피할 수 없는, 꼭 필요한
die Änderung 변화

Part I

| 문제 1~4 | 다음 대화문의 빈칸에 들어갈 가장 적절한 표현을 고르시오.

01

A: Bald ist Weihnachten!

B: Ja, ich freue ______ schon so darauf.

(a) mich

(b) dich

(c) sich

(d) uns

| 해설 | 고대하며 기뻐하다는 뜻을 가지고 있는 동사 sich freuen은 재귀동사이고 ~에 대해 기뻐한다고 할 때는 전치사 auf나 über를 사용해야 한다. 정답은 (a)이다.

번역

A: 곧 크리스마스야!

B: 맞아, 나는 벌써 크리스마스가 기대돼.

어휘/구문

sich freuen auf[4] 앞으로 다가올 것에 대해 기뻐하다

Ich freue mich auf die Winterferien. 나는 겨울방학이 기대된다.

sich freuen über[4] 이미 일어났거나 받은 것에 대해 기뻐하다

Ich freute mich über die Geschenke. 나는 선물에 대해 기뻐했다.

● 4격 재귀대명사의 인칭변화

ich	mich	wir	uns
du	dich	ihr	euch
er/sie	sich	sie/Sie	sich

02 A: Was machen die Kinder?
B: Sie spielen ______ dem Sportplatz.

(a) in
(b) zu
(c) auf
(d) nach

| 해설 | 건물이나 시설 내부에서 활동하는 경우에는 주로 in을 사용하지만 운동장이나 놀이터는 야외이므로 auf가 맞다. 정답은 (c)이다.

번역 A: 아이들은 뭐하고 있지?
B: 그들은 운동장에서 놀고 있어.

어휘/구문
das Kind 어린이
spielen 놀다
der Spielplatz 놀이터

● 공간의 의미로 auf를 사용하는 경우: 공공건물이나 야외인 곳

Die Kinder spielen auf dem Sportplatz. 아이들은 운동장에서 놀고 있다.
Die Kinder spielen auf dem Spielplatz. 아이들은 놀이터에서 놀고 있다.
Die Kinder spielen auf der Straße. 아이들은 거리에서 놀고 있다.
Wir kaufen frisches Gemüse auf dem Markt. 우리는 시장에서 싱싱한 야채를 산다.
Wir leben auf einer Insel. 우리는 섬에 살고 있다.
Ich war gerade auf der Bank. 나는 막 은행에 다녀왔다.
Wir frühstücken auf dem Balkon. 우리는 발코니에서 아침식사를 한다.
Wir fahren am Wochenende aufs Land. 우리는 주말에 시골에 간다.
Gestern waren wir auf dem Berg. 우리는 어제 산에 다녀왔다.

03

A: Ich bin so satt.

B: Du _______ viel gegessen.

(a) bin

(b) habe

(c) bist

(d) hast

| 해설 | 완료시제에 대해 잘 알고 있는지 묻는 문제이다. '먹다'는 강변화 동사이므로 과거분사 형태를 외워 둬야 한다. 그리고 완료시제에서 조동사는 주로 haben을 취하지만 공간의 이동 또는 상태변화의 뜻을 갖는 자동사는 sein을 조동사로 취하니 유의하도록 한다. 정답은 (d)이다.

번역

A: 나는 정말 배불러.

B: 넌 많이 먹었어.

어휘/구문

satt 배부른 ↔ hungrig 배고픈

● 독일어의 완료시제

동사 종류	부정형	과거분사	형태
1. 약변화 동사	1. kaufen 2. zumachen 3. besuchen 4. studieren	ge-kauf-t zu-ge-mach-t besuch-t studier-t	ge-t -ge-t -t -t
2. 강변화 동사	1. finden 2. ankommen 3. verstehen	ge-fund-en an-ge-komm-en verstand-en	ge-en -ge-en -en

과거분사는 전철 **ge**–를 갖는다. 동사 *andkommen, zumachen, einladen*은 **분리동사**이다. 이때 **ge**–는 분리전철과 기본동사 사이에 온다.	**예외:** 전철 **ge**–를 갖지 않는 동사: a) 동사 *besuchen, verstehen* 등과 같은 **비분리동사** b) *studieren*처럼 **–ieren**으로 끝나는 동사

● 과거분사 강변화 동사 목록

부정형	완료형	부정형	완료형
beginnen 시작하다	er hat begonnen.	liegen 누워 있다	er hat gelegen.
bleiben 머무르다	er ist geblieben.	nehmen 가져가다	er hat genommen.
einladen 초대하다	er hat eingeladen.	schlafen 자다	er hat geschlafen.
essen 먹다	er hat gegessen.	schreiben 쓰다	er hat geschrieben.
fahren (타고) 가다	er ist gefahren.	sehen 보다	er hat gesehen.
finden 찾다	er hat gefunden.	sein ~이다	er ist gewesen.
geben 주다	er hat gegeben.	sitzen 앉아 있다	er hat gesessen.
gefallen 마음에 들다	er hat gefallen.	sprechen 말하다	er hat gesprochen.
gehen 가다	er ist gegangen.	stehen 서 있다	er hat gestanden.
halten 붙잡다, 정지하다	er hat gehalten.	steigen 오르다	er ist gestiegen.
heißen 불리다	er hat geheißen.	tragen 입고 있다	er hat gestragen.
helfen 돕다	er hat geholfen.	treffen 만나다	er hat getroffen.
kommen 오다	er ist gekommen.	trinken 마시다	er hat getrunken.
laufen 달리다	er ist gelaufen.	werden ~가 되다	er ist geworden.
lesen 읽다	er hat gelesen.	ziehen 당기다	er hat gezogen.

04 A: Kann ich jetzt aufstehen?
B: Nein, Ihr Bein ____________________.

(a) war noch geröntgt
(b) muss noch geröntgt werden
(c) wird noch geröntgt geworden
(d) hat noch geröntgt werden dürfen

| 해설 | 독일어의 수동태를 알고 있는지 묻는 문제이다. 조동사가 들어간 현재시제에서는 조동사 인칭변화 + 과거분사 + werden으로 수동태가 만들어진다. 따라서 정답은 (b)이다.

번역 A: 지금 일어나도 될까요?
B: 아뇨, 다리 엑스레이를 찍어야 해요.

어휘/구문
aufstehen 일어나다
das Bein 다리
röntgen 엑스레이 찍다

● 수동태와 시제

수동태는 werden + 과거분사로 만든다.

문장 / 시제	능동태: 요리사는 수프를 끓인다.	수동태: 수프는 끓어진다.
현재	Der Koch kocht die Suppe.	Die Suppe wird gekocht.
과거	Der Koch kochte die Suppe.	Die Suppe wurde gekocht.
현재완료	Der Koch hat die Suppe **gekocht**.	Die Suppe ist ***gekocht worden***.
미래	Der Koch wird die Suppe **kochen**.	Die Suppe wird ***gekocht werden***.

● 조동사가 들어간 수동태

문장 / 시제	**능동태:** 요리사는 수프를 끓일 수 있다.	**수동태:** 수프는 끓여질 수 있다.
현재	Der Koch kann die Suppe **kochen**.	Die Suppe kann ***gekocht werden***.
과거	Der Koch konnte die Suppe **kochen**.	Die Suppe konnte ***gekocht werden***.
현재완료	Der Koch hat die Suppe **kochen** können.	Die Suppe hat ***gekocht werden*** können.
미래	Der Koch wird die Suppe **kochen** können.	Die Suppe wird ***gekocht werden*** können.

| 문제 5~8 | 다음 문장의 빈칸에 들어갈 가장 적절한 표현을 고르시오.

05 Im Herbst verlieren die Laubbäume ________ Blätter.

(a) ihre
(b) deine
(c) seine
(d) ihnen

| 해설 | 독일어에서는 소유대명사를 자주 쓴다. 여기서는 '활엽수가 그것의 잎들을 떨어뜨린다'고 표현한다. 활엽수가 복수로 쓰였으므로 여기에 상응하는 대명사는 '그것들의' 이다. 따라서 정답은 (a)이다.

번역 가을에는 활엽수의 잎이 진다.

어휘/구문 der Laubbaum 활엽수 ↔ der Nadelbaum 침엽수

● 소유대명사

구분 / 인칭	단수		복수	
	인칭대명사	소유대명사	인칭대명사	소유대명사
1	ich	mein-	wir	unser-
2	du	dein-	ihr	euer-
3	er/sie/es	sein-/ihr-/sein-	sie	ihr-
존칭	Sie	Ihr	Sie	Ihr

06 Ich half meinem Kind bei ________ Hausaufgaben.

(a) sein
(b) seine
(c) seiner
(d) seinen

| 해설 | 이 문제도 5번처럼 소유대명사의 격변화를 잘 알고 있는지 묻고 있다. 그런데 추가로 bei 전치사 뒤에 몇 격이 오는지도 알고 있어야 한다. bei는 3격 지배 전치사이고 Hausaufgaben은 복수이므로 Kind의 소유대명사를 복수 3격에 맞게 격변화시켜야 한다(5번 문제 참고). 따라서 정답은 (d)이다.

번역 나는 내 아이가 자기 숙제하는 것을 도와주었다.

어휘/구문 die Hausaufgabe 숙제

● 3격 지배 전치사

lokal 장소	aus	Alain kommt aus Paris. 알랭은 파리 출신이다.
		Herr Meier geht immer früh aus dem Haus. 마이어 씨는 항상 집에서 일찍 나간다.
		Der Student trinkt Bier aus einer Flasche. 대학생은 맥주를 병으로 마신다.
	von	Der Zug kommt von Paris. 기차는 파리에서 출발한다.
	nach	Der Zug fährt nach Paris. 기차는 파리로 간다.
		Wir gehen nach Hause. 우리는 집으로 간다.
	zu	Barbara geht zu ihrer Freundin. 바바라는 그녀의 친구집으로 간다.
		Sylvie geht zur Universität. 질비는 대학교에 간다.

lokal 장소	zu	Ich arbeite heute zu Hause. 나는 오늘 집에서 일한다.
	bei	Diana wohnt bei einer Familie. 디아나는 어느 가족과 산다.
		Mein Hotel ist beim Bahnhof. 내 호텔은 역 근처에 있다.
	gegenüber	Der Park liegt der Post gegenüber. 공원은 우체국 건너편에 있다.
temporal 시간	nach	Nach der Vorlesung geht er spazieren. 강의 후에 그는 산책 간다.
		Was machst du nach dem Essen? 너는 식사하고 뭐하니?
	seit	Tom wohnt seit einer Woche in Paris. 톰은 파리에 산 지 1주일 되었다.
		Barbara studiert seit drei Jahren. 바바라는 대학 공부한 지 3년 되었다.
modal 방법	mit	Ich schreibe mit einem Kugelschreiber. 나는 볼펜으로 쓴다.
		Ich fahre mit der U-Bahn. 나는 지하철을 타고 간다.
		Er lernt mit seinen Freunden. 그는 친구들과 함께 공부한다.
	von	Herr Reich hat das Geld von seinem Vater. 라이히 씨는 돈을 아버지로부터 받았다.
genitiv 소유	von	Der Titel von dem Roman heißt "Zauberberg". 소설의 제목은 "마의 산"이다.
		Kai ist ein Freund von mir. 카이는 내 친구 중 한 명이다.

주의: gegenüber는 명사 뒤에 올 때가 많다.

축약: bei dem → beim/zu dem → zum/von dem → vom/zu der → zur

07 Sie treffen sich ________ einer Stunde.

(a) in
(b) an
(c) vor
(d) unter

| 해설 | 한 시간 후인 바로 그 시점을 뜻한다. '한 시간 안'으로 번역하면 마치 0시간~1시간 사이 언제라도 만날 수 있는 것처럼 생각할 수 있는데 그렇지는 않다. 정답은 (a)이다.

번역 그들은 한 시간 후(안)에 만난다.

어휘/구문 sich treffen 만나다

● 시간을 나타내는 전치사(4격: A./3격: D./2격: G.)

A.	bis ~까지	Die Freunde bleiben bis Freitag bei uns. 친구들은 금요일까지 우리집에 머무른다.
	für ~동안	Ich bleibe für drei Tage in Kiel. 나는 킬에 3일 동안 머무른다.
	gegen ~쯤에	Ich komme gegen 20 Uhr wieder. 나는 20시경에 다시 올게.
	über ~때	Wir wollen übers Wochenende unsere Eltern besuchen. 우리는 주말에 우리 부모님을 방문하려고 한다.
	um ~시에	Der Zug fährt um 17 Uhr von Ulm ab. 기차는 17시에 울름에서 출발한다.
D.	ab, von ... an ~부터	Ab kommender Woche ist Herr Hans nicht mehr da. 다음 주부터 한스 씨는 더 이상 여기 없을 것이다.

D.	an ~날, 요일	Am Montag gehe ich in den Tanzkurs. 나는 월요일에 댄스수업을 받으러 간다. Mein Bruder ist am 12. Juni 2011 geboren. 내 동생은 2011년 6월 12일에 태어났다.
	aus ~때로부터	Dieser Stein stammt aus dem 15. Jahrhundert. 이 돌은 15세기 때로부터 유래한다.
	bei ~때	Bei schönem Wetter essen wir im Garten. 날씨가 좋을 때 우리는 정원에서 식사한다.
	in ~주, 계절, 햇수	In dieser Woche habe ich zwei Prüfungen. 나는 이번 주에 시험이 두 개 있다. In diesem Monat gehe ich nach Pusan. 나는 이번 달에 부산에 간다. In diesem Jahr ziehen wir aufs Land. 우리는 올해 시골로 간다.
	nach ~후에	Nach dem Unterricht gehe ich in die Mensa. 수업이 끝나면 나는 대학식당에 간다.
	seit ~이래	Ich wohne seit 2015 in Deutschland. 나는 2015년부터 독일에 산다.
	vor ~전에	Vor dem Essen wasche ich mir die Hände. 식사하기 전에 나는 손을 씻는다.
G.	außerhalb ~밖에	Außerhalb der Saison gibt es hier wenige Touristen. 시즌이 아닐 때 이곳에는 관광객들이 적다.
	zwischen ~사이에	Mein Vater kommt zwischen 6 und 8 Uhr nach Haus. 아버지는 6시와 8시 사이에 집에 오신다.
	innerhalb ~내에	Innerhalb eines Monats muss man die Miete zahlen. 한 달 이내에 월세를 내야 한다.
	während ~동안	Während des ganzen Sommers war ich am Meer. 여름 내내 나는 바닷가에 가 있었다.

08 Dort geht der Junge, __________ Hund mich angebellt hat.

(a) den
(b) dem
(c) denen
(d) dessen

| 해설 | 문맥에 맞는 관계대명사를 고르는 문제이다. 소년이 남성이고 관계사가 소년의 개가 되어야 한다. 정답은 (d)이다.

번역 저기에 소년이 가고 있는데, 그 소년의 개가 나를 향해 짖었다.

어휘/구문

der Junge 남자아이
der Hund 개
anbellen ~을(를) 향해 짖다, 짖어 대다

● 관계대명사

격 \ 성	남성	여성	중성	복수
1격	der	die	das	die
4격	den	die	das	die
3격	dem	der	dem	**denen**
2격	**dessen**	**deren**	**dessen**	**deren**

| 문제 9 | **다음 대화에서 어법상 틀리거나 어색한 부분을 고르시오.**

09

(a) A: Der Praktikant wird wohl nicht übernommen worden.

(b) B: Ist was mit seinem Lebenslauf nicht in Ordnung?

(c) A: Nein, damit gibt es keine Probleme.

(d) B: Kommt er zu oft zu spät zur Arbeit?

| 해설 | 수동형 미래시제를 아는지 물어보는 문제이다(4번 참조). 수동태 미래형은 werden 인칭변화 + 과거분사 + werden원형이다. 따라서 틀린 문장은 (a)이고 바르게 고치면 Der Praktikant wird wohl nicht übernommen werden이다.

번역

(a) A: 견습생을 쓰게 될 것 같지 않아.

(b) B: 이력서에 문제가 있어?

(c) A: 아니, 거기에는 문제가 없어.

(d) B: 그가 너무 자주 너무 늦게 오나?

어휘/구문

der Praktikant 견습생

übernehmen 넘겨받다, 인계받다, 인수하다

der Lebenslauf 이력서

in Ordnung sein 문제가 없다 ↔ nicht in Ordnung sein 문제가 있다

| 문제 10 | 다음 글에서 어법상 틀리거나 어색한 부분을 고르시오.

10 (a) Pablo Picasso ist zweifellos ein der bekanntesten Künstler der Welt. (b) Seine Gemälde gehören zum kulturellen Erbe der Menschheit. (c) Schon zu Lebzeiten wurden für sein Werk zwei Museen errichtet. (d) Geboren wurde er 1881 im spanischen Malaga, er lebte aber lange in Frankreich.

| 해설 | 문법적으로 틀린 문장은 (a)이다. 여기에 '피카소가 가장 잘 알려진 예술가 중 한 명'이라는 표현이 있는데, 여기서 '한 명'은 부정대명사로서 남성 주격일 경우 einer라고 해야 한다.

번역

(a) 파블로 피카소는 의심의 여지 없이 세계에서 가장 잘 알려진 예술가 중 한 명이다. (b) 그의 회화는 인류의 문화유산에 속한다. (c) 생전에 벌써 그의 작품을 위한 박물관이 두 개 건립되었다. (d) 그는 1881년 스페인령 말라가에서 태어났지만 프랑스에서 오래 살았다.

어휘/구문

zweifellos 의심의 여지없는
bekannt 잘 알려진
der Künstler 예술가
das Gemälde 회화(유화, 수채화)
zu etw.[3] gehören ~에 속하다
kulturell 문화적
das Erbe 유산
die Menschheit 인류
zu Lebzeiten 살아생전에
das Museum 박물관
errichten 건립하다

● 부정대명사

격 ＼ 성	남성	여성	중성	복수
1격	einer	eine	ein(e)s	welche
4격	einen	eine	ein(e)s	welche
3격	einem	einer	einem	welchen
2격	eines	einer	eines	welcher

Hast du einen Bleistift? 연필 한 자루 있니?–Ja, ich habe **einen**. 응, 한 자루 있어.

Gibst du mir ein Messer? 나한테 나이프 하나 줄래?–Ja, ich gebe dir **eins**. 그래, 하나 줄게.

Harvard ist **eine** der berühmtesten Universitäten in Amerika. 하버드는 미국에서 가장 유명한 대학교 중 하나이다.

Part II

| 문제 11~15 | 다음 대화문의 빈칸에 들어갈 가장 적절한 표현을 고르시오.

11 A: Papa, wann darf ich über die Straße gehen?

B: Warte bis die Ampel ________ zeigt.

(a) rot

(b) grün

(c) gelb

(d) blau

| 해설 | 기본색을 독일어로 알고 있는지 묻는 문제이다. 길을 건너갈 수 있는 신호등 색은 어디에서나 초록색이다. 따라서 정답은 (b)이다.

번역

A: 아빠, 언제 길을 건너가도 되죠?

B: 신호등이 ______으로 될 때까지 기다려.

(a) 빨강

(b) 초록

(c) 노랑

(d) 파랑

어휘/구문

die Straße 길, 거리

warten 기다리다

die Ampel 신호등

12 A: Wo ist meine Jacke?
B: Die ________ im Schrank.

(a) legt
(b) steht
(c) stellt
(d) hängt

| 해설 | 이 문제의 선택지에는 이동을 나타내는 동사와 상태를 나타내는 동사가 섞여 있다. setzen, legen, stellen, hängen은 행위나 동작을 나타내므로 전치사와 같이 쓸 때는 4격을 취하고, sitzen, liegen, stehen, hängen은 상태를 나타내므로 전치사와 같이 쓸 때는 3격으로 써야 한다. 동사가 비슷하니 혼동하지 않도록 유의한다. hängen만 '걸다'라는 뜻과 '걸려 있다'는 뜻으로 다 사용할 수 있다. 따라서 정답은 (d)이다.

번역 A: 내 재킷이 어디 있지?
B: 그것은 옷장에 ________.

(a) 놓고 있어
(b) 서 있어
(c) 세우고 있어
(d) 걸려 있어

어휘/구문
die Jacke 재킷
der Schrank 옷장

● 3, 4격 지배 전치사와 방향(동작) 또는 상태를 나타내는 동사

4격: 이동	3격: 상태
Ich **setze** das Kind auf den Stuhl. 나는 아이를 의자에 앉힌다.	Das Kind **sitzt** auf dem Stuhl. 아이는 의자에 앉아 있다.
Ich **lege** das Handy auf das Bett. 나는 핸드폰을 침대 위에 놓는다.	Das Handy **liegt** auf dem Bett. 핸드폰은 침대 위에 놓여 있다.
Ich **stelle** die Flasche in den Kühlschrank. 나는 병을 냉장고에 (세워) 놓는다.	Die Flasche **steht** in dem Kühlschrank. 병은 냉장고에 (세워져) 있다.
Ich **hänge** die Jacke an die Wand. 나는 재킷을 벽에 건다.	Die Jacke **hängt** an der Wand. 재킷은 벽에 걸려 있다.

13 A: Wo kann ich Medikamente kaufen?

B: Da vorne ist eine ______________.

(a) Ärztin

(b) Apotheke

(c) Bibliothek

(d) Diskothek

| 해설 | '약'이라는 단어와 약을 살 수 있는 곳을 독일어로 알고 있어야 풀 수 있는 문제이다. 정답은 (b)이다.

번역 A: 어디에서 약을 살 수 있습니까?

B: 여기 앞에 __________(이)가 있습니다.

(a) 여의사

(b) 약국

(c) 도서관

(d) 디스코텍

어휘/구문

das Medikament 약

der Arzt/die Ärztin 의사

die Apotheke 약국

die Bibliothek 도서관

die Diskothek 디스코텍

● 상점

die Apotheke 약국	das Lebensmittelgeschäft 식료품점
die Bäckerei 빵집	das Reformhaus 유기농 제품 판매점
die Buchhandlung 서점	der Supermarkt 슈퍼마켓
die Drogerie 화장, 위생용품점	das Blumengeschäft 꽃가게
der Friseursalon 미용실	die Reinigung 세탁소
die Imbissbude 간이식 판매대	die Schreibwarenhandlung 문구점
das Kaufhaus 백화점	das Schuhgeschäft 신발가게
der Kiosk 매점	der Spielwarenladen 장난감 가게
die Metzgerei 정육점	das Sportgeschäft 스포츠용품점

14

A: Gibt es noch Plätze für die Busreise nach Wien?

B: Ja, wie viele möchten Sie ____________?

(a) reisen

(b) wechseln

(c) besetzen

(d) reservieren

| 해설 | 버스나, 비행기, 기차, 영화관, 연극 좌석이나 호텔방을 예약할 때 reservieren이라는 동사를 주로 사용한다. 정답은 (d)이다.

번역

A: 빈으로 가는 버스에 좌석이 아직 남아 있습니까?

B: 네, 몇 좌석을 ____________ 싶으십니까?

(a) 여행하고

(b) 바꾸고

(c) 맡고

(d) 예약하고

어휘/구문

der Platz 사리

die Busreise 버스여행

reisen 여행하다

wechseln 바꾸다

besetzen 자리를 맡다

reservieren 예약하다

einen Sitzplatz in der Bahn/im Flugzeug/im Bus/im Kino/im Theater reservieren

기차/비행기/버스/영화관/연극 자리를 예약하다

einen Tisch im Restaurant reservieren 레스토랑 테이블을 예약하다
eine Pauschalreise reservieren 패키지 여행을 예약하다
ein Zimmer im Hotel reservieren 호텔방을 예약하다

15 A: Stehen Sie hier für Essensbons an?

B: Ja, das ist ______________ dafür.

(a) die Linie

(b) das Ende

(c) der Faden

(d) die Schlange

| 해설 | Schlange를 '뱀'이라고만 알고 있는 경우, 자칫 답을 Linie(선)라고 생각하기 쉽다. 그러나 사람들이 줄을 길게 선 것도 그 모양이 뱀과 같다고 하여 Schlange라고 한다. 따라서 정답은 (d)이다.

번역

A: 여기 식권 타려고 줄 서 계시는 겁니까?

B: 네, 이게 그 __ 입니다.

(a) 선

(b) 끝

(c) 실

(d) 줄

어휘/구문

der Essensbon 식권

die Linie 선, 윤곽, 노선

der Faden 실

die Schlange 뱀, 뱀처럼 꾸불꾸불한 것, 긴 행렬, 늘어선 줄

| 문제 16~20 | 다음 글의 빈칸에 들어갈 가장 적절한 표현을 고르시오.

16 Diese Brille ist gar nicht preiswert, sie ist sehr ________!

(a) hoch
(b) teuer
(c) billig
(d) schön

| 해설 | '저렴하다'의 반대말을 물어보는 문제이다. (c)는 유사어이고 정답은 (b)이다.

번역 이 안경은 전혀 저렴하지 않습니다. 이것은 아주 ____________.

(a) 높습니다
(b) 비쌉니다
(c) 쌉니다
(d) 아름답습니다

어휘/구문
die Brille 안경
preiswert 저렴한 ↔ teuer 비싼
hoch 높은
billig 싼

● 기본 형용사와 반의어

alt 오래된, 늙은 ↔ neu 새로운
altmodisch 구식의 ↔ modern 현대의
arm 가난한 ↔ reich 부자인
billig 싼 ↔ teuer 비싼
breit 넓은 ↔ schmal, eng 좁은
dick 뚱뚱한, 두꺼운 ↔ dünn 마른, 얇은
fleißig 부지런한 ↔ faul 게으른
frech 당돌한 ↔ brav 얌전한
gesund 건강한 ↔ krank 아픈
groß 큰 ↔ klein 작은
gut 좋은 ↔ schlecht, böse 나쁜
hell 밝은 ↔ dunkel 어두운
hoch 높은 ↔ tief 깊은/niedrig 낮은
laut 시끄럽게 ↔ leise 조용히
nah 가까운 ↔ fern 먼
sauber 깨끗한 ↔ schmutzig 더러운
schön 아름다운 ↔ hässlich 흉측한
schwach 약한 ↔ stark 강한
schwierig 어려운 ↔ einfach 간단한, 단순한
spannend 흥미로운 ↔ langweilig 지루한
spät 늦은 ↔ früh 이른
stumpf 뭉툭한, 무딘 ↔ scharf 예리한, 날카로운
wach 깨어 있는 ↔ müde 피곤한
weich 부드러운 ↔ hart 딱딱한

17 Rauchverbot bedeutet, dass man hier nicht rauchen ________.

(a) will
(b) mag
(c) darf
(d) muss

| 해설 | 조동사의 뜻을 정확하게 파악하고 있는지 묻는 문제이다. 금연은 금지를 뜻하므로 정답은 (c)이다.

번역 금연은, 거기서 담배를 ________________ 을 뜻한다.

(a) 피우고 싶지 않다는 것
(b) 피우고 싫어하지 않다는 것
(c) 피워서는 안 되는 것
(d) 피우지 않아도 된다는 것

어휘/구문
das Rauchverbot 금연
rauchen 담배 피우다

● 조동사

dürfen ~해도 된다	nicht dürfen ~해서는 안 된다
können ~할 수 있다	nicht können ~할 수 없다
müssen ~해야만 한다	nicht müssen ~하지 않아도 된다
sollen 마땅히 ~해야 한다	nicht sollen ~마땅히 ~해서는 안 된다
wollen ~하고 싶다	nicht wollen ~하고 싶지 않다

18 Er lässt sein neues Wohnhaus von einem ____________ entwerfen.

(a) Maurer
(b) Schneider
(c) Mechaniker
(d) Architekten

| 해설 | 직업명과 그에 맞는 일을 연결할 줄 아는지 묻는 문제이다. 정답은 (d)이다.

번역 그는 새 주택을 ____________(으)로 하여금 설계하도록 했다.

(a) 미장공
(b) 재단사
(c) 기계공
(d) 건축가

어휘/구문

das Wohnhaus 주택
entwerfen 설계하다, 구상하다
der Maurer 벽돌공, 미장공
der Schneider 재단사
der Mechaniker 기계공
der Architekt 건축사, 건축가

19 Zwei Frauen können das gleiche Kleid tragen, aber nie zur gleichen Zeit ______________.

(a) dieselbe
(b) dasselbe
(c) das gleiche
(d) die gleichen

| 해설 | gleich와 der(das-, die-)selbe를 구분할 줄 아는지 묻는 문제이다. gleich는 모양이 같다는 뜻이고, der(das-, die-)selbe는 동일한 대상 그것 자체를 뜻한다. 정답은 (b)이다.

번역 두 여자는 똑같이 생긴 원피스를 입을 수 있지만, 절대로 동시에 ______________ ______________ 입을 수는 없다.

(a) 동일한(바로 그 원피스) 것들을
(b) 동일한(바로 그 원피스) 것을
(c) 똑같이 생긴 것을
(d) 똑같이 생긴 것들을

어휘/구문

gleich (모양이) 똑같은, 곧
der(die-, das-)selbe 동일한 것의
Ich habe die gleiche Uhr wie du. 나는 너와 똑같은(모양의) 시계를 가지고 있다.
Das ist dieselbe Uhr, die ich gestern verloren habe. 이 시계는 내가 어제 잃어버린 바로 그 시계야.

20 Wenn es um die klassische Musik geht, ist er ganz in seinem ______ ______.

(a) Wesen
(b) Element
(c) Geschäft
(d) Charakter

| 해설 | Element는 '원소', '성분'이라는 뜻을 가지고 있지만, in seinem/ihrem Element sein은 '살판나다'라는 독일어 숙어이다. 정답은 (b)이다.

번역 클래식 음악을 다룰 때면, 그는 완전히 __________ 난다.

(a) 존재가
(b) 살판이
(c) 사업[일]이
(d) 성격이

어휘/구문

um etw.[4] gehen ~을 다루다, ~이 문제되다
das Element 원소, 요소, 인기, 성분, 본령
in jm. Element sein 살판나다, 물고기가 물을 만나다
das Wesen 본질, 본성, 존재, 조직, 제도
das Geschäft 사업, 일, 상점
der Charakter 성격

SET 2 독해

Part III

| 문제 21~35 | **다음 글을 읽고 빈칸에 들어갈 가장 알맞은 표현을 고르시오.**

21 Auf einem hohen Berg leben nur zwei Menschen. Die Bewohner genießen große Freiheit, ______________________________ — und sind doch angewiesen auf den Postbus, sobald sie etwas einkaufen wollen.

(a) mit kleinen Kindern um sich
(b) mit großen Gebäuden und Läden
(c) das Meer direkt vor dem Fenster
(d) viel Grün und Natur vor dem Haus

| 해설 | 상황 묘사를 잘 읽고 이 분위기에 어울리는 문구를 골라야 한다. 두 사람이 홀로 산에 살고 있으므로 자녀들이 있다는 표현은 맞지 않는다. 산에 상점과 건물이 있다거나 바로 앞에 바다가 있다는 묘사 역시 어울리지 않는다. 정답은 (d)이다.

번역 어느 한 높은 산에 두 사람만 살고 있다. 이 주민들은 ______________________________ 큰 자유를 만끽한다.—그러나 그들이 물건을 사려고 하면 우편 버스(마을버스)에 의존해야 한다.

(a) 어린 자녀들에 둘러싸여
(b) 커다란 건물과 상점을 소유하며
(c) 창문 바로 앞에 바다를 두고
(d) 집 앞에 있는 초원과 자연을 보며

어휘/구문

hoch 높은/höher 더 높은 (비교급)/am höchsten 가장 높은 (최상급)

der Berg 산

der Bewohner 주민, 거주민

die Freiheit 자유

auf etw.[4] angewiesen sein ~에 의존하고 있다, 의존하다

sobald ~하자마자

● 산 관련 어휘

der Berg 산	der Gletscher 빙하
die Berghütte 산장	der Hang 경사면
der Bergkamm/Bergrücken 산등, 능선	der Hügel 언덕
die Bergkette 산맥	der Pfad 좁은 길
der Fels(en) 바위, 낭떠러지	das Tal 계곡
der Gipfel 정상	der Wanderweg 등산로

22 Frau Schulz geht auf die Bank. Sie füllt ein Überweisungsformular aus, weil sie die Miete in den nächsten Monaten per Dauerauftrag überweisen möchte. Jeden Monat ________________________________.

(a) muss sie dann zur Bank kommen
(b) überweist dann der Vermieter die Miete
(c) braucht sie dann die Miete nicht zu bezahlen
(d) überweist dann die Bank die Miete automatisch

| 해설 | 은행에서 집세 자동이체하는 방법을 설명해 주고 있다. 정답은 (d)이다.

번역 슐츠 부인은 은행에 간다. 그녀는 이체양식을 작성한다. 왜냐하면 다음 달부터는 집세를 자동이체로 내려고 하기 때문이다. 그러면 매달 ________________________________.

(a) 그녀는 은행에 와야 한다
(b) 집주인이 집세를 이체해 준다
(c) 집세를 낼 필요가 없다
(d) 은행이 자동으로 집세를 이체해 준다

어휘/구문

das Überweisungsformular 이체양식
die Miete 집세
der Monat 달, 월
der Dauerauftrag 자동이체

●은행 업무 관련 어휘

das Bargeld 현금
die Gebühr 수수료
die Geheimnummer 비밀번호
der Geldautomat 현금지급기
die Geldkarte 현금카드
das Konto 통장
der Kontoinhaber 예금주
die Kontonummer 통장번호
die Kreditkarte 신용카드
die Verzinsung 이자지급
das Geld abheben 출금하다
das Geld einzahlen 입금하다
das Geld überweisen 이체하다
ein Konto eröffnen 통장을 개설하다
ein Konto (eine Karte) sperren 통장(카드) 거래를 정지시키다

23 Franz hatte schon als Junge am liebsten historische Romane gelesen, und er interessierte sich immer sehr dafür, wie Menschen in früheren Zeiten gelebt haben. Deswegen überraschte es niemanden in der Familie, dass Franz nach dem Abitur ________________________________.

(a) gute Schulnoten bekam
(b) Geschichte studieren wollte
(c) keine Lust hatte, zur Schule zu gehen
(d) zum ersten Mal ein Buch zur Hand nahm

| 해설 | 이 글에서는 프란츠의 역사에 대한 관심이 대학 전공으로도 자연스럽게 연결되고 있다는 내용을 담고 있다. 따라서 정답은 (b)이다.

번역 프란츠는 소년이었을 때부터 역사 소설 읽는 것을 가장 좋아했고, 항상 옛날에 사람들이 어떻게 살았는지에 대해 관심을 가졌다. 그렇기 때문에 프란츠가 아비투어를 치르고 ________________________ 가족 중에 놀라는 사람은 아무도 없었다.

(a) 학교에서 좋은 성적을 받았을 때
(b) 역사를 전공하고 싶다고 했을 때
(c) 학교에 다니고 싶어하지 않았을 때
(d) 처음으로 책을 손에 넣었을 때

어휘/구문

historisch 역사적
der Roman 소설

sich für etw.[4] interessieren ~에 관심을 갖다

überraschen 놀라게 하다

die Schulnote 학교 성적

die Geschichte 역사

das Abitur 아비투어(인문고등학교 졸업시험)

● 자주 쓰는 4격 재귀동사

sich ärgern über ~에 대해 속상해 하다
sich beeilen 서두르다
sich beschäftigen mit ~에 종사하다
sich beschweren über ~에 대해 불평하다
sich eignen für ~에 적합하다
sich entscheiden für ~로 결정하다
sich entschuldigen für ~에 대해 사과하다
sich entspannen (von) ~로부터 긴장을 풀다
sich erholen (von) ~로부터 회복하다
sich erinnern an ~을 회상하다
sich erkälten 감기 걸리다
sich freuen auf (다가올 것을) 고대하다
sich freuen über ~에 대해 기뻐하다
sich gewöhnen an ~에 익숙해지다
sich interessieren für ~에 관심을 갖다
sich konzentrieren auf ~에 집중하다
sich kümmern um ~을 돌보다
sich melden bei ~에 알리다
sich treffen mit ~와 만나다
sich unterhalten mit ~와 환담하다
sich unterhalten über ~에 대해 환담하다
sich verlieben in ~와 사랑에 빠지다
sich verstehen mit ~와 잘 통하다
sich vorbereiten auf ~을 준비하다

Peter beschwert sich immer über den Lärm. 페터는 항상 소음에 대해 불평한다.

Weil meine Freundin sich schwer erkältet hat, muss sie im Bett bleiben. 내 여자친구는 감기에 심하게 걸렸기 때문에 침대에 누워 있어야 한다.

Ich unterhalte mich gern mit meiner Freundin über Musik. 나는 내 여자친구와 음악에 대해 대화를 나누는 것을 좋아한다.

Max muss sich um seine kleine Schwester kümmern, bis seine Mutter kommt. 막스는 어머니가 오실 때까지 그의 여동생을 돌봐야 한다.

24 Klaus kannte Anne schon eine Ewigkeit. Die beiden waren die besten Freunde, und Klaus war die ganze Zeit heimlich in sie verliebt. Aber nie fasste er den Mut, ihr seine Gefühle zu gestehen. Nach acht Jahren endlich ______________________. Anne sagte ja, und die beiden wurden zusammen sehr glücklich.

(a) lernte er sie kennen
(b) ließ er Anne in Ruhe
(c) schlug er ihr eine Trennung vor
(d) machte er Anne einen Heiratsantrag

| 해설 | 클라우스가 안네와 친하게 지내면서 사랑하게 되고 이것을 고백하고 싶어했지만, 8년이라는 세월이 흐른 후에야 용기를 내서 청혼하고 결혼해서 행복하게 살게 되었다는 내용의 글이다. 따라서 정답은 (d)이다.

번역 클라우스가 안네를 안 지는 정말 오래되었다. 두 사람은 서로 가장 친한 친구였고 클라우스는 그러는 내내 그녀를 남몰래 짝사랑했다. 그러나 그는 자신의 감정을 고백할 용기를 갖지 못했다. 8년 후에야 드디어 ______________________. 안네는 그러겠다고 했고 둘은 함께 매우 행복해졌다.

(a) 그는 그녀를 알게 되었다
(b) 그는 안네를 가만히 내버려 두었다
(c) 그는 그녀에게 헤어지자고 제안했다
(d) 그는 안네에게 청혼을 했다

어휘/구문
heimlich 은밀히, 비밀의, 숨은, 눈에 띄지 않는
sich in jn. verlieben ~와 사랑에 빠지다

der Mut 용기

den Mut fassen 용기를 내다, 용기를 갖다

der Heiratsantrag 청혼

25 Bereits im Januar musste Herr Müller beruflich nach Spanien. Ab Mai musste er für zwei Monate die Filiale in Rom leiten. Nur im Sommerurlaub blieb er zu Hause. Und im November musste er wieder zu einer Berufsfortbildung nach Österreich. In diesem Jahr war Herr Müller ______________________.

(a) wirklich oft im Ausland
(b) völlig beschäftigungslos
(c) vor allem zur Erholung unterwegs
(d) die meiste Zeit zu Hause geblieben

| 해설 | 뮐러 씨가 1월부터 시작하여 11월까지 다닌 곳은 스페인, 로마, 오스트리아이다. 이 곳으로 간 목적은 직장 업무를 수행하기 위해서였다. 따라서 (c)는 맞는 진술이 아니다. 정답은 (a)이다.

번역 벌써 1월에 뮐러 씨는 직장 일로 스페인에 가야만 했다. 5월부터는 두 달 동안 로마에 있는 지점을 운영해야 했다. 여름휴가 때만 집에 머물렀다. 11월에는 다시 직장 연수교육을 받으러 오스트리아로 가야 했다. 올해 뮐러 씨는 ______________________.

(a) 정말로 외국에 자주 갔다
(b) 일이 전혀 없었다
(c) 특히 휴식을 취하기 위해 돌아다녔다
(d) 대부분의 시간을 집에서 보냈다

어휘/구문

der Sommerurlaub 여름휴가
zu Hause 집에서
die Berufsfortbildung 직장 연수교육

● 달과 계절

der Frühling 봄	der Sommer 여름	der Herbst 가을	der Winter 겨울
der März 3월 der April 4월 der Mai 5월	der Juni 6월 der Juli 7월 der August 8월	der September 9월 der Oktober 10월 der November 11월	der Dezember 12월 der Januar 1월 der Februar 2월

26 Obwohl in China der weiße Tiger als „der Hüter des Ostens“ hoch verehrt wird, stehen die majestätischen Tiere in der realen Welt heute ______________________. Die Naturschützer arbeiten daran, die letzten in freier Wildbahn lebenden Tiger zu retten.

(a) sicher mit ihrem Ruhm
(b) am Rande ihrer Existenz
(c) vor einer wichtigen Entscheidung
(d) zu ihrem ursprünglichen Versprechen

| 해설 | 백호랑이는 중국에서 위엄 있는 동물로 숭배를 받고 있는 것과는 달리 실제로는 멸종 위기에 처해 있고, 자연보호가들이 백호랑이를 살리기 위해 노력하고 있다는 내용의 글이다. 따라서 빈칸에 들어갈 가장 자연스러운 표현은 (b)이다.

번역 중국에서는 백호랑이가 '동양의 수호자'로 높이 숭배를 받고 있음에도 불구하고 위엄 있는 이 동물은 오늘날 실제 세계에서는 ______________________. 자연보호가들은 울타리 없는 사냥 구역에서 살고 있는 마지막 호랑이들을 구해 내는 일에 있는 힘을 다하고 있다.

(a) 명성을 확실히 누리고 있다
(b) 생존을 위협받고 있다
(c) 중요한 결정을 앞두고 있다
(d) 원래 약속을 지키고자 한다

어휘/구문

verehren 존경하다, 경의를 표하다
majestätisch 위엄 있는, 당당한, 장엄한

am Rande stehen ~끝에 있다, ~이(가) 다하다

der Naturschützer 자연보호가

an etw.[4] arbeiten ~에 종사하고 있다, 열중하고 있다

die Wildbahn 사냥 구역

freie Wildbahn 울타리가 없는 사냥 구역

der Ruhm 명성

die Existenz 존재, 생존

die Entscheidung 결정

ursprünglich 원래, 본래

das Versprechen 약속

27 In Deutschland sind bis zu 20 Prozent der Bevölkerung laktoseintolerant, d.h. sie vertragen den Milchzucker Laktose nicht, der in Milch und Käse enthalten ist. Man könnte denken, dass immer mehr Menschen betroffen sind, doch das ist nicht so: Weil die Krankheit heute besser zu diagnostizieren ist, ______________________________ ________________.

(a) gibt es bessere Medikamente
(b) werden mehr Intolerante gefunden
(c) kann die Krankheit geheilt werden
(d) vertragen weniger Menschen Milch

| 해설 | 의학용어가 나와 당황하기 쉽지만, 자세히 읽어 보면 이 용어의 뜻을 텍스트에서 설명하고 있다. 글의 앞부분에서는 락토오스 내성 결핍증을 설명해 주고 있고, 후반부에서는 의학발달로 이 증세의 치료가 가능하다고 말하고 있다. 따라서 정답은 (c)이다.

번역 독일에서는 인구의 20%까지 락토오스 내성 결핍증을 갖고 있다. 즉, 이들은 우유와 치즈에 함유되어 있는 락토오스라는 젖당을 소화하지 못한다. 일반적으로는 점점 더 많은 사람들이 여기에 해당될 것이라고 생각하는데 그렇지 않다. 이 질병은 오늘날 더 잘 진단해 낼 수 있기 때문에 ______________________________ ________________.

(a) 더 좋은 약도 있다
(b) 더 많은 내성결핍이 발견된다
(c) 병이 치료될 수 있다
(d) 더 적은 사람들이 우유를 소화할 수 있다

어휘/
구문

laktoseintolerant 락토오스 내성 결핍
vertragen 소화해 내다
die Laktose 젖당, 락토오스
enthalten 함유하다
diagnostizieren 진단하다
heilen 고치다, 치료하다

28 Bei den Dreharbeiten zu dem Film „Wahre Liebe“ kam es zu einem Streit zwischen Regisseur Franck und Hauptdarsteller Haller. Haller weigerte sich, eine Szene zu drehen, die ihn beim Baden zeigt, aber Franck pochte darauf. „____________________ sind in unserem Beruf nicht selten, auch wenn wir uns mögen“, sagte Franck.

(a) Streitigkeiten über das Honorar
(b) Probleme mit dem Kameramann
(c) Solche künstlerischen Differenzen
(d) Freundschaft bei den Dreharbeiten

| 해설 | 두 사람이 다툰 이유가 서로 싫어서가 아니라 영화에 대한 이해의 차이에서 비롯되었다는 것을 설명해 주고 있다. 따라서 정답은 (c)이다.

번역 영화 '진정한 사랑'을 촬영할 때 프랑크 감독과 주인공 할러가 다투게 되었다. 할러는 자신이 목욕하는 장면 찍기를 거부했으나, 프랑크는 그것을 집요하게 요구했다. '____________________ 드물지 않습니다. 우리가 서로 좋아한다고 해도 말이죠'라고 프랑크가 말했다.

(a) 보수에 대한 다툼은
(b) 카메라맨과의 문제는
(c) 이러한 예술에 대한 의견 차이는
(d) 영화 촬영할 때의 우정은

어휘/구문

die Dreharbeit 영화촬영

der Streit 말다툼, 언쟁

der Hauptdarsteller 주연배우

auf etw.[4] pochen ~을 주장하다, 집요하게 요구하다

die Differenz 차이

die Freundschaft 우정

● 영화 관련 어휘

der Abspann 제작진 소개, 엔딩 크레디트	die Leinwand 스크린
die Beleuchtung 조명	der Nebendarsteller 조연배우
die Dreharbeit 영화촬영	der Produzent 제작자
das Drehbuch 영화대본, 시나리오	die Regie 연출, 감독
die Filmmusik 영화음악	der Regisseur 연출가, 감독
der Hauptdarsteller 주연배우	die Rolle 배역
der Kameramann 카메라맨	der Schauspieler 배우
das Kostüm 의상	der Schnitt 편집

29 „Kühe geben mehr Milch, wenn sie mit langsamer Musik beschallt werden, zum Beispiel mit Mozart“, sagt Biologe Mario Ludwig, „Rockmusik macht die Kühe offensichtlich nervös.“ Diese wissenschaftlichen Erkenntnisse ______________________, um ihren Milchertrag zu steigern und beschallen ihre Kuhställe dauerhaft mit klassischer Musik.

(a) verwenden die Musiker
(b) kaufen die modernen Bauern
(c) ignorieren einige Landwirte letztlich
(d) machen sich einige Bauern zu Nutze

| 해설 | 클래식 음악을 틀어 주면 암소들이 우유를 더 많이 생산해 낸다는 연구 결과를 몇몇 농부들이 받아들여 자신의 소들에게도 클래식 음악을 들려줘서 더 많은 우유 생산을 도모한다는 내용의 글이다. 이러한 문맥 흐름에 맞는 표현은 (d)이다.

번역 '예를 들어 모차르트 음악과 같이 천천히 연주하는 음악을 들려주면 암소에서 더 많은 우유가 나옵니다'라고 생물학자 마리오 루트비히가 말했다. '록음악은 소들을 분명히 불안하게 만듭니다.' 우유로 올린 소득을 향상시키기 위해 이러한 학문적 인식을 ______________________ 자신들의 외양간에서 클래식 음악이 계속해서 울려 퍼지도록 하고 있다.

(a) 음악가들이 이용하여
(b) 현대 농부들이 구입하여
(c) 결국 몇몇 농부들은 무시하여
(d) 몇몇 농부들은 활용하여

어휘/구문

beschallen 울려 퍼지다

offensichtlich 분명히

der Ertrag 수익, 이득, 소득

der Landwirt, der Bauer 농부

der Kuhstall 외양간

ignorieren 무시하다, 모르는 체하다, 고려하지 않다

letztlich 결국, 마침내, 궁극적으로

30 Um den 11. Juni sinken die Temperaturen in Deutschland noch einmal deutlich. Man spricht dabei von der Schafskälte, denn für die Schafe, die früher zu diesem Zeitpunkt bereits geschoren waren, konnten die niedrigen Temperaturen bedrohlich werden. Kaltluft polaren Ursprungs, die nach Mitteleuropa strömt, ______________________________.

(a) beendet den Winter
(b) ist deshalb bei Schäfern erwünscht
(c) beherrscht die Wetterlage das ganze Jahr
(d) ist verantwortlich für das Wetterphänomen

| 해설 | 독일에 갑자기 닥치는 6월 추위의 민속적 전래와 과학적 원인에 대해 설명하고 있다. 문맥에 가장 잘 맞는 문장은 (d)이다.

번역 6월 11일쯤 해서 독일에서 기온이 한 번 더 확실하게 내려갑니다. 이때 사람들은 양의 추위라는 말을 합니다. 왜냐하면 이 시점 전에 일찌감치 털이 깎인 양에게는 낮은 기온이 위협적일 수 있었기 때문입니다. 북극에서 유래한 찬 공기가 중부유럽으로 몰아치고 있고, ______________________________.

(a) 겨울을 마무리합니다
(b) 그렇기 때문에 양치기는 달가워합니다
(c) 기상상태를 1년 내내 지배하고 있습니다
(d) 이러한 기상현상의 원인이 되고 있습니다

어휘/구문

deutlich 명백한, 뚜렷한, 분명한, 확실한

bedrohlich 위협적인

polar 극지의, 양극의

der Ursprung 기원, 원천, 유래, 근원

strömen 흐르다, 흘러나오다, 밀려 들어오다

● 날씨 관련 어휘

명사	형용사	동사
der Regen 비	regnerisch 비가 오는	Es regnet.
der Nieselregen 보슬비		Es nieselt.
die Schauer 소나기		Es schauert.
der Schnee 눈		Es schneit.
die Graupel 싸락눈	graupelig 싸락눈이 내리는	Es graupelt.
der Hagel 우박	hagelig 우박이 내리는	Es hagelt.
der Blitz 번개		Es blitzt.
der Donner 천둥		Es donnert.
der Sturm 폭풍	stürmisch 폭풍이 몰아치는	Es stürmt.
das Gewitter 뇌우	gewittrig 폭우를 동반하는	
der Nebel 안개	neblig 안개가 낀	
der Wind 바람	windig 바람이 부는	
die Sonne 해, 태양	sonnig, heiter 날씨가 좋은	
die Hitze 더위	hitzig 뜨거운/heiß 더운/schwül 후텁지근한	
die Kälte 추위	kalt 추운/frostig, eisig 매우 추운	
der Luftdruck 기압		
der Hochdruck 고기압	wolkenlos 구름 없는, 맑은	
der Tiefdruck 저기압	wolkig 구름이 낀/bedeckt 흐린	
die Kaltfront 한랭전선		
die Warmfront 온난전선		
das Klima 기후		
die Luftfeuchtigkeit 습도	feucht 습한 ↔ trocken 건조한	
die Temperatur 기온	warm 따뜻한 ↔ kühl 선선한	

SET 2 독해

31 Es ist eine Tradition, dass kleine Zirkusse in der Hand einer Familie bleiben. Auch wenn die Familienmitglieder in verschiedenen Wohnwägen wohnen, essen sie gemeinsam, versorgen zusammen die Tiere und trainieren miteinander. Die Kinder erleben hier ______________ ______________, was eine Gemeinschaft ist.

(a) nach Wunsch
(b) von klein auf
(c) überhaupt nicht
(d) von oben nach unten

| 해설 | 서커스에서 생활하면 남녀노소 구분 없이 모든 것을 함께하기 때문에 아이들도 어려서부터 자연스럽게 공동체 의식을 갖게 된다는 내용이다. 가장 어울리는 답은 (b)이다.

번역 작은 서커스들을 한 가족이 소유하고 있는 것은 일종의 전통이다. 가족 구성원들이 다양한 주거용 차에 산다고 하더라도 그들은 함께 식사하고, 함께 동물들을 돌보고, 함께 훈련한다. 아이들은 여기서 공동체가 무엇인지 ______________ ______________.

(a) 바라는 대로 체험하게 된다
(b) 어려서부터 체험하게 된다
(c) 전혀 체험하지 않는다
(d) 위에서 아래로 체험하게 된다

어휘/
구문

der Zirkus 서커스
in der Hand bleiben ~의 보호 아래 있다
das Familienmitglied 가족 구성원
der Wohnwagen 주거용 차, 캠핑카
die Gemeinschaft 공동체

32 Auf der Mitarbeiterversammlung der Firma Meyer meldeten sich Angestellte zu Wort und beklagten sich, dass sie zu stark belastet seien und die Geschäftsführung sie in ihren Leistungen herabsetze. Auch die betrieblichen Mitbestimmungsrechte würden oft nicht eingehalten. Der Firmenchef gelobte Besserung und versprach ________________________________.

(a) genau so weiter zu machen
(b) die nörgelnden Mitarbeiter zu entlassen
(c) ein vertrauensvolles Betriebsklima herzustellen
(d) wichtige Änderungen auf die lange Bank zu schieben

| 해설 | 직원들이 불만사항을 토로하자 임원진에서 이를 수용하고 회사 분위기를 개선하겠다고 약속하는 내용의 텍스트이다. 따라서 정답은 (c)이다.

번역 마이어사의 직원회의에서 직원들은 발언권을 가지면서 자신들이 과중한 업무에 시달리고 있으며, 경영진이 자신들의 업적을 과소평가한다고 불평했다. 또한 경영에 있어서 공동 결정권도 종종 준수되고 있지 않다고 말했다. 기업 회장은 개선을 다짐하며 ________________________ 약속했다.

(a) 해 온 그대로 계속 해 나가기로
(b) 불평하는 직원들을 해직하기로
(c) 신뢰가 가는 회사 분위기를 조성하기로
(d) 중요한 변동 사항은 연기하기로

어휘/
구문

die Mitarbeiterversammlung 직원회의, 사원회의

sich zu Wort melden 발언하다

sich beklagen 불평하다, 하소연하다

die Geschäftsführung 기업경영, 경영진, 임원

herabsetzen 과소평가하다

betrieblich 경영(일)의

das Mitbestimmungsrecht 공동 결정권

einhalten 지키다

geloben 굳게 약속하다, 서약하다

nörgeln 투덜거리다, 불평하다, 트집잡다

etw.[4] auf die lange Bank schieben 연기하다

33 Der neue Panamakanal ist eines der größten Bauprojekte der Welt. Die alten Schleusen sind nur für Schiffe von maximal 294 Metern Länge geeignet — und damit zu klein. Mit den neuen Schleusen sollen in Zukunft Schiffe von 366 Metern Länge den Panamakanal passieren können. ______________________ — die maximale Ladekapazität wird sich verdreifachen.

(a) Länger, breiter, tiefer
(b) Höher, schneller, weiter
(c) Schwerer, größer, teurer
(d) Neuer, kompakter, effektiver

| 해설 | 새 파나마 운하에서는 수문을 더 크게 만들어 큰 배들도 지나갈 수 있게 한다는 내용의 글이다. 기존의 적재 수용량보다 최대 세 배나 되는 배를 지나갈 수 있게 하려면 더 길고, 더 넓고, 더 깊게 만들어져야 할 것이다. 정답은 (a)이다.

번역 새 파나마 운하는 세계에서 가장 큰 건설 프로젝트 중 하나이다. 옛 수문들은 최대 294m 길이를 가진 배에 적합하게 만들어졌다.—그래서 너무 작다. 미래에는 새 수문으로 366m 길이를 가진 배들이 파나마 운하를 지나갈 수 있게끔 하려고 한다. ______________________ —최대 적재 수용력은 세 배가 될 것이다.

(a) 더 길게, 더 넓게, 더 깊게
(b) 더 높이, 더 빨리, 더 멀리
(c) 더 무겁게, 더 크게, 더 비싸게
(d) 더 새롭게, 더 단단하게, 더 효율적으로

어휘/구문

der Kanal 운하

die Schleuse 수문

für etw.[4] geeignet sein ~에 적합하다

maximal 최대한 ↔ minimal 최소한

die Ladekapazität 적재 수용력

kompakt 단단한, 촘촘한, 꽉 짜인

34 „Zeit ist Geld" ist das Motto unserer Tage und Zeitvergeudung die schwerste Sünde in unserer Gesellschaft. Das gilt ________________ für Manager, die Bücher wie „Ganzheitliches Zeitmanagement" oder „Der Zeitplaner" lesen, um ihre Zeit noch besser organisieren zu können. Auch Schüler und Rentner haben übervolle Terminkalender.

(a) allein
(b) nicht nur
(c) auf keinen Fall
(d) nichtsdestotrotz

| 해설 | 오늘과 같이 바쁜 세상에 시간관리를 잘 하는 것이 매니저뿐만 아니라 학생들이나 퇴직자들에게도 해당된다는 내용의 글이다. 문맥이 자연스럽게 이어지려면 (b)가 맞다.

번역 '시간은 돈이다'는 오늘날 우리들의 좌우명이고, 시간낭비는 우리 사회에서 저지르는 가장 무거운 죄이다. 이 사실은 자신들의 시간을 더 잘 관리하기 위해 '완전한 시간관리'나 '스케줄러'와 같은 책을 읽는 매니저에 해당되는 것 ________________. 학생과 연금 생활자들도 꽉 차고도 넘치는 일정표를 가지고 있다.

(a) 혼자이다
(b) 뿐만 아니다
(c) 은 절대 아니다
(d) 에도 불구하고 말이다

어휘/구문

das Motto 표어, 모토, 좌우명

die Zeitvergeudung 시간낭비

die Sünde 죄악

die Gesellschaft 사회

der Zeitplaner 스케줄러, 플래너

der Rentner 퇴직자, 연금 생활자

übervoll 너무나도 가득 찬

● 시간관리 관련 표현

sich klare Ziele setzen 정확한 목표 설정하기
einen genauen Plan machen 자세한 계획 세우기
Prioritäten setzen 우선순위 정하기
schnell und wohlüberlegt entscheiden 잘 생각해 보고 빨리 결정하기
große Aufgaben in kleine aufteilen 큰 과제는 세분화하기
die lange Bank vermeiden 미루지 않기
Zeitdiebe eliminieren 시간낭비 줄이기
Selbstdisziplin entwickeln 자기관리법 개발하기
regelmäßig Pausen machen 규칙적으로 휴식을 취하기
sich Ruhephasen gönnen 휴식기를 즐기기

35 Der griechische Wirtschaftsminister sagte auf einer Pressekonferenz, man sei sich bei den Verhandlungen mit den EU-Partnern hinsichtlich eines neuen Schuldenabkommens einig geworden. Die Unterzeichnung eines Vertrages stünde kurz bevor. ________________ erklärte der deutsche Finanzminister, es sei noch zu früh, um von einer Einigung zu sprechen.

(a) Deshalb
(b) Dadurch
(c) Dagegen
(d) Dementsprechend

| 해설 | 그리스 경제부 장관은 새로운 협정에 대해 합의를 봤다고 했으나 독일 재무부 장관은 이에 대해 아직 합의에 이르렀다고 말하기 힘들다는 자세를 취하고 있으므로 서로 다른 입장을 견지하고 있다. 반대되는 두 의견을 연결해 주는 부사는 (c)이다.

번역 그리스 경제부 장관은 기자회견에서 유럽연합 파트너와의 협상에서 새로운 채무협정과 관련하여 의견 일치를 봤다고 하면서 조약에 사인할 시간이 임박했다고 말했다. ________________ 독일 재무부 장관은 합의에 대해서 말하는 것은 아직 너무 이르다고 설명했다.

(a) 그렇기 때문에
(b) 그렇게 해서
(c) 이에 반해
(d) 이에 상응하여

어휘/ 구문

die Pressekonferenz 기자회견

die Verhandlung 협상

hinsichtlich[2] ~와 관련하여, ~에 관해서는

die Schulden [복수형] 채무, 빚, 부채

der Vertrag 계약, 조약

die Einigung 협성, 합의

Part IV

| 문제 36~50 | 다음 글을 읽고 주어진 질문에 대한 가장 알맞은 답을 고르시오.

36 Frank Wild ist groß, hat blondes Haar und blaue Augen. Er trägt einen langen braunen Wintermantel, eine graue Hose und schwarze Stiefel. Er trägt meistens eine Brille, weil er schlecht sieht.

[Frage] Um welche Textsorte handelt es sich?

(a) Um einen Spielbericht.
(b) Um ein Schulzeugnis.
(c) Um eine Modewerbung.
(d) Um eine Personenbeschreibung.

| 해설 | 프랑크 빌트의 외모에 대해 서술하고 하고 있다. 정답은 (d)이다.

번역 프랑크 빌트는 키가 크고, 금발 머리에 파란 눈을 가졌다. 그는 긴 밤색 겨울외투와 회색 바지를 입고 있고 검은 부츠를 신고 있다. 그는 눈이 나쁘기 때문에 대부분 안경을 끼고 다닌다.

[질문] 어떤 종류의 텍스트인가?

(a) 경기 보고.
(b) 학교 성적표.
(c) 패션 광고.
(d) 인물 묘사.

어휘/구문

blond 금발의

tragen 입고 있다, 들고 다니다

● 머리색

weiß 흰색	braun 갈색	rotbraun 적갈색
blond 금색	hellbraun 옅은 밤색	rot 적색
dunkelblond 진한 금색	dunkelbraun 진한 갈색	schwarz 검은색

37 Brot könnt ihr auch leicht selbst machen ohne die Hilfe eurer Mütter! Dafür braucht ihr einen Grundteig. Knetet ihn und formt Brote daraus! Seid kreativ und fügt dem Brot noch weitere Zutaten zu, wie zum Beispiel Sonnenblumenkerne oder Schokolade. Zuletzt kommt es in den Ofen. Schon ist es fertig!

[Frage] An wen richtet sich der Text?

(a) An Kinder, die Brot backen wollen.
(b) An Bäcker, die spezielles Brot backen.
(c) An Brothändler, die Brot verkaufen wollen.
(d) An Mütter, die gerne zu Hause Brot backen.

| 해설 | 화자는 첫 문장에 청자가 엄마의 도움 없이 빵을 구울 수 있다고 말하고 있다. 이는 화자가 아이들에게 말하고 있음을 의미한다. 정답은 (a)이다.

번역 빵은 엄마 도움 없이 너희들도 쉽게 스스로 만들 수 있어! 그러기 위해서는 기본 반죽이 필요해. 그것을 잘 반죽해서 빵 모양을 만들어! 창의력을 발휘해서 예를 들어 빵에 해바라기씨나 초콜릿을 추가해. 마지막으로 오븐에 넣으면 돼. 벌써 다 됐네!

[질문] 이 텍스트는 누구를 대상으로 하는가?

(a) 빵을 굽고 싶어 하는 아이들.
(b) 특별한 빵을 굽는 제빵사.
(c) 빵을 팔고자 하는 빵집 주인.
(d) 집에서 빵 굽는 것을 좋아하는 엄마.

어휘/구문

der Grundteig 반죽

kneten 개다, 반죽하다

● 빵 재료와 빵의 종류

die Butter 버터	das Baguette 바게트
die Hefe 효모, 이스트	das Biobrot 유기농빵
der Kürbiskern 호박씨	die Brezel 브레첼
der Leinsamen 아마씨	das Brot 빵
das Mehl 밀가루	das Brötchen 롤빵
das Salz 소금	das Croissant, das Hörnchen 크루아상
der Sonnenblumenkern 해바라기씨	das Gebäck 구운 것, 과자
der Teig 반죽	das Mischbrot 잡곡빵
	das Vollkornbrot 통밀빵
	das Weißbrot 흰빵

38 Das erste Oktoberfest fand 1810 in München statt. Damals nahmen die Bürger an der Hochzeitsfeier des Prinzen Ludwig mit der Prinzessin Therese von Sachsen teil. Dieses Fest gefiel den Bürgern so gut, dass sie der Festwiese den Namen der Braut gaben und beschlossen, das Fest jedes Jahr zu wiederholen.

[Frage] Worüber spricht der Text?

(a) Über die Geschichte Münchens.
(b) Über das Königspaar und die Bürger.
(c) Über die Herkunft des Oktoberfestes.
(d) Über die Hochzeit des Prinzen Ludwig.

| 해설 | 이 글에서는 왕자와 공주의 결혼식에 대해 언급하고는 있으나, 결혼식이 주된 내용이 아니고, 이 결혼식에서 10월 축제(옥토버페스트)가 발생하게 되었다는 이야기가 주제를 이루고 있다. 따라서 정답은 (c)이다.

번역 첫 10월 축제는 1810년 뮌헨에서 개최되었다. 당시 루트비히 왕자와 테레제 폰 작센 공주 결혼식에 시민들이 참석했다. 이 축제를 시민들은 매우 마음에 들어 해서 축제를 벌인 잔디를 공주 이름으로 명명하고 이 축제를 매년 반복하기로 결정했다.

[질문] 이 텍스트는 무엇에 대해 이야기하고 있는가?

(a) 뮌헨의 역사에 대하여.
(b) 왕과 왕비 그리고 시민들에 대하여.
(c) 10월 축제의 유래에 대하여.
(d) 루트비히 왕자의 결혼식에 대하여.

어휘/구문

das Oktoberfest 10월 축제(옥토버페스트. 바이에른주에서 열리는 맥주축제)

stattfinden 개최하다, 일어나다, 행해지다

der Bürger 시민

die Hochzeitsfeier (die Hochzeit + die Feier) 결혼식 축제

der Prinz 왕자 ↔ die Prinzessin 공주

an etw.[3] teilnehmen 참가하다

jm. gefallen ~의 마음에 들다

die Braut 신부 ↔ der Bräutigam 신랑

beschließen 결정하다

wiederholen 반복하다, 되풀이하다

● 10월 축제(옥토버페스트)

das Bier 맥주	die Lederhose 가죽바지(바이에른주 남자 전통의상)
das Bierzelt 맥주 마시는 텐트홀	die Litermaß 1마스(1~2ℓ) 맥주잔
die Brezel 브레첼	das Riesenrad 대회전차
das Dirndl 디른들(바이에른주 여성 전통 의상)	die Theresienwiese 맥주축제가 열리는 잔디
das Karussell 회전목마	die Weißwurst 흰 소시지

39 Mein zweiter Monat hier in Sydney ist auch schon um. Die Zeit geht so schnell vorbei! Jetzt geht's vom Sprachunterricht direkt zum Strand. Gleich beginnt mein Surfkurs. Nach dem Kurs treffe ich mich noch mit Yuri aus Korea und Alex aus Peru in unserer Lieblingsbar. Das Leben ist so lustig!

[Frage] Was ist der beste Titel für den Text?

(a) Der aufgeregte Surfkurs in Sydney
(b) Meine internationalen Freunde in Korea
(c) Eindrücke von meiner Sprachreise in Australien
(d) Meine Lieblingsbar und meine Freunde in Peru

| 해설 | 화자는 시드니에서 어학 수업을 들으면서 활동도 많이 하고 재미있게 지냈다고 말하고 있다. (a)는 맞기는 하지만 이 텍스트의 일부일 뿐이다. (b)는 텍스트에서 언급이 없다. 한국에서 온 친구에 대해서만 언급하고 있다. (d)에서 화자가 제일 좋아하는 바에서 친구들을 만난다는 말을 하고는 있지만 페루에 있는 친구들에 대한 언급은 없다. 페루에서 온 알렉스만 텍스트에 나올 뿐이다. 시드니에서의 모든 활동을 포괄하고 있는 제목은 (c)이다.

번역 시드니에서 보내는 두 번째 달이 벌써 다 지나가고 있어. 시간은 이렇게도 빨리 지나가네! 지금은 어학 수업을 듣고 바로 해변가로 가고 있어. 곧 서핑 강좌가 시작해. 이 수업이 끝나면 한국에서 온 유리와 페루에서 온 알렉스랑 우리가 제일 좋아하는 바에서 만날 거야. 삶은 정말 재미있어!

[질문] 이 텍스트에 제일 잘 맞는 제목은 무엇인가?

(a) 시드니에서의 흥미진진한 서핑 강좌

(b) 한국에 있는 국제적인 친구들

(c) 오스트레일리아에서의 어학연수에서 받은 인상

(d) 내가 제일 좋아하는 바와 페루에 있는 내 친구들

어휘/구문

der Sprachunterricht 어학 수업

der Strand 해변가

der Surfkurs (surfen + der Kurs) 서핑 강좌

sich mit jm. treffen ~와 만나다

die Bar 바

die Lieblingsbar 가장 좋아하는 바

'Lieblings-'가 붙으면 '가장 좋아하는'이라는 뜻이 된다.

die Lieblingsbeschäftigung 가장 좋아하는 일

das Lieblingsbuch 가장 좋아하는 책

das Lieblingsessen 가장 좋아하는 음식

das Lieblingsgetränk 가장 좋아하는 음료

die Lieblingsmusik 가장 좋아하는 음악

der Lieblingssänger 가장 좋아하는 가수

der Lieblingsschauspieler 가장 좋아하는 배우

der Lieblingsschriftsteller 가장 좋아하는 작가

der Lieblingssport 가장 좋아하는 스포츠

40 Der Rhein ist für Mittel- und Westeuropa sehr wichtig. Er fließt durch die Schweiz, Liechtenstein, Österreich, Deutschland, Frankreich und die Niederlande. Er dient 30 Millionen Menschen als Trinkwasser und Wirtschaftsweg und bietet einen wunderbaren Blick auf die fruchtbaren Landschaften mit Weinfeldern und alten Burgen.

[Frage] Was entspricht nicht dem Inhalt des Textes?

(a) Der Rhein fließt durch sechs Länder.
(b) Man kann im Rheinwasser schwimmen.
(c) Dem Rhein entlang gibt es schöne Landschaften.
(d) Vielen Menschen dient der Rhein als Trinkwasser.

| 해설 | 라인강에 대한 이야기이다. (b)는 실제로 가능할지는 모르겠지만 텍스트에서는 언급이 없다. 따라서 정답은 (b)이다.

번역 라인강은 중부유럽과 서부유럽에 아주 중요하다. 그 강은 스위스, 리히텐슈타인, 오스트리아, 독일, 프랑스와 네덜란드를 거쳐 흐른다. 그 강은 3천만 주민들에게 식수와 상업 통로로 이용되고 포도밭과 고성이 있는 풍요로운 자연경관을 볼 수 있는 훌륭한 조망을 제공해 준다.

[질문] 텍스트의 내용과 상응하지 않는 것은 무엇인가?

(a) 라인강은 여섯 개의 나라를 거쳐 흐른다.
(b) 사람들은 라인강에서 수영을 할 수 있다.
(c) 라인강을 따라 아름다운 경관이 펼쳐진다.
(d) 많은 사람들에게 라인강은 식수로 이용된다.

어휘/구문

wichtig 중요한

dienen als ~으로 사용되다, 이용되다

das Trinkwasser 식수

der Wirtschaftsweg 상업 통로

wunderbar 대단한, 훌륭한

der Blick 조망, 전망

fruchtbar 비옥한, 풍요로운

die Landschaft 풍경, 경치, 주변 경관

das Weinfeld 포도밭

die Burg 성(채), 성곽

● 독일과 국경을 접하고 있는 9개의 이웃 국가

Belgien 벨기에	Österreich 오스트리아
Dänemark 덴마크	Polen 폴란드
Frankreich 프랑스	die Schweiz 스위스
Luxemburg 룩셈부르크	Tschechien 체코
die Niederlande 네덜란드	

41 Nach der Wiedervereinigung war für viele Menschen in den neuen Bundesländern die Arbeitslosigkeit eine neue bittere Erfahrung, denn dieses Problem hatte es in der DDR, dem ehemaligen Ostdeutschland, fast nicht gegeben. Frauen waren meistens die Ersten, die ihren Arbeitsplatz verloren.

[Frage] Was ist die beste Überschrift dieses Textes?

(a) Probleme in der DDR
(b) Probleme nach der Vereinigung
(c) Die DDR und die neuen Bundesländer
(d) Frauenarbeitslosigkeit in den alten Bundesländern

| 해설 | 이 글에서는 통일 이후 독일에서 생긴 실업에 대해 이야기하고 있으므로 정답은 (b)이다.

번역 재통일이 이루어진 이후 새 연방주에 사는 많은 사람들에게는 실업이 새로운 쓰라린 경험이었다. 왜냐하면 구 동독(DDR)에서는 이 문제가 거의 없었기 때문이다. 일자리를 잃은 첫 번째 사람들은 대부분 여성들이었다.

[질문] 이 텍스트에 제일 어울리는 제목은 무엇인가?

(a) 동독에서의 문제
(b) 통일 이후의 문제
(c) 동독과 새 연방주들
(d) 구 연방주에서의 여성 실업

어휘/구문

die Wiedervereinigung 재통일

die Arbeitslosigkeit 실업

bitter 혹독한, 쓴, 쓰라린

die Erfahrung 경험

ehemalig 이전의

der Arbeitsplatz 직장

verlieren 잃다

● 일 관련 어휘

der Abzug 공제, 할인	das Gehalt 월급, 봉급, 급료
der Arbeitgeber 고용주, 경영자	die Krankenversicherung 의료보험
der Arbeitnehmer 근로자	die Kündigung 해고
der Arbeitskollege 직장동료	der Kündigungsschutz 해고 보호법
die Arbeitslosigkeit 실업	die Lohnsteuer 근로소득세
die Arbeitszeit 근무시간	die Rente 연금
die Berufsausbildung 직업교육	die Teilzeitarbeit 파트 타임 근무
der Betriebsrat 근로자대표 협의회	das Unternehmen/die Firma 회사
das Einkommen 수입	die Vollzeitarbeit 전일근무

42 Die Talkshow, das Gespräch zwischen mehreren Personen, ist beim Fernsehen ein Unterhaltungsprogramm. Dieses Unterhaltungsprogramm, das eigentlich aus den USA kommt, landete etwas später in Deutschland. Zu Silvester 1973, also am letzten Tag des Jahres, wurde die erste Talkshow gesendet.

[Frage] Was entspricht nicht dem Inhalt des Textes?

(a) Die Talkshow ist unterhaltsam.

(b) Die Talkshow kommt eigentlich aus den USA.

(c) In der Talkshow unterhalten sich ein paar Personen.

(d) Die erste deutsche Talkshow wurde am 1. 1. 1973 gesendet.

| 해설 | (a)~(c)는 텍스트에 나와 있으나 (d)에 나와 있는 정보는 틀리다. 첫 토크쇼는 1973년 12월 31일에 방영되었다. 따라서 정답은 (d)이다.

번역 여러 사람들이 함께 하는 대화인 토크쇼는 텔레비전에서는 오락 프로그램이다. 원래 미국에서 유래한 이 오락 프로그램은 독일에 조금 더 늦게 상륙했다. 1973년 섣달 그믐날에, 그러니까 그해 마지막 날에 첫 토크쇼가 방영되었다.

[질문] 텍스트와 상응하지 않는 것은?

(a) 토크쇼는 즐거움을 준다.

(b) 토크쇼는 원래 미국에서 유래했다.

(c) 토크쇼에서는 몇 명의 사람들이 대화를 나눈다.

(d) 독일에서의 첫 토크쇼는 1973년 1월 1일에 방영되었다.

어휘/구문

das Unterhaltungsprogramm (die Unterhaltung + das Programm) 오락 프로그램

der/das Silvester 섣달 그믐날

senden 방영하다

unterhaltsam 즐거운, 유쾌한, 재미있는, 오락거리의, 즐거움을 주는

sich unterhalten 환담하다, 대화하다

43 Wenn der berühmte Dirigent Karl Schneider ein großes Sinfonieorchester leitet, dann steht er nicht einfach „nur" auf der Bühne. Es sieht so aus, als würde der Dirigent tanzen und mit seinen Händen und seinem Taktstock Töne in die Luft zaubern. Es ist bezaubernd!

[Frage] Was hat Karl Schneider bei seiner Arbeit in der Hand?

(a) Ein Buch.
(b) Einen Stift.
(c) Einen Stock.
(d) Einen Maßstab.

| 해설 | 칼 슈나이더는 손과 지휘봉으로 요술을 부린다는 구절에서 답을 찾을 수 있다. 정답은 (c)이다.

번역 유명한 칼 슈나이더가 대규모 심포니 오케스트라를 이끌면 그는 그냥 '단지' 무대 위에 서 있는 것이 아니다. 마치 지휘자가 춤추고 그의 손과 지휘봉으로 요술을 부리며 음을 공기 속으로 퍼져 나가게 하는 것처럼 보인다. 정말 매혹적이다!

[질문] 칼 슈나이더는 일할 때 손에 무엇을 갖고 있는가?

(a) 책.
(b) 펜.
(c) 스틱.
(d) 자.

어휘/구문

der Dirigent 지휘자

das Sinfonieorchester 교향악단

die Bühne 무대

der Taktstock 지휘봉

zaubern 요술을 부리다, 마법을 쓰다

bezaubernd 매혹적인, 매력적인

der Stock 막대기, 스틱, 지휘봉

●콘서트 관련 어휘

die Bühne 무대 der Dirigent 지휘자 das Foyer 로비, 휴게실 die Garderobe 옷 보관소 das Orchester 오케스트라, 관현악단	das Parkett 1층 앞쪽 관람석 der erste/zweite/dritte Rang 2층/3층/4층 관람석 der Sitzplatz 좌석

44 An normalen Tagen stellt Uwe mit seinem Team rund 3.000 Saftflaschen her, mehrere Hundert Apfelsäfte und zig Orangensäfte, die er dann in seinem eigenen Verkaufsraum oder an nahe gelegene Kantinen verkauft. Seine Schicht beginnt frühmorgens um drei Uhr und endet meist gegen 14 Uhr, abends macht er dann noch die Abrechnung der Kasse. Sieben Tage in der Woche.

[Frage] Welche Aussage entspricht nicht dem Text?

(a) Uwe hat keinen freien Tag.
(b) Uwe arbeitet etwa 11 Stunden.
(c) Uwe arbeitet in einer Getränkefabrik.
(d) Uwe verkauft nur in seinem eigenen Laden Getränke.

| 해설 | 우베는 7일 동안 일한다고 했으니 쉬는 날이 없는 것이 맞다. 3시부터 14시까지 일하면 11시간 일하는 셈이 된다. 그가 하는 일은 공장에서 음료수를 만드는 일이다. 그는 자신의 음료를 자기 가게에서와 인근 구내식당에 판매한다고 되어 있다. 따라서 정답은 (d)이다.

번역 평범한 날에 우베는 그의 팀과 같이 대략 3000여 개의 주스병을 생산해 낸다. 그는 수백 개의 사과주스와 수십 개의 오렌지주스를 자신의 상점에서나 가까운 곳에 위치한 회사 구내식당에 판다. 그의 작업은 아침 일찍 3시에 시작해서 대부분 14시에 끝난다. 저녁에는 돈을 정산한다. 1주일에 7일을 그렇게 한다.

[질문] 어떤 진술이 텍스트와 상응하지 않는가?

(a) 우베는 쉬는 날이 없다.
(b) 우베는 대략 11시간 일한다.

(c) 우베는 음료수 공장에서 일한다.

(d) 우베는 자신의 상점에서만 음료를 판매한다.

어휘/구문

die Saftflasche 주스병

der Apfelsaft 사과주스

der Orangensaft 오렌지주스

der Verkaufsraum 판매소, 상점

die Kantine 회사 구내식당

die Schicht 교대근무 시간, 작업 시간

die Abrechnung 정산, 계산

die Kasse 현금, 금고, 지급 창구

45 Die Beatles gelten als erfolgreichste Band der Musikgeschichte. Was nicht jeder weiß: Die Band spielte anfangs, also in den 60ern, viele Nächte stundenlang in Clubs im Hamburger Stadtteil St. Pauli. Später nannten die Bandmitglieder diese Zeit ihre Lehrjahre. Hier lernten sie auch die Fotografin Astrid Kirchherr kennen, die die markante Frisur der Bandmitglieder, den „Pilzkopf" kreierte.

[Frage] Welche Aussage steht im Text?

(a) Die Beatles lernten sich in Hamburg kennen.
(b) Der Pilzkopf wurde in den 60er Jahren Mode.
(c) Ihre Lehrjahre verbrachten die Beatles in St. Pauli.
(d) Astrid Kirchherr war ursprünglich Mitglied der Beatles.

| 해설 | (a) 비틀스는 함부르크에 오기 전에 이미 결성되었다. (b) 비틀스의 버섯머리 스타일은 아스트리트 키르히헤어가 창안해 내었다고만 되어 있지 그 헤어스타일이 유행했다는 말은 없다. (d) 아스트리트 키르히헤어는 비틀스 멤버였던 적이 없다. 정답은 (c)이다.

번역 비틀스는 음악사에서 가장 성공한 밴드로 통한다. 일부의 사람들만이 알고 있는 것은 밴드가 초반에, 즉 60년대에 함부르크의 장크트 파울리 지역 클럽에서 수많은 밤에 수 시간 동안 연주했다는 사실이다. 나중에 밴드 멤버들은 이 시기를 '수업시대'라고 명명했다. 여기서 그들은 또한 사진사 아스트리트 키르히헤어를 알게 되었다. 그녀는 밴드 멤버들의 인상적인 헤어스타일인 '버섯머리'를 창안해 냈다.

[질문] 텍스트에 나와 있는 진술은 무엇인가?

(a) 비틀스는 함부르크에서 서로 알게 되었다.

(b) 버섯머리는 60년대에 유행했다.

(c) 그들은 그들의 수업시대를 장크트 파울리에서 보냈다.

(d) 아스트리트 키르히헤어는 원래 비틀스 멤버였다.

어휘/구문

die Band 밴드

die Musikgeschichte 음악사

das Lehrjahr 수업시대

der Fotograf/die Fotografin 사진사

markant 현저한, 두드러지는, 인상적인, 탁월한

die Frisur 헤어스타일

das Bandmitglied 밴드구성원

der Pilzkopf 버섯머리

46 1985 wählte das europäische Kulturministerium zum ersten Mal eine Stadt zur Kulturhauptstadt Europas. 1985 wurde Athen gewählt. Seitdem bewerben sich jedes Jahr viele Städte, weil der Titel Kulturhauptstadt einige Vorteile bringt: Geld von der Europäischen Union und viele Touristen, die die Stadt besuchen. Kulturhauptstädte organisieren hunderte Veranstaltungen, wie Opern, Konzerte und Lesungen.

[Frage] Warum wollen europäische Städte Kulturhauptstadt werden?

(a) Aus finanziellen Gründen.

(b) Um in Athen Opern aufzuführen.

(c) Damit weniger Touristen anreisen.

(d) Um den europäischen Kulturminister zu stellen.

| 해설 | 이유는 '왜냐하면'이 나오는 절에 나와 있다. 즉, 유럽연합에서 재정지원을 해 주고 관광객이 많이 오기 때문이다. 따라서 정답은 (a)이다.

번역 유럽 문화부는 1985년에 처음으로 한 개의 도시를 유럽의 문화수도로 선정했다. 1985년에는 아테네가 뽑혔다. 그 이후로는 매년 많은 도시들이 지원을 하는데, 왜냐하면 문화수도라는 타이틀이 몇 가지 장점이 있는 바, 유럽연합에서는 돈을 지원해 주고, 도시를 방문하는 관광객이 많이 생기기 때문이다. 문화의 수도로 선정된 도시들은 오페라, 콘서트, 낭독회와 같은 수백 개의 행사를 주관한다.

[질문] 왜 유럽도시들은 문화수도가 되고 싶어하는가?

(a) 경제적인 이유로.

(b) 아테네에서 오페라 공연을 할 수 있기 위해.

(c) 더 적은 관광객이 오도록 하기 위해.

(d) 유럽 문화부 장관을 내세우기 위해.

어휘/구문

das Kultusministerium 문화부

sich bewerben 응모하다, ~을 얻으려고 애쓰다

der Titel 제목, 표제, 타이틀

der Vorteil 장점 ↔ der Nachteil 단점

47 Noch in den 80er Jahren waren Frauen selten über 30 Jahre alt, wenn sie das erste Kind bekamen. Heute ist ein Viertel der zum ersten Mal Schwangeren über 35. Bei Frauen mit Hochschulabschluss ist die Zahl der über 40-Jährigen, die zum ersten Mal schwanger sind, hoch. Bei guter medizinischen Versorgung ist die Chance für sie, ein gesundes Kind zur Welt zu bringen, fast genauso groß wie bei jüngeren Frauen.

[Frage] Was ist richtig?

(a) Die meisten Frauen bekommen mit über 35 Jahren ihr erstes Kind.
(b) Ältere Frauen bringen häufiger gesunde Kinder zur Welt als jüngere.
(c) In den 80ern waren die schwangeren Frauen meistens über 30 Jahre alt.
(d) Viele Akademikerinnen werden mit über 40 Jahren das erste Mal Mutter.

| 해설 | 숫자가 나오는 문장이라 헷갈리기 쉽다. 어디에 해당되는 수치인지 주의하면서 읽도록 한다. 80년대에는 첫 임신한 대부분의 여성들이 30세 이하였다. 오늘날에는 35세가 지나 첫 임신을 하는 여성들이 1/4이니까 여전히 대다수의 여성들이 35세 전에 첫 임신을 한다. 나이가 많은 여성들이 건강한 아이를 출산할 확률은 의학적 도움 덕분에 젊은 여성의 경우와 비슷하다. 따라서 여기서 맞는 문장은 (d) 하나뿐이다.

번역 80년대만 해도 여성들이 첫 아이를 낳았을 때, 30살이 넘는 경우가 흔치 않았다. 오늘날에는 첫 임신을 하는 여성의 1/4이 35세 이상이다. 대학교를 졸업한 여성

의 경우는 40세가 넘어 첫 임신을 하는 비율이 높다. 양질의 의학 관리로 이들이 건강한 아이를 출산할 확률(가능성)은 더 젊은 여성의 경우와 비슷하게 높다.

[질문] 무엇이 맞는 문장인가?

(a) 대부분의 여성들이 35세가 넘어 첫 아이를 출산한다.
(b) 더 나이가 든 여성들이 더 젊은 여성들보다 더 자주 건강한 아이를 출산한다.
(c) 80년대에는 임신한 대부분의 여성들이 30세 이상이었다.
(d) 대학교육을 받은 많은 여성이 40세가 지나서 처음으로 엄마가 된다.

어휘/구문

ein Viertel 사분의 일
zum ersten Mal 처음으로
der Hochschulabschluss 대학졸업
schwanger 임신한
medizinisch 의료의
die Versorgung 공급, 부양, 관리
die Chance 확률, 기회
ein Kind zur Welt bringen 아이를 출산하다

● 분수 읽기

1/2 ein halb	1/10 ein Zehntel
1 1/2 ein einhalb	3/10 drei Zehntel
1/4 ein Viertel	1/20 ein Zwanzigstel
2/5 zwei Fünftel	1/100 ein Hundertstel

48 Lieber Klaus,

vielen Dank für das Angebot, für sechs Wochen, also die ganzen Sommerferien bei dir in Südspanien zu verbringen. Aber ich habe hier noch so viel Arbeit zu erledigen, für die ich mindestens zwei Wochen opfern muss. Und ich habe Susi schon seit längerem versprochen, mit ihr für eine Woche nach Sylt zu fahren, das muss ich halten. Also kann ich leider nicht so lange bei dir sein.

[Frage] Was wird die Person im Sommer machen?

(a) Nicht nach Südspanien fahren.
(b) Für eine Woche nach Südspanien fahren.
(c) Für drei Wochen nach Südspanien fahren.
(d) Für vier Wochen nach Südspanien fahren.

| 해설 | 친구 클라우스가 6주 동안 휴가 와 있으라고 했으나, 화자는 2주를 일해야 하고, 1주를 수지와 쥘트에서 보내야 하므로 실제로 가 있을 수 있는 기간은 3주가 된다. 정답은 (c)이다.

번역 친애하는 클라우스, 6주 동안, 그러니까 여름방학 전부를 남부 스페인의 네 집에서 보내라는 제안 정말 고마워. 그런데 나는 여기서 처리해야 할 일이 너무 많아 적어도 2주는 희생해야 돼. 그리고 수지와 쥘트섬에 1주일 동안 가 있기로 오래 전에 약속을 해 놨어. 이건 지켜야 돼. 그러니까 유감스럽게도 너한테 그렇게 오래 가 있을 수가 없겠어.

[질문] 화자는 여름에 무엇을 할 것인가?

(a) 남부 스페인에 가지 않는다.
(b) 1주일 동안 남부 스페인에 간다.

(c) 3주 동안 남부 스페인에 간다.

(d) 4주 동안 남부 스페인에 간다.

어휘/구문

das Angebot 제안

verbringen 시간을 보내다

erledigen (업무를) 처리하다, 끝내다

opfern 희생하다

versprechen 약속하다

49 Der Stadtrat von Murnau hatte beschlossen, die Eintrittspreise für das Stadtbad um 25% zu erhöhen, um einen neuen Sprungturm zu finanzieren. Gegen diese Entscheidung formierte sich heftiger Widerstand. Der Bürgermeister brachte einen Kompromissvorschlag mit einer Eintrittspreiserhöhung um 10%. Da die Proteste aber nicht nachließen, musste der Stadtrat von der Errichtung eines Sprungturms absehen.

[Frage] Was wird geschehen?

(a) Die Eintrittspreise werden nicht erhöht.
(b) Die Eintrittspreise werden um 10% erhöht.
(c) Die Eintrittspreise werden um 25% erhöht.
(d) Die Eintrittspreise werden erhöht, aber es gibt Ausnahmen.

| 해설 | 이 글에서는 마지막 문장이 정답을 맞추는 데 제일 중요하다. 시립 수영장 입장료 인상에 강력한 반발이 일자 '시의회는 다이빙대 건립을 포기해야만 했다'고 말하고 있다. 이때 '포기하다'의 독일어 표현, 즉 von etw. absehen을 알아야 쉽게 풀 수 있다. 정답은 (a)이다.

번역 무르나우 시의회에서는 다이빙대 자금을 대기 위해 시립 수영장 입장료를 25% 올리기로 결정했다. 이 결정에 대해 강력한 반발이 일어났다. 시장은 입장료를 10% 인상하자는 협상 제안을 했다. 그래도 항의가 가라앉을 조짐을 보이지 않자 시의회는 다이빙대 건립을 포기해야만 했다.

[질문] 어떤 일이 일어날 것인가?

(a) 입장료는 인상되지 않을 것이다.

(b) 입장료는 10% 인상될 것이다.

(c) 입장료는 25% 인상될 것이다.

(d) 입장료가 인상될 것이기는 하지만 예외규정도 있다.

어휘/구문

der Stadtrat 시의회

der Sprungturm 다이빙대

finanzieren 자금을 대다, 출자하다

formieren 조직되다, 편성되다

der Widerstand 항의, 이의, 항변

nachlassen 가라앉다

die Errichtung 건립, 건축, 설립, 창립

von etw.[3] absehen ~을 도외시하다, 포기하다

50 Wenn es keine seriösen Maßnahmen gibt, wird die Weltbevölkerung 2050 täglich mehr als 11 Millionen Tonnen Abfälle, also die verdreifachte Menge, produzieren. In China und Brasilien landen über 10.000 Tonnen Abfälle — täglich. Ein positives Beispiel für die Senkung der Abfälle jedoch ist die japanische Stadt Kawasaki, in der industrielle Prozesse so verbessert worden sind, dass 565.000 Tonnen Müll pro Jahr vermieden werden.

[Frage] Welcher Inhalt folgt diesem Absatz vermutlich?

(a) Warum es immer mehr Abfälle gibt.
(b) Wie die Japaner den Müll reduzieren konnten.
(c) Was die Welt für die Vermeidung von Müll tun sollte.
(d) Warum es in China und Brasilien besonders viel Müll gibt.

| 해설 | 세계 쓰레기 문제가 심각하다는 말로 시작했지만, 마지막 부분에 가서는 일본의 한 도시를 예로 들면서 개선방안이 있다는 것을 암시해 주고 있다. 따라서 일본이 쓰레기를 줄일 수 있었던 방법을 더 구체적으로 서술하는 내용이 이어질 것이다. 정답은 (b)이다.

번역 진지한 조치가 없으면 세계 인구는 2050년에 매일 1100만 톤 이상의 쓰레기, 그러니까 세 배에 해당되는 양을 배출해 낼 것이다. 중국과 브라질에서는 만 톤의 쓰레기가 매일 나오고 있다. 그런데 쓰레기 양을 줄인 긍정적인 예는 일본의 도시 가와사키에서 찾아볼 수 있다. 여기서는 산업물 처리과정이 개선되어 매년 565000톤에 해당하는 쓰레기가 덜 배출되었다.

[질문] 아마도 이 문단 다음에는 어떤 내용이 나올까?

(a) 왜 점점 더 많은 쓰레기가 나오는지.

(b) 일본인들이 어떻게 쓰레기를 줄일 수 있었는지.

(c) 세계가 쓰레기 배출량을 줄이기 위해 무엇을 해야 하는지.

(d) 왜 중국과 브라질에서 특별히 많은 쓰레기가 배출되는지.

어휘/구문

die Maßnahme 조치, 조처, 처치

der Abfall 쓰레기

die Senkung 감소

vermeiden 기피하다, 회피하다, 예방하다

● 쓰레기 분리 관련 어휘

der Restmüll 일반 쓰레기	das Glas 유리(병)
der Sondermüll (건전지 같은) 특별 쓰레기	das Metall 금속
der Sperrmüll 가구나 자전거처럼 부피가 큰 쓰레기	die Plastik 플라스틱
die Biotonne 대형 음식물 분리 쓰레기통	kompostieren 퇴비로 만들다
die Mülltonne 대형 쓰레기통	recyceln 재활용하다
die Papiertonne 대형 종이 분리 쓰레기통	trennen 분리하다
die Wertstofftonne 금속이나 플라스틱 분리 쓰레기통	wegwerfen 버리다

SNULT 독일어

정답표

SET 1

:: 청해

1. (a)	2. (b)	3. (d)	4. (a)	5. (b)
6. (a)	7. (a)	8. (c)	9. (a)	10. (c)
11. (a)	12. (a)	13. (c)	14. (a)	15. (b)
16. (c)	17. (a)	18. (a)	19. (d)	20. (c)
21. (d)	22. (b)	23. (c)	24. (c)	25. (b)
26. (c)	27. (d)	28. (b)	29. (c)	30. (d)
31. (a)	32. (d)	33. (b)	34. (a)	35. (b)
36. (c)	37. (d)	38. (c)	39. (d)	40. (c)
41. (d)	42. (b)	43. (c)	44. (b)	45. (d)
46. (b)	47. (b)	48. (d)	49. (b)	50. (c)

:: 독해

1. (d)	2. (b)	3. (b)	4. (c)	5. (a)
6. (a)	7. (d)	8. (b)	9. (c)	10. (d)
11. (a)	12. (d)	13. (b)	14. (c)	15. (c)
16. (b)	17. (c)	18. (b)	19. (d)	20. (b)
21. (c)	22. (d)	23. (a)	24. (b)	25. (c)
26. (a)	27. (c)	28. (a)	29. (d)	30. (c)
31. (b)	32. (b)	33. (d)	34. (c)	35. (d)
36. (b)	37. (d)	38. (a)	39. (a)	40. (a)
41. (b)	42. (b)	43. (a)	44. (a)	45. (b)
46. (d)	47. (c)	48. (b)	49. (b)	50. (d)

SET 2

:: 청해

1. (a)	2. (c)	3. (b)	4. (b)	5. (d)
6. (d)	7. (c)	8. (a)	9. (d)	10. (c)
11. (a)	12. (d)	13. (a)	14. (c)	15. (b)
16. (a)	17. (a)	18. (a)	19. (b)	20. (c)
21. (c)	22. (b)	23. (d)	24. (b)	25. (a)
26. (b)	27. (a)	28. (b)	29. (a)	30. (b)
31. (c)	32. (a)	33. (d)	34. (b)	35. (c)
36. (a)	37. (d)	38. (d)	39. (b)	40. (d)
41. (c)	42. (c)	43. (c)	44. (b)	45. (c)
46. (d)	47. (d)	48. (d)	49. (b)	50. (c)

:: 독해

1. (a)	2. (c)	3. (d)	4. (b)	5. (a)
6. (d)	7. (a)	8. (d)	9. (a)	10. (a)
11. (b)	12. (d)	13. (b)	14. (d)	15. (d)
16. (b)	17. (c)	18. (d)	19. (b)	20. (b)
21. (d)	22. (d)	23. (b)	24. (d)	25. (a)
26. (b)	27. (c)	28. (c)	29. (d)	30. (d)
31. (b)	32. (c)	33. (a)	34. (b)	35. (c)
36. (d)	37. (a)	38. (c)	39. (c)	40. (b)
41. (b)	42. (d)	43. (c)	44. (d)	45. (c)
46. (a)	47. (d)	48. (c)	49. (a)	50. (b)

SNULT 응시요강

SNULT 정기시험은 회차별로 지정된 접수기간 중 인터넷을 통하여 접수하실 수 있습니다. 응시대상은 제한이 없으며 응시료는 다음과 같습니다.

구분	응시료
정기접수	40,000원
추가접수	44,000원

▶ 접수 방법

(1) 인터넷 접수

-회차별로 지정된 정기접수기간 중 TEPS 홈페이지(www.teps.or.kr)에서 접수하실 수 있습니다.

(2) 결제 방법

-신용카드, 실시간 계좌이체, 휴대폰 결제

(3) 고사장 선택

-고사장은 TEPS 홈페이지에서 현재 접수 중인 고사장을 확인하시고 가까운 곳을 선택하시면 됩니다.

-고사장은 일정에 따라 변동될 수 있으며, 접수가 마감된 고사장은 접수가 불가능합니다.

▶ 신분증 규정

다음에 제시된 신분증 중 한 가지를 유효한 신분증으로 인정합니다.

구분	신분증
일반인·대학생	주민등록증(발급신청확인서), 운전면허증, 기간 만료 전의 여권, 공무원증, 장애인 복지카드 **＊주의: 대학(원)생 학생증은 사용하실 수 없습니다.**
중·고등학생	학생증(학생증 지참 시 유의사항 참조), 기간 만료 전의 여권, 청소년증(발급신청확인서), 주민등록증(발급신청확인서), TEPS신분확인증명서
초등학생	기간 만료 전의 여권, 청소년증(발급신청확인서), TEPS신분확인증명서
군인	주민등록증(발급신청확인서), 운전면허증, 기간 만료 전의 여권, 현역간부 신분증, 군무원증, TEPS신분확인증명서
외국인	외국인등록증, 기간 만료 전의 여권, 국내거소신고증(출입국관리사무소 발행)

※ 유의사항

- 시험 당일 위의 규정 신분증 미소지자는 시험에 응시할 수 없습니다.
- 중·고등학교 학생증은 반드시 이름, 사진, 학교명이 식별 가능해야 합니다. 위의 항목 중 하나라도 누락되거나 식별이 불가능할 경우 시험에 응시할 수 없습니다.
- TEPS관리위원회에서 규정하는 신분증 중 한 가지를 반드시 소지해야 하며, 규정 신분증 이외의 신분증을 소지하거나 신분증을 소지하지 않은 경우 시험에 응시할 수 없습니다.
- 규정 신분증 이외의 의료보험증, 주민등록등본, 각종 자격증, 대학교 및 대학원 학생증, 사진이 있는 카드 등은 절대 신분증으로 이용할 수 없습니다.
- 규정 신분증 미소지자가 시험 도중 적발될 경우에는 시험규정 위반으로 해당 시험 성적은 무효 처리됩니다.

▶ 시험 구성

구분	청해	독해	총계
시간	약 50분	50분	약 100분
문항/배점	50문항/100점	50문항/100점	100문항/100점

▶ 성적 발표

(1) SNULT 정기시험 성적 결과는 시험일 이후 2주차 화요일(또는 수요일) 오후 5시에 TEPS 홈페이지를 통해 발표되며, 우편통보는 성적 발표일로부터 7~10일 가량 소요됩니다.

(2) 성적확인을 위해서는 성적확인 비밀번호를 반드시 입력해야 합니다. 성적확인 비밀번호는 가장 최근에 응시한 SNULT 정기시험 답안지에 기재하신 4자리 비밀번호입니다. 성적확인 비밀번호를 분실한 경우에는 성적확인 비밀번호 찾기를 통해 확인하시기 바랍니다.

(3) 성적 발표일은 변경될 수 있으니 홈페이지 공지사항을 참고하시기 바랍니다.

※ 시험 성적은 응시일로부터 2년간 유효합니다.

▶ 성적표 발급

SNULT 정기시험 성적표는 최초 발급 1회에 한하여 무료로 발급받을 수 있으며, 시험접수 단계에서 최초 발급 성적표 수령 방법을 선택하실 수 있습니다.

(1) 수령 방법

- 우편수령: 성적 발표 후 일괄 우편 발송되며, 성적 발표일 기준으로 7~10일가량 소요됩니다.
- 주소변경: 시험 시행 후 7일 이내에 TEPS 홈페이지 > 접수관리 > 성적표 수령 방법 > 주소변경 메뉴에서 변경 가능합니다.

(2) 재발급 신청

- 인터넷 신청: 인터넷을 통해 신청한 후 발급받는 방법으로, 발급신청 시 우편수령과 택배수령 중 선택할 수 있으며, TEPS 홈페이지 > 성적확인 > 성적확인, 성적표 · 인증서 발급신청 메뉴에서 신청하실 수 있습니다.

SNULT 답안카드

앞면(Side 1)

TEPS
SNULT

응시일자 :　　　년　　월　　일

수험번호 Registration No.	
생년월일 Birth	
성명 Name	

문 제 지 번 호 Test Booklet No.

감독관확인란

청 해 Listening Comprehension

독 해 Reading Comprehension

고사실란 Room No.

성별 Gender — 남 Male / 여 Female

내/외국인 Dom./For. — 내국인 Domestic / 외국인 Foreigner

생년월일 Birth (Y Y M M D D)

언 어 표 기 란

영어	서어
일어	노어
중어	포어
불어	아랍어
독어	

※ 생년월일과 수험번호를 정확히 작성바랍니다

비밀번호 Password

좌석번호 Seat No.

수 험 번 호 Registration No.

답안작성시 유의사항

1. 답안작성은 반드시 컴퓨터용 싸인펜을 사용해야 하며, 아래의 'GOOD'과 같이 올바르게 마킹해야 합니다.
Good　　Bad
2. 답안작성 도중 수정이 필요한 경우 반드시 수정테이프를 사용해야 합니다.(수정액 불가)
3. 올바른 필기구와 수정도구를 사용하지 않거나 본인의 부주의로 잘못 마킹한 경우 성적 처리가 되지 않을 수 있으며 성적은 TEPS관리위원회 OMR 판독기의 판독결과에 따릅니다.
4. 성별, 생년월일, 수험번호 등의 인적정보는 성적처리를 위해 반드시 필요하므로 정확하게 기재해야 하며, 미기재 또는 기재오류 등으로 인해 인적정보가 올바르지 않는 경우 성적처리가 되지 않으며 그 결과는 응시자가 책임집니다.
5. 시험이 종료된 후 답안 및 인적사항의 수정 또는 정정이 불가능하므로 신중하게 답안을 작성하시기 바랍니다.
6. 답안지 상단의 타이밍마크( )를 찢거나 낙서 등으로 인해 답안지를 훼손하는 경우 성적처리가 되지 않을 수 있습니다.

서 약 — 본인은 답안 작성 시 유의사항을 준수하고 인적사항 및 답안 기재 오류, 답안지 훼손 시 그 결과에 책임지며 TEPS관리위원회의 부정행위 및 규정위반 처리규정을 준수할 것을 서약합니다.

뒷면(Side2)

TEPS
SNULT

수험번호 Registration No.		
성명 Name	영문	
	한자	

※ 접수 시 기재한 영문성명으로 작성하시기 바랍니다

<부정행위 및 규정위반 처리규정>

1. 모든 부정행위 및 규정위반 적발 및 이에 대한 조치는 TEPS관리위원회의 처리규정에 따라 이루어집니다.
2. 부정행위 및 규정위반 행위는 현장 적발 뿐만 아니라 사후에도 적발될 수 있으며 모두 동일한 조치가 취해 집니다.
3. 부정행위 적발 시 이전회차 및 당해 성적은 무효화되며 사안에 따라 최대 5년까지 TEPS관리위원회에서 주관하는 모든 시험의 응시자격이 제한됩니다.
4. 문제지 이외에 메모를 하는 행위와 시험 문제의 일부 또는 전부를 유출하거나 공개하는 경우 부정행위로 처리됩니다.
5. 각 파트별 시간을 준수하지 않거나, 시험 종료 후 답안 작성을 계속할 경우 규정위반으로 처리됩니다.

성 명 (성·이름순으로 기재)

EX	H	O	N	G		G	I	L		D	O	N	G							
A	Ⓐ	Ⓐ	Ⓐ	Ⓐ	Ⓐ	Ⓐ	Ⓐ	Ⓐ	Ⓐ	Ⓐ	Ⓐ	Ⓐ	Ⓐ	Ⓐ	Ⓐ	Ⓐ	Ⓐ	Ⓐ	Ⓐ	Ⓐ
B	Ⓑ	Ⓑ	Ⓑ	Ⓑ	Ⓑ	Ⓑ	Ⓑ	Ⓑ	Ⓑ	Ⓑ	Ⓑ	Ⓑ	Ⓑ	Ⓑ	Ⓑ	Ⓑ	Ⓑ	Ⓑ	Ⓑ	Ⓑ
C	Ⓒ	Ⓒ	Ⓒ	Ⓒ	Ⓒ	Ⓒ	Ⓒ	Ⓒ	Ⓒ	Ⓒ	Ⓒ	Ⓒ	Ⓒ	Ⓒ	Ⓒ	Ⓒ	Ⓒ	Ⓒ	Ⓒ	Ⓒ
D	Ⓓ	Ⓓ	Ⓓ	Ⓓ	Ⓓ	Ⓓ	Ⓓ	Ⓓ	Ⓓ	Ⓓ	Ⓓ	Ⓓ	Ⓓ	Ⓓ	Ⓓ	Ⓓ	Ⓓ	Ⓓ	Ⓓ	Ⓓ
E	Ⓔ	Ⓔ	Ⓔ	Ⓔ	Ⓔ	Ⓔ	Ⓔ	Ⓔ	Ⓔ	Ⓔ	Ⓔ	Ⓔ	Ⓔ	Ⓔ	Ⓔ	Ⓔ	Ⓔ	Ⓔ	Ⓔ	Ⓔ
F	Ⓕ	Ⓕ	Ⓕ	Ⓕ	Ⓕ	Ⓕ	Ⓕ	Ⓕ	Ⓕ	Ⓕ	Ⓕ	Ⓕ	Ⓕ	Ⓕ	Ⓕ	Ⓕ	Ⓕ	Ⓕ	Ⓕ	Ⓕ
G	Ⓖ	Ⓖ	Ⓖ	Ⓖ	Ⓖ	Ⓖ	Ⓖ	Ⓖ	Ⓖ	Ⓖ	Ⓖ	Ⓖ	Ⓖ	Ⓖ	Ⓖ	Ⓖ	Ⓖ	Ⓖ	Ⓖ	Ⓖ
H	Ⓗ	Ⓗ	Ⓗ	Ⓗ	Ⓗ	Ⓗ	Ⓗ	Ⓗ	Ⓗ	Ⓗ	Ⓗ	Ⓗ	Ⓗ	Ⓗ	Ⓗ	Ⓗ	Ⓗ	Ⓗ	Ⓗ	Ⓗ
I	Ⓘ	Ⓘ	Ⓘ	Ⓘ	Ⓘ	Ⓘ	Ⓘ	Ⓘ	Ⓘ	Ⓘ	Ⓘ	Ⓘ	Ⓘ	Ⓘ	Ⓘ	Ⓘ	Ⓘ	Ⓘ	Ⓘ	Ⓘ
J	Ⓙ	Ⓙ	Ⓙ	Ⓙ	Ⓙ	Ⓙ	Ⓙ	Ⓙ	Ⓙ	Ⓙ	Ⓙ	Ⓙ	Ⓙ	Ⓙ	Ⓙ	Ⓙ	Ⓙ	Ⓙ	Ⓙ	Ⓙ
K	Ⓚ	Ⓚ	Ⓚ	Ⓚ	Ⓚ	Ⓚ	Ⓚ	Ⓚ	Ⓚ	Ⓚ	Ⓚ	Ⓚ	Ⓚ	Ⓚ	Ⓚ	Ⓚ	Ⓚ	Ⓚ	Ⓚ	Ⓚ
L	Ⓛ	Ⓛ	Ⓛ	Ⓛ	Ⓛ	Ⓛ	Ⓛ	Ⓛ	Ⓛ	Ⓛ	Ⓛ	Ⓛ	Ⓛ	Ⓛ	Ⓛ	Ⓛ	Ⓛ	Ⓛ	Ⓛ	Ⓛ
M	Ⓜ	Ⓜ	Ⓜ	Ⓜ	Ⓜ	Ⓜ	Ⓜ	Ⓜ	Ⓜ	Ⓜ	Ⓜ	Ⓜ	Ⓜ	Ⓜ	Ⓜ	Ⓜ	Ⓜ	Ⓜ	Ⓜ	Ⓜ
N	Ⓝ	Ⓝ	Ⓝ	Ⓝ	Ⓝ	Ⓝ	Ⓝ	Ⓝ	Ⓝ	Ⓝ	Ⓝ	Ⓝ	Ⓝ	Ⓝ	Ⓝ	Ⓝ	Ⓝ	Ⓝ	Ⓝ	Ⓝ
O	Ⓞ	Ⓞ	Ⓞ	Ⓞ	Ⓞ	Ⓞ	Ⓞ	Ⓞ	Ⓞ	Ⓞ	Ⓞ	Ⓞ	Ⓞ	Ⓞ	Ⓞ	Ⓞ	Ⓞ	Ⓞ	Ⓞ	Ⓞ
P	Ⓟ	Ⓟ	Ⓟ	Ⓟ	Ⓟ	Ⓟ	Ⓟ	Ⓟ	Ⓟ	Ⓟ	Ⓟ	Ⓟ	Ⓟ	Ⓟ	Ⓟ	Ⓟ	Ⓟ	Ⓟ	Ⓟ	Ⓟ
Q	Ⓠ	Ⓠ	Ⓠ	Ⓠ	Ⓠ	Ⓠ	Ⓠ	Ⓠ	Ⓠ	Ⓠ	Ⓠ	Ⓠ	Ⓠ	Ⓠ	Ⓠ	Ⓠ	Ⓠ	Ⓠ	Ⓠ	Ⓠ
R	Ⓡ	Ⓡ	Ⓡ	Ⓡ	Ⓡ	Ⓡ	Ⓡ	Ⓡ	Ⓡ	Ⓡ	Ⓡ	Ⓡ	Ⓡ	Ⓡ	Ⓡ	Ⓡ	Ⓡ	Ⓡ	Ⓡ	Ⓡ
S	Ⓢ	Ⓢ	Ⓢ	Ⓢ	Ⓢ	Ⓢ	Ⓢ	Ⓢ	Ⓢ	Ⓢ	Ⓢ	Ⓢ	Ⓢ	Ⓢ	Ⓢ	Ⓢ	Ⓢ	Ⓢ	Ⓢ	Ⓢ
T	Ⓣ	Ⓣ	Ⓣ	Ⓣ	Ⓣ	Ⓣ	Ⓣ	Ⓣ	Ⓣ	Ⓣ	Ⓣ	Ⓣ	Ⓣ	Ⓣ	Ⓣ	Ⓣ	Ⓣ	Ⓣ	Ⓣ	Ⓣ
U	Ⓤ	Ⓤ	Ⓤ	Ⓤ	Ⓤ	Ⓤ	Ⓤ	Ⓤ	Ⓤ	Ⓤ	Ⓤ	Ⓤ	Ⓤ	Ⓤ	Ⓤ	Ⓤ	Ⓤ	Ⓤ	Ⓤ	Ⓤ
V	Ⓥ	Ⓥ	Ⓥ	Ⓥ	Ⓥ	Ⓥ	Ⓥ	Ⓥ	Ⓥ	Ⓥ	Ⓥ	Ⓥ	Ⓥ	Ⓥ	Ⓥ	Ⓥ	Ⓥ	Ⓥ	Ⓥ	Ⓥ
W	Ⓦ	Ⓦ	Ⓦ	Ⓦ	Ⓦ	Ⓦ	Ⓦ	Ⓦ	Ⓦ	Ⓦ	Ⓦ	Ⓦ	Ⓦ	Ⓦ	Ⓦ	Ⓦ	Ⓦ	Ⓦ	Ⓦ	Ⓦ
X	Ⓧ	Ⓧ	Ⓧ	Ⓧ	Ⓧ	Ⓧ	Ⓧ	Ⓧ	Ⓧ	Ⓧ	Ⓧ	Ⓧ	Ⓧ	Ⓧ	Ⓧ	Ⓧ	Ⓧ	Ⓧ	Ⓧ	Ⓧ
Y	Ⓨ	Ⓨ	Ⓨ	Ⓨ	Ⓨ	Ⓨ	Ⓨ	Ⓨ	Ⓨ	Ⓨ	Ⓨ	Ⓨ	Ⓨ	Ⓨ	Ⓨ	Ⓨ	Ⓨ	Ⓨ	Ⓨ	Ⓨ
Z	Ⓩ	Ⓩ	Ⓩ	Ⓩ	Ⓩ	Ⓩ	Ⓩ	Ⓩ	Ⓩ	Ⓩ	Ⓩ	Ⓩ	Ⓩ	Ⓩ	Ⓩ	Ⓩ	Ⓩ	Ⓩ	Ⓩ	Ⓩ

신 분	직 업		최종학력
초등학생 ⃝	학 생 ⃝	공 무 원 ⃝	초등학교졸업 ⃝
중 학 생 ⃝	전 문 직 ⃝	전업주부 ⃝	중학교졸업 ⃝
고등학생 ⃝	경 영 직 ⃝	농/임/어업 ⃝	고등학교졸업 ⃝
전문대학생 ⃝	사 무 직 ⃝	자 영 업 ⃝	전문대학졸업 ⃝
대 학 생 ⃝	서비스/영업/판매직 ⃝	자유직/프리랜서 ⃝	대학교졸업 ⃝
대학원생 ⃝	생산/기술직 ⃝	기타/무직 ⃝	대학원졸업 ⃝
일 반 인 ⃝	교사/강사 ⃝		

질 문 란

1. 귀하의 SNULT 응시목적은?
ⓐ 취업준비 ⓑ 인사정책 ⓒ 개인실력측정 ⓓ 입시준비 ⓔ 국가고시지원 ⓕ 유학 ⓖ 교육목적

2. 제2외국어시험 선택의 고려 요인은?
ⓐ 성적의 활용도 ⓑ 시험인지도 ⓒ 공신력 ⓓ 난이도 ⓔ 응시료 ⓕ 주변평판 ⓖ 교재/학원

3. 귀하는 SNULT가 평가목적(다양한 소재의 질의를 통해 제2외국어의 실제 의사소통 능력을 측정)에 대체로 부합한다고 생각하십니까?
ⓐ 매우 그렇다 ⓑ 그렇다 ⓒ 보통 ⓓ 아니다 ⓔ 매우 아니다

4. 다음 중 가장 중점적으로 학습하는 영역은 무엇입니까?
ⓐ 청해 ⓑ 문법 ⓒ 어휘 ⓓ 독해 ⓔ 말하기 ⓕ 쓰기

5. 실질적으로 가장 많이 사용하는 영역은?
ⓐ 청해 ⓑ 문법 ⓒ 어휘 ⓓ 독해 ⓔ 말하기 ⓕ 쓰기

6. 귀하의 외국어실력 수준은?
ⓐ 매우높음 ⓑ 높음 ⓒ 보통 ⓓ 낮음 ⓔ 매우낮음

7. 현재 고사장의 만족도는?
ⓐ 매우만족 ⓑ 만족 ⓒ 약간만족 ⓓ 약간불만족 ⓔ 불만족 ⓕ 매우불만족

SNULT (독일어) 등급 분류표

등급	총점	등급별 능력검정기준
1+	91~100	모국어 화자에 버금가는 최상급의 언어능력을 보이며, 모든 분야의 전문적인 업무를 원활하게 수행할 수 있음.
1	81~90	모국어 화자에 근접하는 상급의 의사소통 능력을 보이며, 단기간의 훈련을 거치면 특정 분야의 전문적인 업무를 수행할 수 있음.
2+	71~80	중상급의 의사소통 능력을 보이며, 중장기간의 집중훈련을 거치면 일반적인 업무를 원활하게 수행할 수 있음.
2	61~70	중중급의 의사소통 능력을 보이며, 중장기간의 집중교육을 받으면 일반적인 업무를 큰 어려움 없이 수행할 수 있음.
3+	51~60	초중급 수준의 의사소통 능력을 보이며, 장기간의 집중교육을 받으면 약간의 어려움은 있지만 한정된 분야의 업무를 수행할 수 있음.
3	41~50	초급 수준의 의사소통 능력을 보이며, 장기간의 집중교육을 받으면 다소 미흡하지만 한정된 분야의 업무를 대체로 수행할 수 있음.
4	0~40	해당 언어에 대한 단편적인 지식만을 갖추고 있어 의사소통에 어려움이 있으며, 장기적인 기초교육이 필요함.

SNULT 독일어 vol. 2

실전문제

*별책 실전문제는 문제집 본문의 문제 부분만 뽑아 SNULT 시험을 두 차례에 걸쳐 실전적으로 테스트 할 수 있게 구성하였습니다. 따라서 SNULT 독일어 시험 문제 형식을 그대로 채용하였습니다.

SET 1

독일어

청해

독해

청해

지금부터 독일어 청해력 시험을 시작하겠습니다. 이 시험은 객관식이며 문항 수는 50개이고 네 부분으로 구성되어 있습니다. 먼저 각 부분의 시험 방식을 우리말로 두 번 들려 드리고, 각 문항의 문제는 두 번, 선택지는 한 번 들려 드립니다. 즉, 두 번 들려 드리는 문제를 잘 듣고 난 후 (a), (b), (c), (d)의 선택지 중에 정답을 골라 답안지에 표시하십시오. 그러면 지금부터 문제를 들려 드리겠습니다. 답안 작성을 시작하십시오.

(문제 1~15)
다음 문장을 듣고 자연스러운 대화를 이룰 수 있는 가장 적절한 응답을 고르시오.

01.	답안지에 정답을 표시하시오.	(a)	(b)	(c)	(d)
02.	답안지에 정답을 표시하시오.	(a)	(b)	(c)	(d)
03.	답안지에 정답을 표시하시오.	(a)	(b)	(c)	(d)
04.	답안지에 정답을 표시하시오.	(a)	(b)	(c)	(d)
05.	답안지에 정답을 표시하시오.	(a)	(b)	(c)	(d)
06.	답안지에 정답을 표시하시오.	(a)	(b)	(c)	(d)
07.	답안지에 정답을 표시하시오.	(a)	(b)	(c)	(d)
08.	답안지에 정답을 표시하시오.	(a)	(b)	(c)	(d)
09.	답안지에 정답을 표시하시오.	(a)	(b)	(c)	(d)
10.	답안지에 정답을 표시하시오.	(a)	(b)	(c)	(d)
11.	답안지에 정답을 표시하시오.	(a)	(b)	(c)	(d)
12.	답안지에 정답을 표시하시오.	(a)	(b)	(c)	(d)
13.	답안지에 정답을 표시하시오.	(a)	(b)	(c)	(d)
14.	답안지에 정답을 표시하시오.	(a)	(b)	(c)	(d)
15.	답안지에 정답을 표시하시오.	(a)	(b)	(c)	(d)

(문제 16~30)
다음 대화를 듣고 자연스러운 대화를 이룰 수 있는 가장 적절한 응답을 고르시오.

16.	답안지에 정답을 표시하시오.	(a)	(b)	(c)	(d)
17.	답안지에 정답을 표시하시오.	(a)	(b)	(c)	(d)
18.	답안지에 정답을 표시하시오.	(a)	(b)	(c)	(d)
19.	답안지에 정답을 표시하시오.	(a)	(b)	(c)	(d)
20.	답안지에 정답을 표시하시오.	(a)	(b)	(c)	(d)

21. 답안지에 정답을 표시하시오. (a) (b) (c) (d)

22. 답안지에 정답을 표시하시오. (a) (b) (c) (d)

23. 답안지에 정답을 표시하시오. (a) (b) (c) (d)

24. 답안지에 정답을 표시하시오. (a) (b) (c) (d)

25. 답안지에 정답을 표시하시오. (a) (b) (c) (d)

26. 답안지에 정답을 표시하시오. (a) (b) (c) (d)

27. 답안지에 정답을 표시하시오. (a) (b) (c) (d)

28. 답안지에 정답을 표시하시오. (a) (b) (c) (d)

29. 답안지에 정답을 표시하시오. (a) (b) (c) (d)

30. 답안지에 정답을 표시하시오. (a) (b) (c) (d)

(문제 31~40)
다음 대화를 잘 듣고 제시하는 질문에 대한 가장 적절한 응답을 고르시오.

31. 답안지에 정답을 표시하시오. (a) (b) (c) (d)

32. 답안지에 정답을 표시하시오. (a) (b) (c) (d)

33. 답안지에 정답을 표시하시오. (a) (b) (c) (d)

34. 답안지에 정답을 표시하시오. (a) (b) (c) (d)

35. 답안지에 정답을 표시하시오. (a) (b) (c) (d)

36. 답안지에 정답을 표시하시오. (a) (b) (c) (d)

37. 답안지에 정답을 표시하시오. (a) (b) (c) (d)

38. 답안지에 정답을 표시하시오. (a) (b) (c) (d)

39. 답안지에 정답을 표시하시오. (a) (b) (c) (d)

40. 답안지에 정답을 표시하시오. (a) (b) (c) (d)

(문제 41~50)
다음 글을 듣고 제시하는 질문에 대한 가장 적절한 답을 고르시오.

41. 답안지에 정답을 표시하시오. (a) (b) (c) (d)

42. 답안지에 정답을 표시하시오. (a) (b) (c) (d)

43. 답안지에 정답을 표시하시오. (a) (b) (c) (d)

44. 답안지에 정답을 표시하시오. (a) (b) (c) (d)

45. 답안지에 정답을 표시하시오. (a) (b) (c) (d)

46. 답안지에 정답을 표시하시오. (a) (b) (c) (d)

47. 답안지에 정답을 표시하시오. (a) (b) (c) (d)

48. 답안지에 정답을 표시하시오. (a) (b) (c) (d)

49. 답안지에 정답을 표시하시오. (a) (b) (c) (d)

50. 답안지에 정답을 표시하시오. (a) (b) (c) (d)

독해

독해시험은 총 50문항으로 구성되어 50분 내에 풀도록 되어 있습니다. 문제를 읽고 답을 선택하십시오.

(문제 1~4)
다음 대화문의 빈칸에 들어갈 가장 적절한 표현을 고르시오.

01. A: ________ lernst du Deutsch?
B: Seit zwei Jahren.

(a) Wann
(b) Warum
(c) Für wen
(d) Wie lange

02. A: Spielst du gerne Tennis?
B: Ja, aber Basketball spiele ich noch ________.

(a) gerne
(b) lieber
(c) gerner
(d) liebsten

03. A: Wohin gehst du am Wochenende?
B: _____ meinen Großeltern.

(a) In
(b) Zu
(c) Bei
(d) Nach

04. A: Fahrt ihr wegen Klaus nicht nach Spanien in Urlaub?
B: Ja, __________, denn Klaus verträgt die Hitze nicht.

(a) seinwegen
(b) seinswegen
(c) seinetwegen
(d) seinerwegen

(문제 5~8)
다음 문장의 빈칸에 들어갈 가장 적절한 표현을 고르시오.

05. Er sah ____________ Mädchen.

(a) ein kleines
(b) eine kleine
(c) eines kleinen
(d) einen kleinen

06. Der Trainer _________ bei seinem Weggang am Ende der Saison chaotische Zustände.

(a) hinterließ
(b) hinterlassen
(c) hinterlässte
(d) hintergeließ

07. Nachdem er sich die Hände ____________, trat er ins Esszimmer.

(a) wäscht
(b) waschen wird
(c) gewaschen hat
(d) gewaschen hatte

08. Die Glühbirne war zweifellos eine Erfindung _____ fundamentaler Wichtigkeit.

(a) zu
(b) von
(c) der
(d) über

(문제 9)
다음 대화에서 어법상 틀리거나 어색한 부분을 고르시오.

09. (a) A: Gefällt Ihnen die Wohnung?
(b) B: Ja, nur ist das Bad etwas abgenutzt und klein.
(c) A: Ich lasse es bis zu Ihrem Einzug renoviert.
(d) B: Das wäre sehr lieb von Ihnen.

(문제 10)
다음 글에서 어법상 틀리거나 어색한 부분을 고르시오.

10. (a) Der Rhein ist einer der längsten Flüsse Europas. (b) Er entspringt in der Schweiz im Kanton Graubünden. (c) Auf seinem Weg durchquert er unter anderem Deutschland und die Niederlande. (d) Nach 1231 Kilometern mündet er schließlich über die Nordsee.

(문제 11~15)
다음 대화문의 빈칸에 들어갈 가장 적절한 표현을 고르시오.

11. A: ______________ hat vom frühen Abend bis Mitternacht gedauert.
B: Ihr müsst viel getrunken, gegessen und euch amüsiert haben.

(a) Das Fest
(b) Die Zugfahrt
(c) Der Unterricht
(d) Das Fußballspiel

12. A: Stell deinen Laptop mal beiseite und mach mal Pause!
B: Ja, du hast recht. Ich muss nur kurz ________, was ich geschrieben habe.

(a) sitzen
(b) liegen
(c) parken
(d) speichern

13. A: Wie möchtest du das Ei?
B: __________.

(a) Gebaut
(b) Gekocht
(c) Gezogen
(d) Geschmolzen

14. A: Bekomme ich hier einen neuen Personalausweis?
B: Ja, den können Sie hier ___________.

(a) kaufen
(b) vermieten
(c) beantragen
(d) beauftragen

15. A: Ich konnte in letzter Zeit kaum schlafen.
B: ________ du etwa an Schlafstörungen?

(a) Quälst
(b) Machst
(c) Leidest
(d) Hängst

(문제 16~20)
다음 글의 빈칸에 들어갈 가장 적절한 표현을 고르시오.

16. Klaus sucht eine neue Stelle und hat sich schon bei vielen Firmen __________.

(a) befragt
(b) beworben
(c) interviewt
(d) interessiert

17. Nicole hat die Prüfung mit guter Note __________!

(a) gestellt
(b) gefallen
(c) bestanden
(d) entkommen

18. Er bekam einen ______________, denn er war in die falsche Richtung in die Einbahnstraße gefahren.

(a) Ausweis
(b) Strafzettel
(c) Führerschein
(d) Freifahrkarte

19. Der Schriftsteller las ______________ aus seinem Buch.

(a) eine Ansage
(b) eine Anschrift
(c) eine Aussprache
(d) einen Ausschnitt

20. Die Arbeit muss sofort erledigt werden und _______ keinen Aufschub.

(a) heißt
(b) duldet
(c) erkennt
(d) erwächst

(문제 21~35)
다음 글을 읽고 빈칸에 들어갈 가장 알맞은 표현을 고르시오.

21. ______________________________, eröffnen die Wintersportorte ihren Betrieb. Überall in den Alpen, im Schwarzwald und Harz ist es weiß und es beginnt die Skizeit.

(a) Wenn der Winter vorbei ist
(b) Wenn die Regenzeit gekommen ist
(c) Wenn der erste Schnee gefallen ist
(d) Wenn es angefangen hat zu blühen

22. Als ich noch ein Kind war, fuhren wir oft aufs Land. Wir fuhren zuerst mit einem Zug, dann gingen wir zu Fuß weiter. Der steile Wanderweg führte uns hinauf zu den __________________, wo mein Onkel und meine Tante wohnten.

(a) Zoos und Museen
(b) Straßen und Alleen
(c) Computern und Druckern
(d) Bauernhäusern und Obstgärten

23. Thomas bemerkte plötzlich, dass die Leihfristen der Bücher von der Bibliothek heute abliefen. Eigentlich hatte er heute ins Schwimmbad gewollt, denn es war wunderschön. Aber er wollte in der Bibliothek keine Mahngebühren bezahlen. Also packte er seinen Rucksack und ______________________.

(a) fuhr in die Bibliothek
(b) verkaufte die Bücher
(c) ging ins Schwimmbad
(d) nahm Schwimmunterricht

24. Beim „Goldmund" mit einer großen Gartenterrasse gibt es hausgemachten Kuchen und Kaffee aus frisch gerösteten Bohnen — und Vieles zu lesen. Die gemütliche Mischung aus ______________________ öffnet von Dienstag bis Sonntag die Türen.

(a) Teehaus und Bäckerei
(b) Buchhandlung und Café
(c) Buchladen und Bioladen
(d) Obstladen und Konditorei

25. Lena hat ihre Ausbildung als Restaurantfachfrau bei einer Cateringfirma gemacht. Lena hat bei der Menüwahl und beim Einkaufen geholfen. Sie musste auch kochen, Geschirr spülen, servieren, Tische decken. Während der Ausbildung musste Lena also ______________________.

(a) viele Filme drehen
(b) viele Speisen probieren
(c) viele Tätigkeiten ausüben
(d) viele Restaurants einkaufen

26. Die Zubereitung ist einfach: Kneten Sie die Zutaten, Mehl, Zucker, Eier, Butter und Backpulver mit einem Mixer gut durch und geben Sie den Teig in eine Backform. Das Ganze muss nun im Backofen bei 180 Grad etwa 45 Minuten backen, dann können Sie ______________________ __________.

(a) den leckeren Kuchen genießen
(b) einen fantastischen Eintopf essen
(c) alle Zutaten im Supermarkt kaufen
(d) den Einkaufszettel vervollständigen

27. Zu Beginn seiner Karriere schrieb Walter Kluge einfach über alles. Gab ein Politiker eine Pressekonferenz: Kluge war dabei. Das Theater zeigte eine neue Inszenierung: Kluge schrieb die Kritik. Gab es einen Wirtschaftsskandal, berichtete Kluge mit Sicherheit als Erster darüber. Er war wirklich ______________________.

(a) ein eher fauler Mensch
(b) ein höflicher Mitarbeiter
(c) ein sehr fleißiger Journalist
(d) ein herausragender Politiker

28. Wissenschaftliche Studien zur Orientierungsfähigkeit zeigen überraschende Ergebnisse. In einer Untersuchung sollten Frauen und Männer die Himmelsrichtungen in einem geschlossenen Raum angeben. Das Ergebnis: Beide Geschlechter hatten die gleichen Probleme. Dass Frauen sich im Gegensatz zu den Männern nicht orientieren können, ______________________.

(a) ist also ein Klischee
(b) ist damit endgültig bewiesen
(c) ist das Ergebnis der Untersuchung
(d) kann also mit Recht behauptet werden

29. Lieber Fritz, viele Grüße aus den Bergen! Wir sind von dem Zimmer und dem Service des Hotels begeistert! Leider spielt das Wetter nicht mit. Es regnet den ganzen Tag und an eine Wanderung ist nicht zu denken. Aber wir besuchen Museen und nutzen das Hotelschwimmbad. Du siehst, von der schlechten Witterung ______________________.

(a) ist mir schon ganz schlecht
(b) haben wir gar nichts gewusst
(c) reden wir von morgens bis abends
(d) lassen wir uns die Laune nicht verderben

30. Der Storch ist ein Zugvogel, der jedes Jahr lange Strecken zwischen seinen Brutquartieren in Mitteleuropa und seinen Winterquartieren in Afrika südlich der Sahara zurücklegt. In Deutschland leben im Sommer etwa 4500 Storchenpaare. Sie verlassen es im Oktober und ______________________.

(a) leben dann nur noch im Süden
(b) fliegen dann nach Deutschland
(c) kehren im März aus Afrika zurück
(d) bleiben über den Winter in Deutschland

31. Englische Wissenschaftler haben verschiedene populäre Diätmethoden untersucht und nachgewiesen, dass keine zu einem längerfristigen Gewichtsverlust führt. Zwar nahmen alle Teilnehmer der Untersuchung zwischen einem und sechs Kilogramm im ersten Jahr ab. Spätestens nach zwei Jahren jedoch hatten die Probanden ______________________.

(a) keine Lust mehr, etwas zu essen
(b) ihr ursprüngliches Gewicht wieder drauf
(c) einen nachhaltigen Gewichtsverlust festgestellt
(d) weitere zwei bis sechs Kilogramm abgenommen

32. Ein Fan stürmte nach der Partie zu Roger Federer auf den Platz, weil er ein Foto mit seinem Idol wollte. Federer selbst ______________________. Zu diesem Vorfall sagte der 33-Jährige, er habe als Spieler das Recht, sich während des Spiels auf dem Spielplatz sicher zu fühlen. Dass Leute einfach auf den Platz rennen können, fände er problematisch.

(a) dankte dem Fan für sein Interesse
(b) fand das ganz und gar nicht witzig
(c) machte sich darüber keine Gedanken
(d) wusste nicht, wie er darauf reagieren sollte

33. Im Streit um höhere Gehälter und kürzere Arbeitszeit hat die Gewerkschaft der Lokführer einen Streik angekündigt. Die Verhandlungen mit den Arbeitgebern waren zuvor gescheitert. Der Streik soll am Freitag beginnen und bis Samstag dauern. Fahrgäste müssen am Wochenende also ______________________.

(a) ihre Züge selbst fahren
(b) mehr für eine Fahrkarte bezahlen
(c) weiter mit den Arbeitgebern verhandeln
(d) mit Wartezeiten und Zugausfällen rechnen

34. Vor dem Abflug zur Eishockey-WM in Finnland plagten den Bundestrainer einige Sorgen. Bewährte Stammspieler fallen für das Turnier verletzungsbedingt aus, andere sind nach einer langen Saison mit den Vereinen körperlich nicht im besten Zustand. ______________ gibt sich der Bundestrainer zuversichtlich und glaubt an ein erfolgreiches Abschneiden.

(a) Insofern
(b) Deshalb
(c) Dennoch
(d) Auf Grund dessen

35. Für Studenten hält das Leben in einer Wohngemeinschaft viele Vorteile bereit. In erster Linie sind es finanzielle Argumente, die bei den heutigen Mietpreisen dafür sprechen, sich eine Wohnung zu teilen. Findet man zudem die richtigen Mitbewohner, kann das Zusammenleben großen Spaß machen. __________ empfinden manche die Vorstellung, Bad und Küche mit anderen teilen zu müssen, als Belastung.

(a) Dafür
(b) Damit
(c) Deswegen
(d) Allerdings

(문제 36~50)
다음 글을 읽고 주어진 질문에 대한 가장 알맞은 답을 고르시오.

36. Im Siegerland gibt es viele gute Wanderwege in einer schönen Landschaft. Aber auch kulturell ist Siegen ein hoch interessanter Ort. Und „Sejerlänner Rievekooche“, ein Kartoffelgericht, ist die Spezialität der Region. Übernachten kann man hier in jeder Preisklasse.

[Frage] Aus welchem Buch stammt der Text?

(a) Kochbuch.
(b) Reiseführer.
(c) Geografiebuch.
(d) Geschichtslehrbuch.

37. Familie Seidel hat ein kleines Ferienhaus auf dem Land. Sonntag morgens packt Sabine die Kühltasche mit Brot, Wurst und Käse. Julia kocht eine große Kanne Tee. Frau Seidel nimmt die Gartenstühle, Herr Seidel den Gartentisch. Das Auto ist voll, aber Arthur nimmt noch einen Ball mit. Die Familie fährt los.

[Frage] Wie viele Personen fahren in einem Auto?

(a) Zwei.
(b) Drei.
(c) Vier.
(d) Fünf.

38. Mit dem TS-Ticket können Sie in Thüringen und Sachsen von jedem Bahnhof bis zu 150 Kilometer hin- und zurückfahren. Das Ticket gilt für eine Person und kostet am Automaten nur sechs Euro. Das TS-Ticket gilt Montag bis Freitag von 9 Uhr bis 16 Uhr, am Wochenende auch ganztägig.

[Frage] Welche Überschrift passt hier?

(a) Billig durch zwei Bundesländer
(b) Nachts günstig durch Deutschland
(c) Bahnfahren ist am Wochenende teurer
(d) Thüringen und Sachsen erhöhen die Fahrpreise

39. Der vorliegende Aufsatz behandelt sein Thema in angemessener Weise. Die Argumentation des Autors ist jederzeit nachvollziehbar, seine Schlussfolgerung logisch und die Gliederung übersichtlich. Deshalb kann ich eine Veröffentlichung des Aufsatzes nur empfehlen.

[Frage] Um welche Textsorte handelt es sich?

(a) Um ein Gutachten.
(b) Um eine Romankritik.
(c) Um eine Buchwerbung.
(d) Um eine Inhaltsangabe.

40. Unsere Weltreise geht zu Ende. New York ist die letzte Station. In Peking haben wir viele Paläste besichtigt, auf Hawaii dann zwei Tage nur gefaulenzt: Strand, Sonne, kühle Drinks. Heute wollten wir eigentlich zum Grand Canyon fliegen, aber das hat nicht geklappt. Also sind wir in Hollywood über die berühmten Gehwege gezogen. Die Reise war sehr lustig aber auch sehr anstrengend!

[Frage] Was entspricht nicht dem Text?

(a) Die Weltreise begann in New York.
(b) Der Sprecher besichtigte Sehenswürdigkeiten in Peking.
(c) Auf Hawaii hat der Sprecher nicht besonders viel unternommen.
(d) Statt zum Grand Canyon ist der Sprecher nach Hollywood geflogen.

41. Am Himmel scheint die Freiheit noch immer grenzenlos zu sein. Dabei ist Deutschland inzwischen in Europa der am dichtesten beflogene Luftraum. Pro Tag werden von der Deutschen Flugsicherung bis zu 10.000 Flüge gelenkt und geleitet. Ein Ende des Wachstums ist nicht absehbar.

[Frage] Worüber spricht der Text?

(a) Vom Ausbau der Fluggesellschaften.
(b) Von der Zunahme der Flüge in Deutschland.
(c) Von der steigenden Zahl der Passagiere der Fähre.
(d) Von der grenzenlosen Freiheit am deutschen Himmel.

42. Susi und Kai sind Eisschwimmer und baden auch bei einer Wassertemperatur von 0 Grad im Fluss. Dann macht Baden für sie erst Spaß. Die Zeit für das Eisschwimmen beginnt im Herbst und dauert bis zum Frühling. Vor dem Schwimmen laufen sie sich 15 Minuten warm, baden im Wasser, und ziehen sich dann warm an.

[Frage] Welche Aussage ist richtig?

(a) Eisschwimmer schwimmen 15 Minuten in kalten Flüssen.
(b) Eisschwimmen kann man nur in bestimmten Jahreszeiten.
(c) Eisschwimmer ziehen sich warm an, wenn sie schwimmen.
(d) Eisschwimmer schwimmen nur, wenn das Wasser über 15 Grad ist.

43. Wegen des starken Nebels konnten heute früh auf dem Frankfurter Flughafen die Maschinen weder starten noch landen. Etliche Flüge fielen aus. Seit Mittag ist der Flugverkehr wieder aufgenommen worden, aber die Flugsicherung rechnet noch für einige Stunden mit Verspätungen.

[Frage] Wie war der Flugverkehr am Vormittag?

(a) Es starteten keine Flugzeuge.
(b) Es gab wahrscheinlich Verspätungen.
(c) Am Vormittag lief der Flugverkehr normal.
(d) Die Flugsicherung kann dazu keine Angaben machen.

44. Sehr geehrter Herr Keller,
leider müssen wir Ihnen mitteilen, dass wir Sie nicht mit einem Stipendium fördern können. Unsere Stiftung macht die Vergabe des Stipendiums abhängig vom Einkommen der Eltern und dieses Einkommen liegt in Ihrem Falle deutlich über der Bemessungsgrenze von 3500 Euro. Ihre wissenschaftlichen Leistungen waren für unsere Entscheidung nicht ausschlaggebend.

[Frage] Warum bekommt Herr Keller kein Stipendium?

(a) Das Einkommen der Eltern ist zu hoch.
(b) Herr Keller hat sich zu spät darum beworben.
(c) Die wissenschaftlichen Leistungen waren nicht ausreichend.
(d) Das Stipendium ist schon an jemand anderen vergeben worden.

45. Die Berliner Philharmoniker gelten als eines der besten Orchester weltweit. Berühmte Dirigenten wie Herbert von Karajan übernahmen seine Leitung. Es ist wegen der großen Nachfrage nicht einfach, an Karten für Konzerte zu kommen. Im Internet allerdings kann man gegen eine Gebühr die Auftritte des Orchesters mitverfolgen.

[Frage] Welche Aussage steht im Text?

(a) Herbert von Karajan gründete die Berliner Philharmoniker.
(b) Konzertkarten für die Berliner Philharmoniker sind sehr begehrt.
(c) Man muss die Tickets für die Konzerte des Orchesters im Internet kaufen.
(d) Man kann die Konzerte des Orchesters kostenlos live im Internet verfolgen.

46. Er ist einer der meistgelesenen Schriftsteller der Welt und seine Bücher wurden in mehr als 120 Sprachen übersetzt. Eine Kindheit ohne seine Märchen ist kaum vorstellbar. Die Märchen von diesem Dänen sind witzig, berührend und auch manchmal traurig. Sein Märchenuniversum reicht vom eitlen Kaiser über den standhaften Zinnsoldaten bis zum kleinen „Däumelinchen".

[Frage] Welche Angabe über den Schriftsteller steht nicht im Text?

(a) Er ist weltberühmt.
(b) Er kommt aus Dänemark.
(c) Er hat viele Märchen geschrieben.
(d) Er hat in seiner Kindheit viele Märchen gelesen.

47. Freunde treffen, Familie besuchen, Geschäftsbeziehungen pflegen. Weil jeder ein anderes Ziel hat, bringen wir jeden fast überall hin — alleine in Europa zu mehr als 100 Destinationen. Aber auch der Rest der Welt rückt näher: Ob Asien, Afrika oder Amerika, dank idealer Verbindungen erreichen Sie Ihre Ziele auf der ganzen Welt! Und zwar super schnell und komfortabel! Mit uns!

[Frage] Wofür wirbt dieser Werbespot?

(a) Für eine Hotelkette.
(b) Für einen Partyservice.
(c) Für eine Fluggesellschaft.
(d) Für eine Veranstaltungsfirma.

48. Lieber Kurt,
du schreibst, dass du Ärger mit deinem Vater hast, weil er mit deiner Berufswahl nicht einverstanden ist. Mein Rat an dich ist: Gib deinem Vater Zeit. Ich kenne meinen Bruder. Er wird bald selbst einsehen, dass deine Entscheidung richtig ist und dich dann unterstützen.

[Frage] In welchem Verhältnis stehen Briefschreiber und Adressat?

(a) Vater und Sohn.
(b) Onkel und Neffe.
(c) Großvater und Enkel.
(d) Bruder und Schwester.

49. Der Harz hat nicht den besten Ruf. Ein Mittelgebirge ohne besonderen Charme soll er sein, ohne steile Skipisten und mondäne Unterkünfte. Alles, was man im Harz machen kann, sei wandern, Windbeutel essen und vielleicht noch einen Schluck „Schierker Feuerstein" zu sich nehmen, um gut zu verdauen. Auch wenn das alles für viele langweilig klingt, ergibt das für mich: einen perfekten Wintertag.

[Frage] Welche Aussage steht im Text?

(a) Der Harz ist ein Touristenmagnet.
(b) Im Harz kann man Schnaps trinken.
(c) Im Harz kann man nicht übernachten.
(d) 'Schierker Feuerstein' ist ein Kuchen.

50. Dass der BVB diesmal Meister der deutschen Liga geworden ist, grenzt an ein Wunder. Denn bis vor fünf Spieltagen vor Saisonende sah der BVB schon wie der sichere Absteiger aus. Durch den Trainerwechsel holte zwar der BVB aus den vier Spielen 12 Punkte, dennoch musste das letzte Saisonspiel mit mindestens zwei Toren Unterschied gewonnen werden. Und zwar ausgerechnet gegen den Meister Bayern München!

[Frage] Wie könnte das Spiel geendet haben?

(a) BVB – Bayern München 0:2.
(b) BVB – Bayern München 1:0.
(c) BVB – Bayern München 1:1.
(d) BVB – Bayern München 3:1.

SET 2

독일어

청해

독해

청해

지금부터 독일어 청해력 시험을 시작하겠습니다. 이 시험은 객관식이며 문항 수는 50개이고 네 부분으로 구성되어 있습니다. 먼저 각 부분의 시험 방식을 우리말로 두 번 들려 드리고, 각 문항의 문제는 두 번, 선택지는 한 번 들려 드립니다. 즉, 두 번 들려 드리는 문제를 잘 듣고 난 후 (a), (b), (c), (d)의 선택지 중에 정답을 골라 답안지에 표시하십시오. 그러면 지금부터 문제를 들려 드리겠습니다. 답안 작성을 시작하십시오.

(문제 1~15)
다음 문장을 듣고 자연스러운 대화를 이룰 수 있는 가장 적절한 응답을 고르시오.

01. 답안지에 정답을 표시하시오. (a) (b) (c) (d)

02. 답안지에 정답을 표시하시오. (a) (b) (c) (d)

03. 답안지에 정답을 표시하시오. (a) (b) (c) (d)

04. 답안지에 정답을 표시하시오. (a) (b) (c) (d)

05. 답안지에 정답을 표시하시오. (a) (b) (c) (d)

06. 답안지에 정답을 표시하시오. (a) (b) (c) (d)

07. 답안지에 정답을 표시하시오. (a) (b) (c) (d)

08. 답안지에 정답을 표시하시오. (a) (b) (c) (d)

09. 답안지에 정답을 표시하시오. (a) (b) (c) (d)

10. 답안지에 정답을 표시하시오. (a) (b) (c) (d)

11. 답안지에 정답을 표시하시오. (a) (b) (c) (d)

12. 답안지에 정답을 표시하시오. (a) (b) (c) (d)

13. 답안지에 정답을 표시하시오. (a) (b) (c) (d)

14. 답안지에 정답을 표시하시오. (a) (b) (c) (d)

15. 답안지에 정답을 표시하시오. (a) (b) (c) (d)

(문제 16~30)
다음 대화를 듣고 자연스러운 대화를 이룰 수 있는 가장 적절한 응답을 고르시오.

16. 답안지에 정답을 표시하시오. (a) (b) (c) (d)

17. 답안지에 정답을 표시하시오. (a) (b) (c) (d)

18. 답안지에 정답을 표시하시오. (a) (b) (c) (d)

19. 답안지에 정답을 표시하시오. (a) (b) (c) (d)

20. 답안지에 정답을 표시하시오. (a) (b) (c) (d)

21. 답안지에 정답을 표시하시오. (a) (b) (c) (d)

22. 답안지에 정답을 표시하시오. (a) (b) (c) (d)

23. 답안지에 정답을 표시하시오. (a) (b) (c) (d)

24. 답안지에 정답을 표시하시오. (a) (b) (c) (d)

25. 답안지에 정답을 표시하시오. (a) (b) (c) (d)

26. 답안지에 정답을 표시하시오. (a) (b) (c) (d)

27. 답안지에 정답을 표시하시오. (a) (b) (c) (d)

28. 답안지에 정답을 표시하시오. (a) (b) (c) (d)

29. 답안지에 정답을 표시하시오. (a) (b) (c) (d)

30. 답안지에 정답을 표시하시오. (a) (b) (c) (d)

(문제 31~40)
다음 대화를 잘 듣고 제시하는 질문에 대한 가장 적절한 응답을 고르시오.

31. 답안지에 정답을 표시하시오. (a) (b) (c) (d)

32. 답안지에 정답을 표시하시오. (a) (b) (c) (d)

33. 답안지에 정답을 표시하시오. (a) (b) (c) (d)

34. 답안지에 정답을 표시하시오. (a) (b) (c) (d)

35. 답안지에 정답을 표시하시오. (a) (b) (c) (d)

36. 답안지에 정답을 표시하시오. (a) (b) (c) (d)

37. 답안지에 정답을 표시하시오. (a) (b) (c) (d)

38. 답안지에 정답을 표시하시오. (a) (b) (c) (d)

39. 답안지에 정답을 표시하시오. (a) (b) (c) (d)

40. 답안지에 정답을 표시하시오. (a) (b) (c) (d)

(문제 41~50)
다음 글을 듣고 제시하는 질문에 대한 가장 적절한 답을 고르시오.

41. 답안지에 정답을 표시하시오. (a) (b) (c) (d)

42. 답안지에 정답을 표시하시오. (a) (b) (c) (d)

43. 답안지에 정답을 표시하시오. (a) (b) (c) (d)

44. 답안지에 정답을 표시하시오. (a) (b) (c) (d)

45. 답안지에 정답을 표시하시오. (a) (b) (c) (d)

46. 답안지에 정답을 표시하시오. (a) (b) (c) (d)

47. 답안지에 정답을 표시하시오. (a) (b) (c) (d)

48. 답안지에 정답을 표시하시오. (a) (b) (c) (d)

49. 답안지에 정답을 표시하시오. (a) (b) (c) (d)

50. 답안지에 정답을 표시하시오. (a) (b) (c) (d)

독해

독해시험은 총 50문항으로 구성되어 50분 내에 풀도록 되어 있습니다. 문제를 읽고 답을 선택하십시오.

(문제 1~4)
다음 대화문의 빈칸에 들어갈 가장 적절한 표현을 고르시오.

01. A: Bald ist Weihnachten!
B: Ja, ich freue _____ schon so darauf.

(a) mich
(b) dich
(c) sich
(d) uns

02. A: Was machen die Kinder?
B: Sie spielen _____ dem Sportplatz.

(a) in
(b) zu
(c) auf
(d) nach

03. A: Ich bin so satt.
B: Du _____ viel gegessen.

(a) bin
(b) habe
(c) bist
(d) hast

04. A: Kann ich jetzt aufstehen?
B: Nein, Ihr Bein _________________.

(a) war noch geröntgt
(b) muss noch geröntgt werden
(c) wird noch geröntgt geworden
(d) hat noch geröntgt werden dürfen

(문제 5~8)
다음 문장의 빈칸에 들어갈 가장 적절한 표현을 고르시오.

05. Im Herbst verlieren die Laubbäume ________ Blätter.

(a) ihre
(b) deine
(c) seine
(d) ihnen

06. Ich half meinem Kind bei ________ Hausaufgaben.

(a) sein
(b) seine
(c) seiner
(d) seinen

07. Sie treffen sich ______ einer Stunde.

(a) in
(b) an
(c) vor
(d) unter

08. Dort geht der Junge, ________ Hund mich angebellt hat.

(a) den
(b) dem
(c) denen
(d) dessen

(문제 9)
다음 대화에서 어법상 틀리거나 어색한 부분을 고르시오.

09. (a) A: Der Praktikant wird wohl nicht übernommen worden.
(b) B: Ist was mit seinem Lebenslauf nicht in Ordnung?
(c) A: Nein, damit gibt es keine Probleme.
(d) B: Kommt er zu oft zu spät zur Arbeit?

(문제 10)
다음 글에서 어법상 틀리거나 어색한 부분을 고르시오.

10. (a) Pablo Picasso ist zweifellos ein der bekanntesten Künstler der Welt. (b) Seine Gemälde gehören zum kulturellen Erbe der Menschheit. (c) Schon zu Lebzeiten wurden für sein Werk zwei Museen errichtet. (d) Geboren wurde er 1881 im spanischen Malaga, er lebte aber lange in Frankreich.

(문제 11~15)
다음 대화문의 빈칸에 들어갈 가장 적절한 표현을 고르시오.

11. A: Papa, wann darf ich über die Straße gehen?
B: Warte bis die Ampel _______ zeigt.

(a) rot
(b) grün
(c) gelb
(d) blau

12. A: Wo ist meine Jacke?
B: Die ______ im Schrank.

(a) legt
(b) steht
(c) stellt
(d) hängt

13. A: Wo kann ich Medikamente kaufen?
B: Da vorne ist eine ________.

(a) Ärztin
(b) Apotheke
(c) Bibliothek
(d) Diskothek

14. A: Gibt es noch Plätze für die Busreise nach Wien?
B: Ja, wie viele möchten Sie ________?

(a) reisen
(b) wechseln
(c) besetzen
(d) reservieren

15. A: Stehen Sie hier für Essensbons an?
B: Ja, das ist ________ dafür.

(a) die Linie
(b) das Ende
(c) der Faden
(d) die Schlange

(문제 16~20)
다음 글의 빈칸에 들어갈 가장 적절한 표현을 고르시오.

16. Diese Brille ist gar nicht preiswert, sie ist sehr ________!

(a) hoch
(b) teuer
(c) billig
(d) schön

17. Rauchverbot bedeutet, dass man hier nicht rauchen ________.

(a) will
(b) mag
(c) darf
(d) muss

18. Er lässt sein neues Wohnhaus von einem __________ entwerfen.

(a) Maurer
(b) Schneider
(c) Mechaniker
(d) Architekten

19. Zwei Frauen können das gleiche Kleid tragen, aber nie zur gleichen Zeit ________.

(a) dieselbe
(b) dasselbe
(c) das gleiche
(d) die gleichen

20. Wenn es um die klassische Musik geht, ist er ganz in seinem ___________.

(a) Wesen
(b) Element
(c) Geschäft
(d) Charakter

(문제 21~35)
다음 글을 읽고 빈칸에 들어갈 가장 알맞은 표현을 고르시오.

21. Auf einem hohen Berg leben nur zwei Menschen. Die Bewohner genießen große Freiheit, ________________________ — und sind doch angewiesen auf den Postbus, sobald sie etwas einkaufen wollen.

(a) mit kleinen Kindern um sich
(b) mit großen Gebäuden und Läden
(c) das Meer direkt vor dem Fenster
(d) viel Grün und Natur vor dem Haus

22. Frau Schulz geht auf die Bank. Sie füllt ein Überweisungsformular aus, weil sie die Miete in den nächsten Monaten per Dauerauftrag überweisen möchte. Jeden Monat ____________________ ____________.

(a) muss sie dann zur Bank kommen
(b) überweist dann der Vermieter die Miete
(c) braucht sie dann die Miete nicht zu bezahlen
(d) überweist dann die Bank die Miete automatisch

23. Franz hatte schon als Junge am liebsten historische Romane gelesen, und er interessierte sich immer sehr dafür, wie Menschen in früheren Zeiten gelebt haben. Deswegen überraschte es niemanden in der Familie, dass Franz nach dem Abitur ____________________.

(a) gute Schulnoten bekam
(b) Geschichte studieren wollte
(c) keine Lust hatte, zur Schule zu gehen
(d) zum ersten Mal ein Buch zur Hand nahm

24. Klaus kannte Anne schon eine Ewigkeit. Die beiden waren die besten Freunde, und Klaus war die ganze Zeit heimlich in sie verliebt. Aber nie fasste er den Mut, ihr seine Gefühle zu gestehen. Nach acht Jahren endlich ____________________. Anne sagte ja, und die beiden wurden zusammen sehr glücklich.

(a) lernte er sie kennen
(b) ließ er Anne in Ruhe
(c) schlug Klaus ihr eine Trennung vor
(d) machte er Anne einen Heiratsantrag

25. Bereits im Januar musste Herr Müller beruflich nach Spanien. Ab Mai musste er für zwei Monate die Filiale in Rom leiten. Nur im Sommerurlaub blieb er zu Hause. Und im November musste er wieder zu einer Berufsfortbildung nach Österreich. In diesem Jahr war Herr Müller ____________________.

(a) wirklich oft im Ausland
(b) fast völlig beschäftigungslos
(c) vor allem zur Erholung unterwegs
(d) die meiste Zeit zu Hause geblieben

26. Obwohl in China der weiße Tiger als „der Hüter des Ostens“ hoch verehrt wird, stehen die majestätischen Tiere in der realen Welt heute ________________. Die Naturschützer arbeiten daran, die letzten in freier Wildbahn lebenden Tiger zu retten.

(a) sicher mit ihrem Ruhm
(b) am Rande ihrer Existenz
(c) vor einer wichtigen Entscheidung
(d) zu ihrem ursprünglichen Versprechen

27. In Deutschland sind bis zu 20 Prozent der Bevölkerung laktoseintolerant, d.h. sie vertragen den Milchzucker Laktose nicht, der in Milch und Käse enthalten ist. Man könnte denken, dass immer mehr Menschen betroffen sind, doch das ist nicht so: Weil die Krankheit heute besser zu diagnostizieren ist, ________________.

(a) gibt es bessere Medikamente
(b) werden mehr Intolerante gefunden
(c) kann die Krankheit geheilt werden
(d) vertragen weniger Menschen Milch

28. Bei den Dreharbeiten zu dem Film „Wahre Liebe“ kam es zu einem Streit zwischen Regisseur Franck und Hauptdarsteller Haller. Haller weigerte sich, eine Szene zu drehen, die ihn beim Baden zeigt, aber Franck pochte darauf. „________________ sind in unserem Beruf nicht selten, auch wenn wir uns mögen“, sagte Franck.

(a) Streitigkeiten über das Honorar
(b) Probleme mit dem Kameramann
(c) Solche künstlerischen Differenzen
(d) Freundschaft bei den Dreharbeiten

29. „Kühe geben mehr Milch, wenn sie mit langsamer Musik beschallt werden, zum Beispiel mit Mozart", sagt Biologe Mario Ludwig, „Rockmusik macht die Kühe offensichtlich nervös." Diese wissenschaftlichen Erkenntnisse ________________, um ihren Milchertrag zu steigern und beschallen ihre Kuhställe dauerhaft mit klassischer Musik.

(a) verwenden die Musiker
(b) kaufen die modernen Bauern
(c) ignorieren einige Landwirte letztlich
(d) machen sich einige Bauern zu Nutze

30. Um den 11. Juni sinken die Temperaturen in Deutschland noch einmal deutlich. Man spricht dabei von der Schafskälte, denn für die Schafe, die früher zu diesem Zeitpunkt bereits geschoren waren, konnten die niedrigen Temperaturen bedrohlich werden. Kaltluft polaren Ursprungs, die nach Mitteleuropa strömt, ________________.

(a) beendet den Winter
(b) ist deshalb bei Schäfern erwünscht
(c) beherrscht die Wetterlage das ganze Jahr
(d) ist verantwortlich für das Wetterphänomen

31. Es ist eine Tradition, dass kleine Zirkusse in der Hand einer Familie bleiben. Auch wenn die Familienmitglieder in verschiedenen Wohnwägen wohnen, essen sie gemeinsam, versorgen zusammen die Tiere und trainieren miteinander. Die Kinder erleben hier ________________, was eine Gemeinschaft ist.

(a) nach Wunsch
(b) von klein auf
(c) überhaupt nicht
(d) von oben nach unten

32. Auf der Mitarbeiterversammlung der Firma Meyer meldeten sich Angestellte zu Wort und beklagten sich, dass sie zu stark belastet seien und die Geschäftsführung sie in ihren Leistungen herabsetze. Auch die betrieblichen Mitbestimmungsrechte würden oft nicht eingehalten. Der Firmenchef gelobte Besserung und versprach ______________________________ ____________.

(a) genau so weiter zu machen
(b) die nörgelnden Mitarbeiter zu entlassen
(c) ein vertrauensvolles Betriebsklima herzustellen
(d) wichtige Änderungen auf die lange Bank zu schieben

33. Der neue Panamakanal ist eines der größten Bauprojekte der Welt. Die alten Schleusen sind nur für Schiffe von maximal 294 Metern Länge geeignet — und damit zu klein. Mit den neuen Schleusen sollen in Zukunft Schiffe von 366 Metern Länge den Panamakanal passieren können. ________________ — die maximale Ladekapazität wird sich verdreifachen.

(a) Länger, breiter, tiefer
(b) Höher, schneller, weiter
(c) Schwerer, größer, teurer
(d) Neuer, kompakter, effektiver

34. „Zeit ist Geld“ ist das Motto unserer Tage und Zeitvergeudung die schwerste Sünde in unserer Gesellschaft. Das gilt ______________ für Manager, die Bücher wie „Ganzheitliches Zeitmanagement“ oder „Der Zeitplaner“ lesen, um ihre Zeit noch besser organisieren zu können. Auch Schüler und Rentner haben übervolle Terminkalender.

(a) allein
(b) nicht nur
(c) auf keinen Fall
(d) nichtsdestotrotz

35. Der griechische Wirtschaftsminister sagte auf einer Pressekonferenz, man sei sich bei den Verhandlungen mit den EU-Partnern hinsichtlich eines neuen Schuldenabkommens einig geworden. Die Unterzeichnung eines Vertrages stünde kurz bevor. ______________ erklärte der deutsche Finanzminister, es sei noch zu früh, um von einer Einigung zu sprechen.

(a) Deshalb
(b) Dadurch
(c) Dagegen
(d) Dementsprechend

(문제 36~50)
다음 글을 읽고 주어진 질문에 대한 가장 알맞은 답을 고르시오.

36. Frank Wild ist groß, hat blondes Haar und blaue Augen. Er trägt einen langen braunen Wintermantel, eine graue Hose und schwarze Stiefel. Er trägt meistens eine Brille, weil er schlecht sieht.

[Frage] Um welche Textsorte handelt es sich?

(a) Um einen Spielbericht.
(b) Um ein Schulzeugnis.
(c) Um eine Modewerbung.
(d) Um eine Personenbeschreibung.

37. Brot könnt ihr auch leicht selbst machen ohne die Hilfe eurer Mütter! Dafür braucht ihr einen Grundteig. Knetet ihn und formt Brote daraus! Seid kreativ und fügt dem Brot noch weitere Zutaten zu, wie zum Beispiel Sonnenblumenkerne oder Schokolade. Zuletzt kommt es in den Ofen. Schon ist es fertig!

[Frage] An wen richtet sich der Text?

(a) An Kinder, die Brot backen wollen.
(b) An Bäcker, die spezielles Brot backen.
(c) An Brothändler, die Brot verkaufen wollen.
(d) An Mütter, die gerne zu Hause Brot backen.

38. Das erste Oktoberfest fand 1810 in München statt. Damals nahmen die Bürger an der Hochzeitsfeier des Prinzen Ludwig mit der Prinzessin Therese von Sachsen teil. Dieses Fest gefiel den Bürgern so gut, dass sie der Festwiese den Namen der Braut gaben und beschlossen, das Fest jedes Jahr zu wiederholen.

[Frage] Worüber spricht der Text?

(a) Über die Geschichte Münchens.
(b) Über das Königspaar und die Bürger.
(c) Über die Herkunft des Oktoberfestes.
(d) Über die Hochzeit des Prinzen Ludwig.

39. Mein zweiter Monat hier in Sydney ist auch schon um. Die Zeit geht so schnell vorbei! Jetzt geht's vom Sprachunterricht direkt zum Strand. Gleich beginnt mein Surfkurs. Nach dem Kurs treffe ich mich noch mit Yuri aus Korea und Alex aus Peru in unserer Lieblingsbar. Das Leben ist so lustig!

[Frage] Was ist der beste Titel für den Text?

(a) Der aufgeregte Surfkurs in Sydney
(b) Meine internationalen Freunde in Korea
(c) Eindrücke von meiner Sprachreise in Australien
(d) Meine Lieblingsbar und meine Freunde in Peru

40. Der Rhein ist für Mittel- und Westeuropa sehr wichtig. Er fließt durch die Schweiz, Liechtenstein, Österreich, Deutschland, Frankreich und die Niederlande. Er dient 30 Millionen Menschen als Trinkwasser und Wirtschaftsweg und bietet einen wunderbaren Blick auf die fruchtbaren Landschaften mit Weinfeldern und alten Burgen.

[Frage] Was entspricht nicht dem Inhalt des Textes?

(a) Der Rhein fließt durch sechs Länder.
(b) Man kann im Rheinwasser schwimmen.
(c) Dem Rhein entlang gibt es schöne Landschaften.
(d) Vielen Menschen dient der Rhein als Trinkwasser.

41. Nach der Wiedervereinigung war für viele Menschen in den neuen Bundesländern die Arbeitslosigkeit eine neue bittere Erfahrung, denn dieses Problem hatte es in der DDR, dem ehemaligen Ostdeutschland, fast nicht gegeben. Frauen waren meistens die Ersten, die ihren Arbeitsplatz verloren.

[Frage] Was ist die beste Überschrift dieses Textes?

(a) Probleme in der DDR
(b) Probleme nach der Vereinigung
(c) Die DDR und die neuen Bundesländer
(d) Frauenarbeitslosigkeit in den alten Bundesländern

42. Die Talkshow, das Gespräch zwischen mehreren Personen, ist beim Fernsehen ein Unterhaltungsprogramm. Dieses Unterhaltungsprogramm, das eigentlich aus den USA kommt, landete etwas später in Deutschland. Zu Silvester 1973, also am letzten Tag des Jahres, wurde die erste Talkshow gesendet.

[Frage] Was entspricht nicht dem Inhalt des Textes?

(a) Die Talkshow ist unterhaltsam.
(b) Die Talkshow kommt eigentlich aus den USA.
(c) In der Talkshow unterhalten sich ein paar Personen.
(d) Die erste deutsche Talkshow wurde am 1. 1. 1973 gesendet.

43. Wenn der berühmte Dirigent Karl Schneider ein großes Sinfonieorchester leitet, dann steht er nicht einfach „nur“ auf der Bühne. Es sieht so aus, als würde der Dirigent tanzen und mit seinen Händen und seinem Taktstock Töne in die Luft zaubern. Es ist bezaubernd!

[Frage] Was hat Karl Schneider bei seiner Arbeit in der Hand?

(a) Ein Buch.
(b) Einen Stift.
(c) Einen Stock.
(d) Einen Maßstab.

44. An normalen Tagen stellt Uwe mit seinem Team rund 3.000 Saftflaschen her, mehrere Hundert Apfelsäfte und zig Orangensäfte, die er dann in seinem eigenen Verkaufsraum oder an nahe gelegene Kantinen verkauft. Seine Schicht beginnt frühmorgens um drei Uhr und endet meist gegen 14 Uhr, abends macht er dann noch die Abrechnung der Kasse. Sieben Tage in der Woche.

[Frage] Welche Aussage entspricht <u>nicht</u> dem Text?

(a) Uwe hat keinen freien Tag.
(b) Uwe arbeitet etwa 11 Stunden.
(c) Uwe arbeitet in einer Getränkefabrik.
(d) Uwe verkauft nur in seinem eigenen Laden Getränke.

45. Die Beatles gelten als erfolgreichste Band der Musikgeschichte. Was nicht jeder weiß: Die Band spielte anfangs, also in den 60ern, viele Nächte stundenlang in Clubs im Hamburger Stadtteil St. Pauli. Später nannten die Bandmitglieder diese Zeit ihre Lehrjahre. Hier lernten sie auch die Fotografin Astrid Kirchherr kennen, die die markante Frisur der Bandmitglieder, den „Pilzkopf“ kreierte.

[Frage] Welche Aussage steht im Text?

(a) Die Beatles lernten sich in Hamburg kennen.
(b) Der Pilzkopf wurde in den 60er Jahren Mode.
(c) Ihre Lehrjahre verbrachten die Beatles in St. Pauli.
(d) Astrid Kirchherr war ursprünglich Mitglied der Beatles.

46. 1985 wählte das europäische Kulturministerium zum ersten Mal eine Stadt zur Kulturhauptstadt Europas. 1985 wurde Athen gewählt. Seitdem bewerben sich jedes Jahr viele Städte, weil der Titel Kulturhauptstadt einige Vorteile bringt: Geld von der Europäischen Union und viele Touristen, die die Stadt besuchen. Kulturhauptstädte organisieren hunderte Veranstaltungen, wie Opern, Konzerte und Lesungen.

[Frage] Warum wollen europäische Städte Kulturhauptstadt werden?

(a) Aus finanziellen Gründen.
(b) Um in Athen Opern aufzuführen.
(c) Damit weniger Touristen anreisen.
(d) Um den europäischen Kulturminister zu stellen.

47. Noch in den 80er Jahren waren Frauen selten über 30 Jahre alt, wenn sie das erste Kind bekamen. Heute ist ein Viertel der zum ersten Mal Schwangeren über 35. Bei Frauen mit Hochschulabschluss ist die Zahl der über 40-Jährigen, die zum ersten Mal schwanger sind, hoch. Bei guter medizinischen Versorgung ist die Chance für sie, ein gesundes Kind zur Welt zu bringen, fast genauso groß wie bei jüngeren Frauen.

[Frage] Was ist richtig?

(a) Die meisten Frauen bekommen mit über 35 Jahren ihr erstes Kind.
(b) Ältere Frauen bringen häufiger gesunde Kinder zu Welt als jüngere.
(c) In den 80ern waren die schwangeren Frauen meistens über 30 Jahre alt.
(d) Viele Akademikerinnen werden mit über 40 Jahren das erste Mal Mutter.

48. Lieber Klaus,

vielen Dank für das Angebot, für sechs Wochen, also die ganzen Sommerferien bei dir in Südspanien zu verbringen. Aber ich habe hier noch so viel Arbeit zu erledigen, für die ich mindestens zwei Wochen opfern muss. Und ich habe Susi schon seit längerem versprochen, mit ihr für eine Woche nach Sylt zu fahren, das muss ich halten. Also kann ich leider nicht so lange bei dir sein.

[Frage] Was wird die Person im Sommer machen?

(a) Nicht nach Südspanien fahren.
(b) Für eine Woche nach Südspanien fahren.
(c) Für drei Wochen nach Südspanien fahren.
(d) Für vier Wochen nach Südspanien fahren.

49. Der Stadtrat von Murnau hatte beschlossen, die Eintrittspreise für das Stadtbad um 25% zu erhöhen, um einen neuen Sprungturm zu finanzieren. Gegen diese Entscheidung formierte sich heftiger Widerstand. Der Bürgermeister brachte einen Kompromissvorschlag mit einer Eintrittspreiserhöhung um 10%. Da die Proteste aber nicht nachließen, musste der Stadtrat von der Errichtung eines Sprungturms absehen.

[Frage] Was wird geschehen?

(a) Die Eintrittspreise werden nicht erhöht.
(b) Die Eintrittspreise werden um 10% erhöht.
(c) Die Eintrittspreise werden um 25% erhöht.
(d) Die Eintrittspreise werden erhöht, aber es gibt Ausnahmen.

50. Wenn es keine seriösen Maßnahmen gibt, wird die Weltbevölkerung 2050 täglich mehr als 11 Millionen Tonnen Abfälle, also die verdreifachte Menge, produzieren. In China und Brasilien landen über 10.000 Tonnen Abfälle — täglich. Ein positives Beispiel für die Senkung der Abfälle jedoch ist die japanische Stadt Kawasaki, in der industrielle Prozesse so verbessert worden sind, dass 565.000 Tonnen Müll pro Jahr vermieden werden.

[Frage] Welcher Inhalt folgt diesem Absatz vermutlich?

(a) Warum es immer mehr Abfälle gibt.
(b) Wie die Japaner den Müll reduzieren konnten.
(c) Was die Welt für die Vermeidung von Müll tun sollte.
(d) Warum es in China und Brasilien besonders viel Müll gibt.